中国农民专业合作社

2014 发展报告

农业部农村经济体制与经营管理司
农业部农村合作经济经营管理总站
农 业 部 管 理 干 部 学 院   编著
中国农村合作经济管理学会

中国农业出版社

本书编写组

主　　编：张红宇　蒋协新

副 主 编：赵铁桥　闫　石

编审人员（按姓名笔画排序）：

于　正　于占海　王邱驰

王维友　刘得超　刘媛媛

李二超　李世武　杨春悦

郭娜英　孙超超　周忠丽

贺　潇

前　言

　　2014 年，党的十八大、十八届三中全会、中央 1 号文件都就农民合作社发展作出了明确要求。各级各部门加强组织领导、完善扶持政策，强化指导服务，不断提升农民合作社规范化管理水平。为完整记录 2014 年合作社发展情况，农业部农村经济体制与经营管理司、农业部农村合作经济经营管理总站、农业部管理干部学院、中国农村合作经济管理学会共同编写了《中国农民合作社发展报告（2014）》。

　　报告阐述了一年来合作社发展进展，梳理了中央及各部委和各地的发展举措，反映了各地的工作实践，关注了年内发展的大事要事。报告内容重点参考中国农民专业合作社网、《中国农民合作社》期刊等媒体的有关报道，整理分析全国农民专业合作组织统计信息管理系统数据，客观借鉴有关研究报告和地方工作总结，尽可能全面反映合作社发展的工作成效。报告内容所引用的数据和资料，都经过严格考证，保证了报告的权威性、客观性。

　　回顾一年来合作社的发展历程，我们时刻感受到承担的责任和压力。虽然经过很多努力，但限于能力不足，本书编写过程中难免存在疏漏和错误，恳请广大读者批评指正。

编写组

目 录

1 进展

ZHONGGUO NONGMIN ZHUANYE HEZUOSHE FAZHAN BAOGAO（2014）

1.1 发展概况

1.1.1 数量与成员

截至 2014 年年底，全国实有农民合作社 128.88 万家（表 1，图 1），比 2013 年年底增长 31.18%。在工商部门登记合作社成员数 3 745.86 万户（表 2，图 2），社均成员数 29 户，分别比 2013 年增长 26.94%，减少 3.45%。

表 1　至 2014 年年底全国实有农民合作社数量

年份（年）	数量（万家）
2007	2.64
2008	11.09
2009	13.91
2010	38.16
2011	52.17
2012	68.90
2013	98.24
2014	128.88

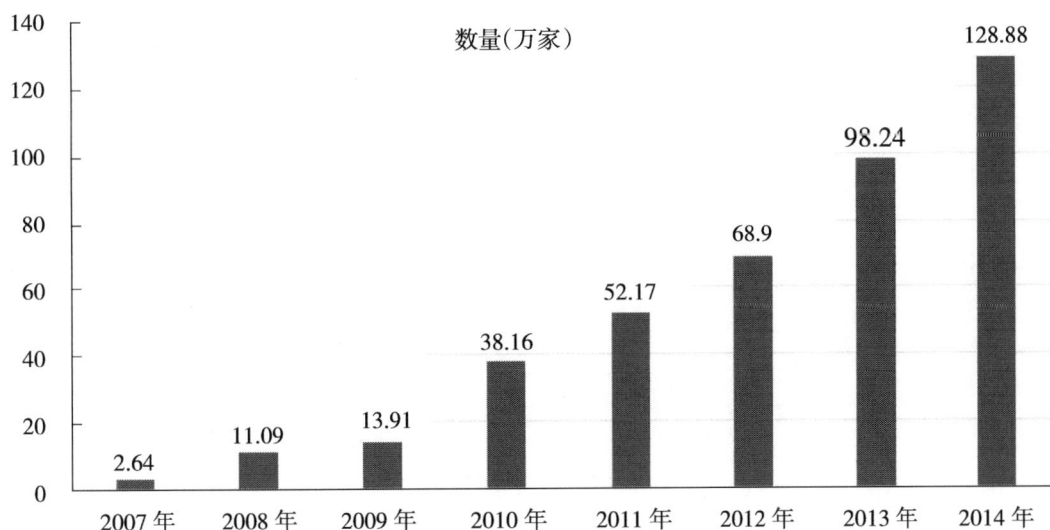

图 1　至 2014 年年底全国实有农民合作社数量

表2 至2014年年底在工商部门登记合作社成员数量

年份（年）	成员数（万个）
2007	35
2008	141.71
2009	391.74
2010	715.57
2011	1 191.20
2012	2 373.45
2013	2 950.97
2014	3 745.86

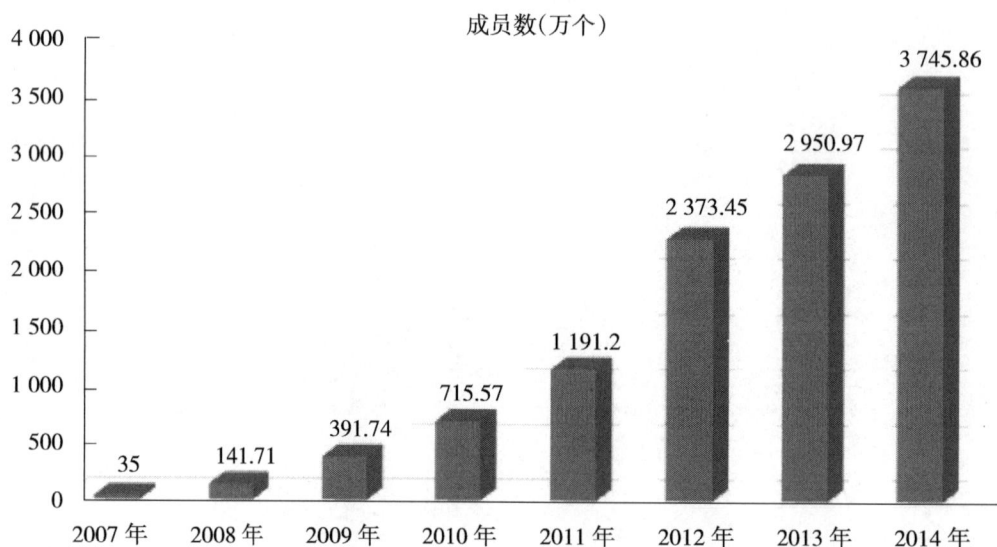

图2 至2014年年底在工商部门登记合作社成员数量

1.1.2 出资额

截至2014年年底，农民合作社出资总额2.73万亿元，比2013年年底增长44.15%。其中，货币出资额2.34万亿元，占比85.71%。社均出资额192.39万元，比2012年增长10.07%（表3，图3）。

表3 至2014年年底农民合作社出资总额数

年份（年）	出资额（万亿元）
2007	0.03
2008	0.09
2009	0.12

（续）

年份（年）	出资额（万亿元）
2010	0.45
2011	0.72
2012	1.1
2013	1.89
2014	2.73

出资额(万亿元)

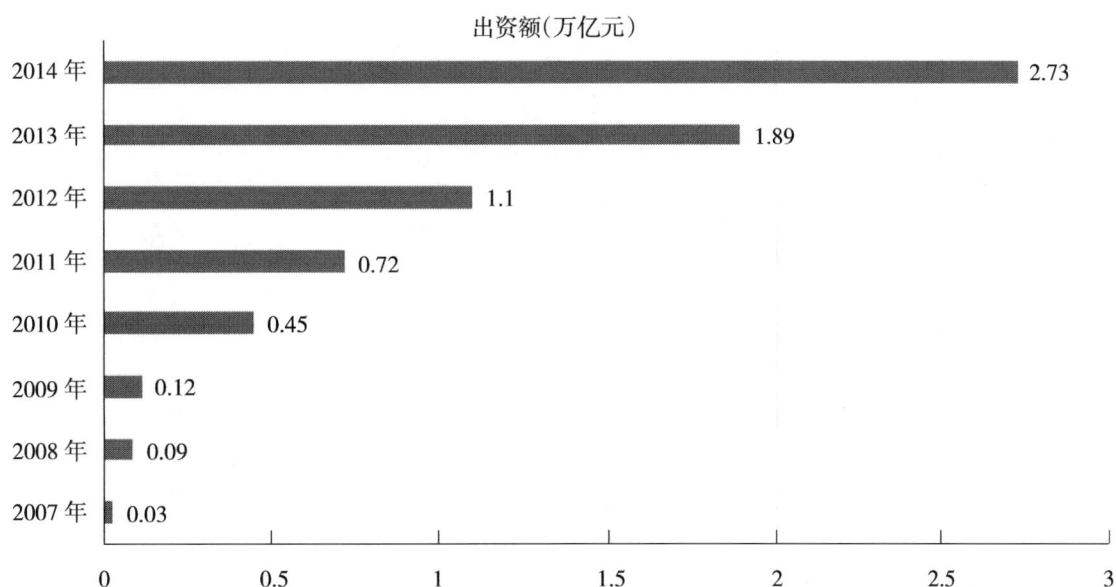

图3　至2014年年底农民合作社出资总额数

1.1.3　产业分布

农民合作社产业分布广泛，涉及种养、加工和服务业，其中种植业占45.87％，养殖业占23.48％，涵盖粮棉油、肉蛋奶、果蔬茶等主要产品生产，并扩展到农机、植保、民间工艺、旅游休闲农业等多领域。

1.1.4　业务范围

越来越多的专业合作社从简单的技术、信息服务向农资供应、统防统治服务延伸，由产前产中服务向产后的包装、储藏、加工、流通服务拓展，其中提供生产资料购买服务的占13.15％，提供销售服务的占14.1％，提供加工服务的占2.76％，提供运输服务的占1.66％，提供仓储服务的占2.28％，提供技术、信息服务的占16.96％（表4，图4）。

表4　农民合作社的服务内容及其占比

服务内容	占比（%）
提供生产资料购买服务	13.15
提供销售服务	14.1
提供加工服务	2.76
提供运输服务	1.66
提供仓储服务	2.28
提供技术、信息服务	16.96

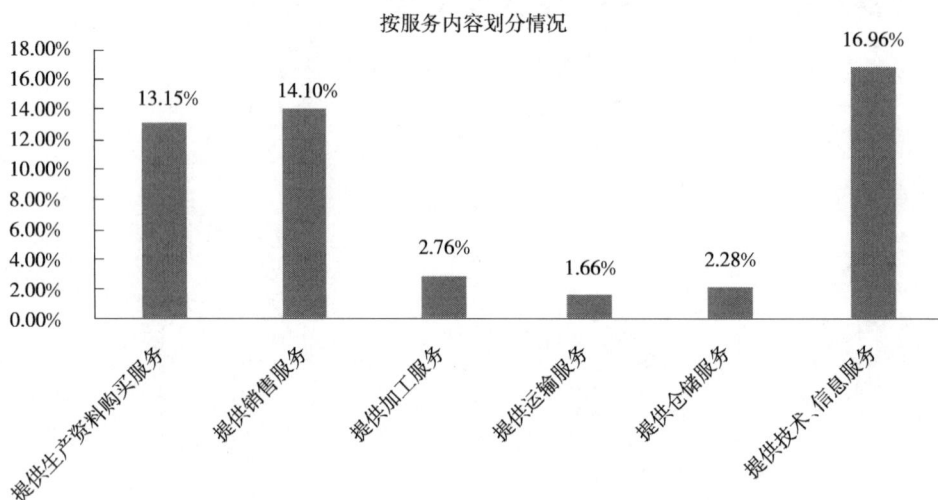

图4　农民合作社的服务内容及其占比

1.2　社会影响

1.2.1　合作社人物

（1）全国人大代表。

冯乐平：政府要帮合作社留住人才

"合作社需要人才，但留不住人才。"全国人大代表、北京乐平西甜瓜产销专业合作社理事长冯乐平，在接受《中国农民合作社》记者采访时表示。

由此，冯乐平建议，为了合作社更好地发展，相关政府部门要为高科技人才提供良好的软硬件条件，确保他们乐于留在合作社工作，比如进京指标的标准放宽及村官的签订年限延长等。

合作社留不住人才

早在 2008 年全国"两会"时,冯乐平就开始关注合作社的人才问题,当时她就建议,要加强合作社人才队伍建设。在 2010 年全国"两会"期间她提出,希望政府能出台关于农民专业合作社人才方面的政策,让村官到合作社工作。如冯乐平所愿,在她提出这个建议的下一年,北京市就出台了相关政策,支持人才到合作社工作。

但几年过去了,事情的发展并不全都尽如人意。冯乐平说,合作社急需一些懂专业技术又懂经营管理,有思想、有创意的复合型人才以及懂得农业技术应用与推广,并能带领合作社致富的农村实用型人才。由于合作社大部分地处偏远地区或离城市较远,工作生活环境、各种待遇和城市相比差距较大,加上某些制度方面的原因,合作社引进人才难、留不住人才的问题频现。以北京为例,本地的大学生不愿意在合作社工作,从其他地区来的学生有的愿意到合作社工作,但又面临着进京指标问题。

例如,乐平西甜瓜专业合作社从山东聘请了一位高级农艺师,虽然在合作社已经工作多年,但由于户口问题不能解决,考虑到孩子要上高中,只能谢绝高薪挽留,执意辞职回乡。这说明,合作社引进人才的户口障碍仍然存在。

可出台阶段性政策

对于合作社需要人才的重要性,冯乐平在《关于农民专业合作社人才引进的建议》中描述得非常清楚,截至 2013 年 6 月底,北京市工商登记注册的合作社达到 5 770 家,全国工商登记注册的合作社数量近 70 万家。实践证明,合作社是联结政府和市场的最有效的中间环节,它的发展,对在农村处理好政府和市场的关系具有重要意义。2013年中央 1 号文件明确指出:"农民合作社是带动农户进入市场的基本主体,是发展农村集体经济的新型实体,是创新农村社会管理的有效载体。"正是基于对合作社作用的准确把握,《决定》把发展农民合作社作为健全城乡发展一体化体制机制、深化农村改革的核心工作,拓展了农民合作的领域,提高了政府支持的力度。目前,合作社已经成为提高农业生产市场组织化程度、促进农民增收、推进社会主义新农村建设的一支重要力量,在创新农业经营体制机制、转变农业发展方式、提高农业规模化集约化生产水平中发挥着越来越重要的作用。但是与农民专业合作社快速发展需求相比,合作社人才机制的滞后,阻碍了合作社的发展。

冯乐平表示,如果合作社解决好进京指标、工资待遇和后期发展问题,再把各种保险跟上,就一定能留住人才。

在北京,相关政府部门已经在合作社人才方面出台了一定的支持办法,但问题是,以前来到合作社的村官占用的是政府的指标、从政府领取薪酬,合作社只有使用这些人才的权力,对人才的管理权仍然属于政府,实际上这些人才是兼职的,而不是专门为合作社服务的,他们干两三年就走了。合作社依然面临着人才缺乏的问题。

冯乐平补充说,大学生的关系可以留在政府,但要专门为合作社服务,北京有些地区已经开始了这种形式的探索。相关政府部门可以出台一个阶段性的政策，对合作社引进人才进行支持。

（冯乐平系第十二届全国人大代表、北京乐平西甜瓜专业合作社理事长）

郭建仁：发挥合作社的"拳头"力量

"'要创新扶贫开发方式，加快推进集中连片特殊困难地区区域发展与扶贫攻坚'、'继续向贫困宣战，决不让贫困代代相传！'报告非常鼓舞人心，说出了我们的所想、所盼。"3月6日，在见到《中国农民合作社》记者时，郭建仁就与记者分享了他参加两会、听取总理报告的激动心情。

郭建仁，第十二届全国人大代表、河北省宣化县元子河农业专业合作社理事长，也是河北省宣化县新中国成立以来第一位人大代表，2010年还曾获得"全国劳动模范"称号。对于这样的成绩，他说："我就是地地道道的农民，只是与合作社多打了几年交道。"

合作社的认同感在增强

记者*：元子河合作社现在发展情况怎么样？

郭建仁：元子河合作社于2005年成立，比《农民专业合作社法》实施还早两年。在发展的9年时间里，合作社进行土地集中经营，发展种植、养殖、食用菌栽培、饲料加工等链条式产业，取得了一定成绩。2006年，我担任了下辖11个村的常峪口联合党总支书记，将元子河农业合作社的管理模式、运行机制和成功经验"复制"到11个村。很快，11个村都发生了翻天覆地的变化：常峪口村采取"支部＋协会＋农户"的模式，以龙祥、福邦养猪合作社为龙头和纽带，打造起10万头生猪规模化养殖基地。

但目前有一个突出问题，常峪口联合村的资源还是比较分散。如何把常峪口村的1万余人、11个村、5个合作社拧在一块，发挥集体效益是现在发展的关键。有人建议我组建一个集团公司，把所有的资源整合在一起，但我认为集团公司远没有合作社的效果好。我现在准备把合作社联合起来组建联合社，因为合作社的形式在老百姓的心目中还是很受欢迎，接受起来也容易。

记者：您认为合作社受欢迎的原因是什么？

郭建仁：老百姓对这个合作社的形式是比较满意的，改革开放后，我国科技水平、管理手段、生产资料等都大幅提高，农民在合作社的带领下尝到了很多甜头。而公司和企业在老百姓的心里概念性不强。农民普遍不敢跟公司、企业合作，因为企业太庞大了，老百姓较弱势，企业或公司去流转土地，农民都有抵触心理。而合作社流转土地则

---

* 本篇中"记者"为《中国农民合作社》记者。——编者注

很容易，因为合作社是我们农民自己办、自己投资、自己运行。农民在流转土地后，既是土地所有者，又是合作社的参与者和股东，老百姓就非常放心。现在国家需要加快推动合作社的发展，让老百姓从合作社不断受益。

记者：目前，我国合作社已超过 100 万家，还有快速增加的趋势。对于我国合作社发展，您有哪些认识和看法？

郭建仁：现在合作社整体发展很好，不过一些地区也存在一些问题：一是门槛低，这也造成了发展的混乱，需要逐步规范；二是融资难，在融资方面，国家应该加大支持。老百姓现在贷款贷不上，越是穷的地方越是贷不上，老百姓没有资金，致富就会很困难。河北省委副书记赵勇曾说过，不管是养猪、养鸡，还是种植，一个村的发展最低得有 200 万的资金撬动，才能形成一个产业。

记者：目前，元子河合作社主要通过哪些途径获得融资？

郭建仁：现在，元子河合作社的融资主要靠奶牛场做担保，依靠奶牛场撬动资金，把资金搞活。此外，还有成员联保，不过不是很多，规模也不大。奶牛场一年的收益七八百万，这样银行贷款也放心。实际现在农民贷款难，主要是缺乏资产进行担保，而合作社往往可以解决这个问题。

目前，政府成立了担保公司，不过这些公司一般担保在 2 000 万左右，这对一个县来说还是太少。拿扶贫开发来讲，我国扶贫开发这么多年了，很多地区还是不能脱贫。国家一直很重视，拿出这么多钱去扶贫，但真正到一个村里时却没几个钱，发挥的作用也就微乎其微。

合作社在扶贫开发中的作用难以替代

记者：您在两会上专门提了一个建议，就是利用合作社建立扶贫示范区，这个您去年也提过，能具体阐释一下吗？

郭建仁：我一直在关注扶贫开发这一块，今年对于扶贫开发我有三点建议：一是精准化扶贫，二是机制化扶贫，三是制度化扶贫。

第一点实施精准化扶贫，就是要求我们政府的相关部门，能够实事求是地把贫困县和贫困人口的实际情况摸清、摸透，使真正贫困的农民能够得到及时扶持；第二点机制化扶贫，建议把扶贫资金转移到合作社中，不要把钱给老百姓。把扶贫款拨给合作社，作为它的投资，作为成员的股金。而合作社可以把扶贫资金放在银行作为担保资金，"用一千万去撬动一个亿"，把输血变为造血；第三点更为重要的是，应该形成制度化的扶贫模式，在扶贫资金到位以后，应该用法律手段进行监管。

在这三点中，我认为机制化扶贫最关键。让贫困农民过上富裕的生活，仅够生活的扶贫资金远远不够，应该将扶贫资金捆绑式利用起来，以撬动更多的资金，发挥更大的效益，从根源上解决造血问题。

记者：如果政府把一笔扶贫资金投入到您的合作社，让您去做扶贫开发，您具体会怎么做?

郭建仁:首先,我会找准路子,扶持发展一个产业,这是很关键的。其次,就是用这笔扶贫资金去争取老百姓的富余资金进一步融资。利益共享,风险共担。必须让老百姓参与,提高他们的劳动热情。最后,有了目标产业和合作社成员的支持,还要有一个成熟的发展思路。这个思路要有科学依据,经得起考验。我当了二十几年的村支书,走过坎坷路。失败的原因往往就是缺乏科学管理和成熟发展机制。

后来,我们合作社养奶牛获得成功。分析原因,就是因为定位清晰,思路明确。元子河村离城市远,农业基础好,空气也好,农民养牛也有一定的历史基础。所以在养殖过程中,奶牛基本上没有生病,这就保证了最重要成功因素——质量。所以,如果合作社有了一定资金,在清晰定位自身条件后,再有一个成熟的发展思路,就离成功不远了。

合作社在保障食品安全方面作用不可低估

记者:奶牛产业是元子河合作社的一个支柱产业,在发展过程中有什么问题或者瓶颈?

郭建仁:有一个问题不光在元子河村存在,在张家口市也很突出,那就是全市目前都没有一家大型草业加工厂。这也是困扰全市很多养殖业饲料供给的难题,同时,也在控制食品供应源头安全上带来了管理难题,提高了无谓的成本。目前国内大型牧场都在进口美国的苜蓿,每年进口约 400 亿美元草料。分析原因,一是中国研究草问题专家较少,二是草业科研成果转化率还很低。这也造成进口苜蓿比我们的玉米都贵的"怪相"。我们今年就要建一个草业公司,目前已经流转整合了 1 万亩*的土地,相关后续工作已经有了时间表。

我们要从草业开始,带动全生产线的标准化,打造最安全的养殖产品。我们已经在和张家口市农科院、北方学院搞试点。它们来提供技术,我们合作社负责具体实施。如果这个成功以后,对我们长江以北地区的养殖业,绝对是一个大的推动。

记者:控制农产品生产源头是食品安全的首要,那么流通环节呢?

郭建仁:其实流通环节太多,不仅增加成本,也增加了食品的不安全因素。我们现在正在建立社区直销点,与社区形成对接,合作社便发挥了一个组织主体的作用。我们通过合作社把菜农组织起来,规模大效益就会高,同时,种植也会建立起一个安全的标准。农产品过于分散,会给农产品市场监督带来困难,这个问题就得靠合作社、家庭农场等新型经营主体来解决。

发挥民营经济体的社会责任

记者:您在今年的建议中,提到关于农村养老的建议,您是如何看待我国养老问

---

* "亩"为非法定计量单位,1 亩≈666.7 米^2。——编者注

题的？

郭建仁：现在养老问题是一个大的社会问题，"老有所养"面临严重挑战。如何撬动民营资本进入养老事业是当下解决这个问题的关键，也是我两会建议的核心。仅靠公办养老难以解决日益突出的养老问题，建议加大对民营养老的扶持力度，积极引导民营资本进入养老事业，使民营资金最大限度地发挥作用。公办养老院与民办养老院要同等待遇，一视同仁，使民营养老多元化。要加强统一管理，提高民营养老服务质量，引导其勇于承担责任，这样可以减轻国家的养老负担。建议国家对民营养老院适当地给予资金扶持，使之尽快发展起来。

记者：现在元子河村养老问题怎么样？

郭建仁：在元子河村，合作社的几个股东捐建了老年公寓，让家里有老人的子女摊钱，每位老人一个月 900 元。日常照看则由老年公寓来负责。此外，元子河村农村合作医疗、养老保险基本上是合作社在承担。同时，村里老人有分红资金，流转的土地也有效益。老人手里有钱，也就不愁"养老"。

抓住机遇，打造"四型"农业

记者：十八大、十八届三中全会、2014 年中央 1 号文件等对"三农"及合作社发展高度重视，推出不少新政策，对于这些新政策，您是如何理解的？

郭建仁：政府出台的一系列对农政策我都在关注，农业现代化是主线。我现在有一个发展思路，就是依托元子河合作社打造"四型农业"，即现代农业、科技农业、生态农业和奥运农业。现在这个想法也有了初步的探索。

现代农业就是用现代科学管理模式来做农业，而眼下就是把一些高科技、高投入，包括人才队伍引入到合作社；科技农业是指与大专院校合作，而目前我们正初步与河北省张家口农科院、张家口市北方学院建立了合作关系，并在两会之前签订了框架协议，依托大专院校培养高素质的职业农民；生态农业则意义深远，河北省在 2013 年开始以"壮士断腕"的勇气关停了很多污染企业，而在关掉这些企业后，农民工的就业面临挑战，回乡务农成了很多人的选择，同时，政府又在鼓励环境友好型企业的发展，这对于生态农业是个利好机遇；奥运农业，就是将来我们的农产品要标准化，用现代化的科技手段、国际化标准进行农业生产，达到登上奥运餐桌的标准。

习总书记在今年 2 月 26 日提出："要实现京津冀一体化，实现通畅化发展。"此后，这一战略也首次被写进今年的政府工作报告中。目前，北京和张家口正在联合申办 2022 年冬奥会。这些机遇不仅体现在经济领域，在农业领域也是千载难逢的。我认为，要抓住申奥的机会，与京津对接，将来借助奥运这一机遇，打造一批农业品牌。

记者：您对农业或者合作社有何愿景？

郭建仁：在合作社里，老百姓全程参与，感受到现代农业的魅力，农民也不再"面朝土地背朝天"。等到联合社建好以后，我要打造一个现代化的小城镇，就像欧洲的美丽小镇一样，让老百姓呼吸新鲜空气，喝最新鲜的水，过优雅、舒适的生活。

（郭建仁系第十二届全国人大代表、河北省宣化县元子河农民专业合作社理事长）

马瑞强：我最关心农村金融和土地流转

"现在有首歌挺火的，叫《时间都去哪儿了》。当选全国人大代表一年有余了，先唠唠您的时间都去哪儿了呗？"听到这儿，马瑞强代表笑了："还真是哈，一年了，时间都去哪儿了呢？现在回想一下，大部分时间还是在和农民打交道，博士毕业以后回家乡种起了水果玉米，后来组建了合作社，当选了全国人大代表，我的履职和自己的本职工作是分不开的，天天跟农民在一起，开会、培训、唠家常，一直在农村，就做农村里的那些事儿。"

与大公司合作求共赢

马瑞强代表介绍，合作社去年最大的变化就是规模扩大了，水果玉米的种植面积增加到5 000多亩，入社的农户也更多了，水果玉米专业合作社的注册成员达到107户，带动了1 000多位农民致富。

"今年又成立了一个新的合作社——富民农机专业合作社，主要做全流程、大面积的田间管理。"新成立的这家农机合作社吸纳农民入股，合作社成员既是股东，也是大型农机的操作手。让马瑞强代表最得意的是自己逐步组建了一支过硬的服务团队。这支团队成员的年龄成梯度分布，老中青比例协调，既有退休的老农艺师，又有刚毕业的大学生，还有土生土长的农民，知识结构也很合理。

马瑞强代表培养队伍也有自己独特的一套：合作社实力有限，没有大量的资金流转土地，马瑞强代表就选择与大公司合作。"前不久，刚跟内蒙古的一家上市公司签了协议，为其提供3万亩土地的全流程田间管理。"马瑞强代表进一步分析了选择和大企业合作的原因：首先就是资金问题，大企业相对更有实力，一下子能流转好几万亩土地；再者，大企业能提供部分大型农业机械，提升了合作社的机械化水平；更重要的一点在于，在这一过程中，合作社的服务团队得到了实践的锻炼，见过"大场面"，水平自然"水涨船高"。

农业发展的挑战还很多

马瑞强代表认为，当前推进农业现代化，发展好新型农业经营主体很关键，比如说农民专业合作社、家庭农场、农业龙头企业等。当然，在农业现代化推进过程中，农业发展还面临诸多挑战。在众多制约现代农业发展的问题中，马瑞强代表最关心三个方面：一个就是去年他就在呼吁的农业人才短缺问题，再有就是农村金融和土地流转问题。

现在留在农村种地的多数是老人和妇女，"年轻人不想种地，老年人种不了地"，农民职业化不足的问题比较突出，特别是年轻的职业农民非常短缺。将来有可能会陷入

"有地无人种，有人不会种"的尴尬境地。因此，提高农民素质，培育职业农民，迫在眉睫。

农村金融问题也很突出。"农民不能贷，银行不敢贷"，比较核心的一个问题就是缺少有效抵押物。"就拿我新成立的富民农机专业合作社来说，很多农民想入股，无奈没有钱，只能眼巴巴看着。"后来经过与银行多方协调，通过联保的方式，每人才贷出8万块钱。"这已经很多了，单户在我们当地，最多也就能贷4万块钱！"

土地碎片化较为严重。"土地不连片，大型机械就很难发挥作用，合作社的经营难度要大大增加！"对此，马瑞强代表感触很深，"有农户带着自己的10亩土地加入合作社，可太分散了，少的分散在七八块不同的地里，多的甚至达到10多块。规模效益很难发挥出来。"马瑞强代表说，自己很关注时下正在开展的土地确权登记，这个工作做完以后，未来土地流转起来应该相对容易，利于形成连片土地，以便发挥大型农业机械的作用，实现规模效应。

针对以上诸多制约现代农业发展的瓶颈，马瑞强代表在3月5日下午内蒙古代表团举行全体会议审议政府工作报告时指出，农牧合作社对提高农牧民组织化程度、推进农牧业现代化具有重要作用，政府需要从资金、项目、技术等方面给予扶持。具体建议有六个方面：一是各级政府要协调金融机构创新担保方式，加大对农牧业合作社的金融支持力度；二是针对土地流转作出更细更具体的法律规定；三是整合各类补贴项目和土地整理项目，采取竞争性立项的方法分配土地，推进农业规模经营；四是加大设施农业的转移支付力度；五是鼓励大学生投身到农业科研和生产中；六是建立以农业企业为主体的现代农业科技成果转化体系。

让农业插上科技的翅膀

"现在家里很多人等着我回去呢！"马瑞强代表说自己回去还有很多的事要做，最近打算成立一家研究中心，主要研究农业科技成果转化、农业组织运营规律等。比如，水果玉米、青贮玉米的种植技术和包装工艺；还计划研究饲料添加剂；对土地股份合作社的运营机制也很感兴趣。农业是非常需要科技支撑的，农民对科技支撑的需求特别迫切。有了研究中心，有了合作社，新的农业科技成果可以借助合作社这个平台尽快转化，变成生产力，产生效益，给农民带来实惠。"我是博士毕业嘛，研究应该是我的专长！"说到这儿，马瑞强代表爽朗地笑起来。

当被问及对《中国农民合作社》期刊有啥好的建议时，马瑞强代表顺势翻开我放在他桌边的期刊："你们的期刊我经常看，很多文章给人很好的启发。我还真有一个建议，说给你听，供参考啊！"马瑞强代表拿土地股份合作社举例，说自己特别关注农民如何拿土地入股、合作社与入股农民之间又是如何分红的，希望能看到具体的操作层面的描述，最好看完以后"可复制"到实践中。

不知不觉，一个多小时就过去了，我和马瑞强代表一起讨论了一个有趣的话题——

你心中的中国梦是什么？"我希望依托合作社更好地发挥社会功能，带领一帮农民兄弟，在广袤的土地上不断摸索、实践，靠勤劳共同致富，过上好日子，这应该是很多合作社人心中的中国梦。"马瑞强代表说。

（马瑞强系第十二届全国人大代表、内蒙古自治区巴彦淖尔市乌拉特中旗马瑞强水果玉米专业合作社理事长、富民农机专业合作社理事长）

赵亚夫：普通农户需要咱搭把手

"一年没见了，赵老给讲讲故事呗！咱们先唠唠2013年的新鲜事。"再次见到全国人大代表赵亚夫，依然很亲切，我开门见山地说道。赵亚夫代表说，自己还是在江苏省句容市带领农户组建合作社，发展高效农业。去年，江苏省和句容市分管农业的主要领导到戴庄调研，肯定了他们的做法，打算在全省范围内推广。"这对我们来说，是件大好事，也是去年一年的大亮点！"赵亚夫代表总结道。

"戴庄经验"的要义有七个方面

赵亚夫代表介绍，江苏省和句容市分管农业的主要领导来到戴庄，是对当地发展现代农业的重视和肯定，客观上调动了当地农户参与现代农业的热情和干劲。回过头来看看自己这些年走过的路，有七个方面的收获和体会，可称之为"戴庄经验"七要义：

要依靠基层干部，更要注重培养基层干部。基层干部受党教育多年，熟悉农村环境，热心农业生产，热爱农民兄弟，完全能够成长为引领普通农户实现农业现代化的带头人。进而，发动、培育示范户，进一步扩大推广至全村大多数农户。

要大力发展合作社，把农户组织起来，共同闯市场。戴庄合作社的发展势头很好，完全按照《农民专业合作社法》运作，规范是为了发展得更好、走得更远。加入合作社的农户不仅能了解最新的惠农政策，学习科学的种养技术，而且能把产品卖个好价钱。

应注重中国特色，发挥基层党组织的战斗堡垒作用。相比国外，中国共产党不仅抓政治建设还抓经济建设，这是中国特色。村支部书记当选理事长以后，合作社成为村级党组织抓全村经济的平台，进而团结全体村民，积极发展经济，建设社会主义新农村。

以行政村为单位组建综合型社区合作社，壮大村级集体经济。2013年，戴庄农户入社率达到90%以上，合作社公积金就等于是全体村民的集体收入，合作社办好了，集体经济也就发展壮大了，全村民生事业的发展就有了资金保障。

关注贫困群体，注重产业扶贫。贫困户缺资金、缺技术、缺销路，加入合作社以后，生产资料由合作社垫资，种植技术由合作社聘请技术员全程辅导，农产品由合作社统一收购集中销售，戴庄有50多户贫困户，入社后人均纯收入由3 000元左右提高到6 000元以上。

实现科技入户，解决农技推广"最后一公里"问题。种田农户很愿意学习先进的种植技术，可求学无门；科研院所、专家学者也希望把自己的最新成果实现快速转化，却难觅平台。戴庄合作社正好架起了双方互通的"桥梁"。

发展有机农业，培育生物多样性，修复农业生态系统。戴庄70％的耕地在发展有机农业，许多消失多年的田间小动物又出现了，水稻田里蜘蛛等天敌的数量明显超过害虫稻飞虱的数量，已经连续6年不用打农药了。

老农妇女能挑起现代农业的担子

聊到自己在戴庄的实践探索，赵亚夫代表娓娓道来，用质朴的语言舒展开一幅现代农业蓬勃发展的壮美画卷。"我们做的事与中央精神是高度吻合的，摸索10年了，越干越有奔头！"赵亚夫代表说自己很关注国家的支农惠农政策，十八大、十八届三中全会、2014年中央1号文件都对农业发展作出新的部署。关于"谁来种地"，2014年中央农村工作会议指出，"要把加快培育新型农业经营主体作为一项重大战略，以吸引年轻人务农、培育职业农民为重点，建立专门政策机制，构建职业农民队伍，为农业现代化建设和农业持续健康发展提供坚实人力基础和保障。与此同时，也要继续重视普通农户的生产发展。"对于这一点，赵亚夫代表感触深刻，"以戴庄为例，即使是以老人和妇女为主的普通农户，只要有人帮、有人带，也能挑起农业现代化的重担，成为职业农民。"当前以老年人及妇女为主的普通农户，仍占农村务农劳动力的大多数，这个情况在相当长的时期内还难以根本改变。如果没有他们的积极参与，没有他们的富起来，农业现代化是无法及时实现的。因此，赵亚夫代表建议："除了吸引年轻人务农，培育职业农民外，在以老年人及妇女为主的普通农户中培育职业农民，构建职业农民队伍，应该更是重点。"

职业农民应如何界定？赵亚夫代表认为，应符合两条：一是能生产出受消费者欢迎的农产品；二是能把农产品卖掉并卖出物有所值的好价钱。做到这两条，就算是能挑起农业现代化重担的职业农民。

如何培育职业农民？赵亚夫代表建议，培育职业农民应该紧密结合农业现代化实践。围绕"种出好产品、卖得好价钱"两条要求，干什么学什么，比如种粮食的就学粮食，种草莓的就学草莓，种葡萄的就学葡萄，既学种，又学卖，以符合实际需求，短期尽快见效，提高教学效率。除了学习具体的农业技术外，还应该重视现代农业理念的教育。农民合作社的经营管理也应是职业农民培育的重要内容，要培养农民处理好个体、集体、国家三者之间的利益关系，普通农户学会抱团参与市场竞争，在竞争中通过追求集体利益最大化，实现个体利益最大化。赵亚夫代表说，除了专家课堂讲授外，合作社建立示范户、示范田，"做给农民看，带着农民干，帮助农民销"等农民自我互相教育的做法，对多数农民实行帮、带，也是非常有效的教育方法。"农民一旦尝到了致富的甜头，就会产生接受教育的自主性，积极参与合作社集体经营活动、积极参与现代农业建设，职业农民培育、职业农民队伍构建就进入快车道了。"

综合型社区合作社是未来的方向

"戴庄发生的变化，很大程度上归功于合作社。我们发展的这个合作社不是专业合作社，而是综合型社区合作社。"赵亚夫代表介绍说，戴庄村民的入社率很高，合作社与行政村基本可以画等号，如此一来，村民就是合作社的成员，合作社发展了，提取公积金，壮大了集体经济。2013年戴庄全村农民人均纯收入达到1.6万元，其中务农收入占50%以上。全村集体经济收入达到170万元（含合作社公积金110万元），合作社固定资产已达到1 000多万元。

综合型社区合作社能涵盖多种产业门类，利于把一个村的方方面面盘活。"综合型社区合作社应该是农民合作社未来发展的方向"，赵亚夫代表打算用5年时间，在全村现有1 000亩的基础上，再发展2 500亩有机果树、蔬菜、茶叶，林下种草发展畜禽5万羽（头），实现亩收益达8 000～10 000元。在规模扩大的基础上，注重结构调整，实现产业布局合理、规模适度、互促互进。在产业发展的基础上，进一步创新经营方式，培育农机专业户，提高专业化和机械化水平；鼓励农户将土地经营权入股合作社；探索合作社内部资金互助等。

当被问及应如何履职，赵亚夫代表谈到"三个关键的时间点"：来北京参加两会，参政议政的同时应深刻学习领会中央精神；两会开完，回到地方，要把会议精神以通俗的语言传递给广大农户；在基层的日子里，一方面要密切关注中央政策，多向身边的农户传达，另一方面要留心倾听普通民众的呼声，深入体悟、思考，形成建议，下次开两会时再带到会上，"让普通农户的期盼越来越多地进入中央高层的视野，成为我们共同为之奋斗的目标"。

（赵亚夫系第十二届全国人大代表、江苏省句容市天王镇戴庄有机农业合作社顾问）

陈光辉：一个绿色农业梦

陈光辉，第十二届全国人大代表、安徽省黄山市休宁县新林草农民专业合作社理事长。他采用系统工程方法提出复合式循环农业模式，既能解决农药问题，又能解决化肥问题，还能解决废弃物污染问题，在大循环中多渠道扩大农民收入。多年来，通过大量调查研究，陈光辉提出了适合南方山区循环农业模式。近3～5年，他又提出了北方粮区生态循环农业模式，也获得了国家专利。2012年在巴西联合国可持续发展大会上，陈光辉提出的创新型循环农业模式引起了广泛关注。法国总理代表毕特和法国世界企业家联合会主席贝过表示出浓厚的兴趣，并在2013年2月25日到他的霞溪生态农庄进行了考察。

合作社的现在与绿色未来

霞溪生态农庄按照南方山区模式发展循环农业，按照生物特性和规律，优化组合乔灌草，在多个生物圈、多群体中实现植物生产者、动物消费者、微生物分解者之间的良性循环，形成了多物种、多层次、多样性、多功能、多项效益、多种途径的复合式循环农业，使合作社成员增收。合作社从2009年的121户，发展到2013年年底的1 211

户，还有 2 000 多户农民正在准备加入，涉及土地面积达 1 万多亩。

在谈到怎样才能使农民拥护合作社的事业，如何与农民达到共赢时，陈光辉介绍了霞溪生态农庄的做法。农民必须大幅增收，农民才有积极性。合作社通过土地流转与农民达成利益共同体，主要通过以下 4 种形式：第一种是反租倒包形式。目前，霞溪生态农庄通过这种方式共流转土地 699 亩，涉及 70 多位农户。通过合作社把农民的地租下来，再承包给农民，承包期间免费给农民培训。农民的收入由原来的 1 份变为 3 份，分别是租地收入、用工收入和种植产生的效益。第二种是与农民土地合作经营。农民出地，公司负责苗木、肥料、技术，按照企业的立体种植技术进行管理。公司按照合同签订的价格收购产生的各种经济果实，农民的收入能达到 5 000～10 000元/亩。陈光辉说："按照合作社提供的技术进行种植，农民的茶叶品质、香气显著提升。合作社还将农民的手机联网，随时能够给农民发送种植技术和市场信息。"第三种是土地规模流转。在休宁县上演村大规模流转土地，为休宁 20 万亩立体茶园改造培育苗木，推广新型复合式茶园模式。聘请农民在基地务工，每季结算工资，农民每天可收入 40 元，全年务工 150～200 天。陈光辉说："等整个复合式茶园模式完成改造后，苗木基地的利益与农民共享，林下经济（乔灌草、蔬菜、药材等）与农民三七分成，让农民享受'七'的待遇。"第四种是正在考虑与农民共同建设大循环示范区，农民以土地入股、现金入股、劳动力入股等多种方法，这一模式目前还在土地勘察、设计、规划中。陈光辉说道：现行的农业模式，只能依靠化肥、农药、饲料、激素来完成各个产业，与绿色、有机背道而驰。希望国家能够通过低息贷款支持示范区建设，将各个生物链绿色连接起来，形成大农业循环系统。他向我们介绍说道，种植业立体循环通过植物杀虫，相生相克，解决了绿色有机问题。把每天从植物加工中产生的废弃物，用来养牛，而牛尿可以转化沼气，作为加工业的能源。牛粪还可以通过高温生物发酵后变成有机肥，一部分有机肥回到山区茶园，另一部分有机肥和茶树梗、木屑就变成了香菇和木耳等食用菌的养分。农民不用花钱买农药、化肥、饲料……2013 年年底，合作社带领基地的十几位农民到安徽省几家养殖业、微生物产业、废弃物处理方面效果比较好的企业进行考察调研，农民对这种复合循环模式心动了。陈光辉说："农民满意，这个事情就能干起来。只有发展绿色高效循环农业，才能将农民从城市中拉拢回来，中国农业才有希望。因此，要改变现行的农业模式，这是解决'三农'问题的一种思路和方法。"

多年来，陈光辉深入山区，不断探索中国山区农业发展的新思路。他率先从茶园改造中实现山区系统问题的突破，改变原来单一茶树落后的生产经营种植模式，创造了经营茶园良性循环生态系统的经营模式，并尝试多种农业种植模式的研究和创新，还申请了《一种复合式循环农业种植方法》《一种茶树的种植方法》等多项发明专利。在 2014年全国人大会议中，他提出了《关于创建"黄山市国家山区大循环农业先行区示范区"

的建议》，为解决农村问题、"三农"问题献计献策。

合作社发展遇到的问题

提到合作社目前遇到的问题，陈光辉说："苗木的价值只能体现在麦穗上、果实上，农业的产出都是周期性的，不是一朝一夕能见效，是一个长期的投入过程，要想发展新型经营主体，扩大规模就需要资金。农林产品不能用来抵押贷款，严重制约了合作社的产供销一体化发展。"迫切希望建立一个完整的农产品金融体系、农业评估体系、保险保障体系。除此之外，还要解决"谁来种地"的问题。如今，农村青壮年劳动力大部分外出打工，因此必须要为农村输入新的血液，解决农村空巢化、老龄化、边缘化等难题，解决劳动力问题。

在采访中，陈光辉说道："中国是一个横贯东西、纵贯南北的很长的区域带，这种很长的区域带，很容易构成多种特色的经济区域带，如南方的热带水果，新疆的雪蛤，宁夏的虫草，东北的"三宝"，中部的粮棉油、瓜果蔬菜。希望国家根据国民经济、人民需要、国内外市场的需要，从大局上合理规划，调节各种产品的市场平衡，避免市场供求脱节。"

他反复说道："人生有所不为，人生有所必为，利小义多而必为之。"他执着地追逐绿色农业梦，并用实际行动为我国绿色农业发展添上了绚丽的一笔！

（陈光辉系第十二届全国人大代表、安徽省黄山市休宁县霞溪新林草农民专业合作社理事长）

刘嘉坤：利益分配机制应考虑产业特点

平邑，素有"中国金银花之乡"的美誉。山东省平邑县九间棚金银花专业合作社理事长刘嘉坤，被誉为"金银花产业的袁隆平"，是第九届、第十届、第十一届、第十二届连续四届的全国人大代表。很多人了解刘嘉坤代表是缘于闻名全国的"九间棚精神"，2014年全国两会期间，刘嘉坤代表在北京接受《中国农民合作社》期刊记者专访时，就合作社发展相关主题阐述了自己的观点。

合作社把金银花种植推入"快车道"

金银花是常用的大宗中药材，也是一种药食同源的多功效植物。在平邑县规模化种植金银花已经有200多年的历史，年产量占全国总产量的60%以上。1999年秋，立足平邑县"中国金银花之乡"的资源优势，刘嘉坤代表发起成立了北京九间棚农业科技园和平邑县九间棚农业科技园有限公司，以"开发金银花，造福全社会"为经营宗旨，以金银花的研发、生产、加工为主导产业，以"做强做大金银花产业，争当金银花产业龙头"为发展目标，以高科技为支撑，依托中国科学院植物研究所、中国医学科学院药用植物研究所、北京中医药大学等科研院所和高等院校，与中国科学院植物研究所的科学家合作，历经13年时间，培育出了"九丰一号"金银花优良品种，经山东省科技厅组织专家鉴定"达到金银花育种研究的国际领先水平"。该优良品种较普通品种"大毛花"木犀草苷含量提高44%、绿原酸含量提高30%，亩产量是普通品种的1.5～2倍，采摘工效提高1～2倍。

"九丰一号"金银花，产量高、品质优、好采摘，是金银花升级换代的优良品种。如何将这一科研成果转化为生产力，将"九丰一号"金银花尽快形成规模化种植，让农民发家致富？为此，2009年8月7日刘嘉坤代表发起成立了平邑县九间棚金银花专业合作社，通过合作社把农户聚集到一起。先后投资400多万，建起了办公大楼、鲜花干燥厂，平整铺设了水泥道路，配备了管理、技术人员等。合作社通过优惠销售、免费提供、秋后结算等多种形式为入社农户提供"九丰一号"优良金银花品种。在金银花生长期内，合作社提供全程的技术服务，确保入社农户"学得会、种得好"。经过几年的发展，截至2013年年底，合作社已发展种植户成员530余户，种植面积6 000余亩，成员人均年收入超万元。

围绕产业"量身定制"利益分配机制

合作社统一收购成员种植的金银花，收购价格一开始还真难坏了刘嘉坤代表。金银花作为一种中药材和农副产品，价格受市场影响较大，往往出现起伏波动。如何让合作社成员得到合理的收益，经过一段时间的摸索，刘嘉坤代表带领自己的团队探索出一套适合金银花产业特点的利益分配机制，即"一次首付、二次返利、三次分红"。

具体来说，合作社在收购金银花鲜花时，根据对市场行情的预测，首先支付第一笔"首付款"，也就是保底款；待将干花售出后，合作社按销售额的一定比例提取盈余积金，再扣除金银花干燥、销售的直接成本，所得余额，按合作社成员交售鲜花的量实行"二次返利"；合作社的盈余积金，除其中的10%作为法定公积金不予分配外，其余部分，按合作社成员的出资额比例进行分配，即所谓的"三次分红"。

这一分配机制实行以后，极大地激发了广大合作社成员的积极性。据同时在场的廉士东（合作社技术总监）介绍，合作社成员徐庆同向合作社反映："我只管在自己的责任田里种金银化，只要采下鲜花来，交给合作社，其他事就不用问了"，他还说："我每斤*鲜花得首付款10元，二次返利款5元，4年来我种的2亩金银花收入超过12万元了"。

刘嘉坤代表凑过来说："还有个好消息，今年的2月17日，我们合作社和哈药集团签订了3万亩的'九丰一号'金银花基地建设合同。这往后啊，合作社成员就更有奔头了!"

规范管理为合作社长远发展"续航"

刘嘉坤代表说，合作社已经逐步走上健康运行的轨道。下一步，我们要在规范管理

---

* "斤"为非法定计量单位，1斤＝500克。——编者注

上继续下工夫，谋求合作社更长远的发展。"抓规范，最关键的问题就是账簿"，刘嘉坤代表翻了翻随身携带的文件袋，他们为每位成员印制了精美的《社员证》，为每个成员都建立了独立的成员账户，详细记录了成员与合作社之间的经济业务往来。

合作社正逐步规范组织结构，召开全体成员会议，选举产生了23名成员代表，这些成员代表分布在平邑县内外不同的村镇，为他们所代表的成员提供"跑腿"服务。

当问起合作社未来的发展时，刘嘉坤代表说，"将来想丰富合作社成员的组成结构，把更多从事金银花行业的商贸户、专业村、合作分社等吸收进来，壮大合作社的力量，要把合作社真正建成运营规范、政府支持、成员信赖并得到实惠、推动金银花产业大发展的先进农村经济组织。"

（刘嘉坤系第十二届全国人大代表、山东省平邑县九间棚金银花专业合作社理事长）

金兰英：合作社发展需要龙头企业带动

被群众亲切地称为"牛妈"的山东省泰安市岱庙区金兰奶牛养殖专业合作社理事长金兰英，在3月5日下午十二届全国人大二次会议山东代表团第一次全体大会上，从民生、国防建设、外交、科技等方面谈了自己的体会，并在大会上提了财政体制改革、小城镇建设、高考、养老等方面的十点建议。在过去一年里，她带领合作社取得了哪些成绩？对于合作社的发展有哪些新的体会？带着这些疑问，《中国农民合作社》记者对金兰英进行了专访。

合作社新举措：以牛变钱入股

金兰英介绍，过去的一年，合作社在继续加大对饲养、管护等基础设施投入的基础上，针对部分农户以牛入股后，出现牛在生长过程中病变或死亡，以致农户股份减少，导致农户损失惨重的情况，合作社适时创新入社方式：农户在加入合作社之初，就将牛折成钱后变成股份，参与分红，这样就在最大程度上减少了农户损失，解决了农户入社的后顾之忧，提高了农户入社的积极性。此举措为合作社进一步发展农户数量，更好地实现规模化、专业化、科学化发展奠定了坚实的群众基础。

政策落实：合作社融资见效大

金兰英说道，在党中央、国务院的指导下，促进合作社融资政策的出台，使得金兰奶牛养殖专业合作社的融资难题在很大程度上得以解决。合作社过去一年通过联户担保在银行成功贷款，并且还和农村信用社建立了长期合作关系，合作社有了资金来引进新的技术设备，保证了合作社农产品的生产、加工、销售过程更加科学化、现代化，合作社的管理水平也有了较大的提升。

下步规划：延长产业链

在金兰英看来，合作社下一步在立足牛奶产品的基础上，拉长产业链，使得合作社的产出物得到全面利用，提高合作社的综合效益。例如将牛粪转化成有机肥、牛的胎盘加工成化工产品等；开展肉类加工，增加产品的附加值，在满足消费者不同需求的同时，增加合作社产品销售量，做到以需带供。

此外，合作社还会朝着环境友好型方向发展，通过高科技设备的引入，对生产过程中所产生的废弃物进行处理后再排放，从而减少面源污染。

未来发展：联合龙头企业

谈到合作社未来的发展，金兰英认为龙头企业带动合作社不失为一条捷径。通过政府牵头，企业参与，合作社运行，农户积极参与，形成一个良性互动。具体来说"合作社＋龙头企业"的模式有以下几个优势。

一是龙头企业资金实力雄厚，能够在很大程度上帮助合作社解决发展过程中，因为规模扩大、购进机械设施等资金瓶颈问题；二是龙头企业可以通过合作社与农户进行联系，实现订单生产，并且由合作社来对农户进行统一的生产指导，这样龙头企业不用单独再与每个农户进行联系，降低了其沟通成本，同时保证了契约关系的稳定性；三是农户将产品卖给企业，农户不用为自寻市场而发愁。单独农户通过加入合作社，由合作社代表农户与龙头企业谈判，避免了个体谈判权的弱小，增加了农户的收益，降低了农户的生产风险；四是龙头企业由于其品牌发展的需要，必定注意农产品的质量，因此它会有积极性主动对农户进行培训，提高农民的生产技术水平，减少合作社的运营成本。一举多得，合作社、农户与龙头企业相得益彰，从而能够更好地面对激烈的市场竞争。

（金兰英系第十二届全国人大代表、山东省泰安市岱庙区金兰奶牛养殖专业合作社理事长）

谭伦蔚：合作社发展重量更应保质

作为湖北省最大农机合作社的理事长，谭伦蔚对于发展合作社有着自己的路子，在中央继续加大对"三农"问题重视程度的背景下，如何使合作社发展更上一层楼？谭伦蔚与《中国农民合作社》记者分享了他的看法。

助农增收：春晖农机合作社取得新成绩

春晖农机合作社通过春晖集团以农机入股，农户和村集体以土地入股来进行土地规模化生产，采取统一经营和利益合理分配的方式运营。2013 年年底，合作社成员分红资金每亩达 677.5 元，比 2012 年增加 41.5 元。如今春晖农机合作社发展订单农业辐射范围已达 40 万亩，2014 年谭伦蔚还计划在孝感市组建第二家合作社，他希望到 2015 年，带动农民增收 2 亿元以上。

重量保质：我国合作社发展的着力点

我国农民合作社的数量已经达到一定规模，但是质量却有待于大幅度提升。鉴于此，谭伦蔚认为可以从五个方面来解决问题：

一是相关法律的修订。推进《农民专业合作社法》的修订，将顶层设计与我国基层农村的发展现状更好地结合起来。比如可设置一定的注册资金门槛，避免注册资金可以为零的情况下进行的虚假注册，对于进行虚假注册的，可考虑将其合并列入诈骗罪。另外，农村的环境对于合作社的可持续发展也有着很重要的作用，我国现在依然沿用20年前的农村环境标准，已经不能完全适应当下农村的实际情况，应该及时进行修改。着重加强对农村土地重金属污染的治理，防患于未然，实现土地的可持续利用，这样才能保证合作社的发展基础牢固。

二是对合作社进行联合。为改变单个合作社实力不足的现状，可以适时对合作社进行联合。国家可提出实施方案框架，由农业部门牵头进行顶层设计，以省或市为单位，结合本省、市的合作社发展实际情况，对合作社联合进行引导、扶持和监督。

三是完善粮食仓储设施体系。谭伦蔚以湖北为例，粮食产量再创新高，然而合作社现有粮食仓储设施却陈旧老化、技术装备落后、有效仓容明显不足，有的合作社既无能力也无资金来建设相应设施。他建议国家应该帮助和支持种粮专业合作社、家庭农场、种粮大户等新型粮食生产经营主体建设粮食仓储、晒场、烘干等设施，加大对合作社现有设施维修改造的支持力度，加大资金的投入，加强其质量条件和功能水平。

四是金融支持。为合作社开展农社对接、银社对接等提供便利条件，鼓励金融机构与合作社展开合作，鼓励工商资本进入农业，支持合作社的发展。

五是重视粮食安全。对于种粮专业合作社，粮食安全关乎合作社的品牌建设。而如何保障合作社农产品的质量安全，谭伦蔚认为需要一个整体的标准化的防控。例如配备一些检测工具，农产品进行加工、销售前，合作社先进行必要的检测，以保障农产品品质；再就是对于种植面积在千亩以上的新型种植主体，如合作社、种粮大户、家庭农场等，在粮食加工完毕时在袋子上印二维码，只要扫一扫，什么时间种的什么种子，就会有个追溯。这样，生产、加工、收储、出厂直到市场，都能有一个整体的监测。

（谭伦蔚系第十二届全国人大代表、湖北春晖集团董事长、湖北春晖农机合作社理事长）

张群英：合作社盘活当地蒸笼产业

她是一位质朴的"合作社人"，带领广大农户发展传统蒸笼产业；关心群众精神状态，建娱乐设施丰富群众业余生活；作为代表，从群众角度出发，尽最大努力反映群众心声……她就是张群英，第十二届全国人大代表、广东省罗定市合生竹制品专业合作社理事长。

改进工艺采用流水作业，吸引年轻人回乡工作

"蒸笼是我们罗定的传统手工艺了。如果不做蒸笼，合作社不收购罗竹，山里大片的竹子就无'用武之地'了。"提到农村生活现状，张群英如是说。"现在好多山里还没有通公路，年轻人都外出打工了，剩下的都是老人、妇女和小孩。合作社把他们组织起来，一起做蒸笼，让他们有事情做，对他们来说是一项收入，也保护了传统手工业。"

粤西地区特产一种竹子，叫罗竹。据说这种竹子相互摩擦会发出"罗罗"的声响，因而得名罗竹。广东省罗定市就盛产这种特别清香的罗竹，是编织蒸笼的上乘原材料。合生竹制品专业合作社就利用当地丰富的罗竹资源，发展蒸笼产业。

据张群英介绍，蒸笼加工有几个步骤：选料→开料→削片→焙片→定型→晾晒→打磨。在以前，整个蒸笼的制作都是由一个人来完成，生产效率低，而且前期的制作过程中对人手的伤害很大，许多人的手都磨出了老茧。"蒸笼制作属于精细化产业，需要投入很多人力。虽然我们有一批技术娴熟的编织人员，但许多年轻人不愿意从事这个行业，觉得这是一项辛苦活，效率又不高。其实他们外出打工赚得钱和在家差不多是一样的。"张群英表示。

为了吸引这些年轻人回乡工作，缓解蒸笼产业"后继乏人"的困境，张群英及其合作社加大对科技的投入，将一部分蒸笼制作流程机械化。没有现成的加工机器，他们就和科研单位合作，把竹条拿到工厂车间，反复试验、改进机器；原有工艺老旧，他们就创新工艺技术，使之符合人们的现代使用需求；单个人完成一个蒸笼效率低，他们就采用流水线，专攻蒸笼制作的一个环节。目前，合作社已将原有的手工加工罗竹原材料改革为机械化加工，半机械化使工效提高了8～10倍，厂房、仓库面积达1 500平方米，拥有加工设备16台（套）。2014年，合作社还将继续申请工厂用地扩大规模。

实行标准化生产，蒸笼远销世界五大洲

"蒸笼食物是我国饮食文化中的一朵'奇葩'。我们合作社生产的泗纶蒸笼是罗定市的传统特色产品，天然、绿色、环保，而且透气性能好，蒸馏水回流少，食物不易变馊。"张群英笑着说，"对我们来说，产品销路不是问题。此外，合作社还建有泗纶竹蒸笼展示馆。"

罗定是千年文化古邑，自古被视为门庭防卫、抚绥重地，至今仍是粤西地区重要的交通枢纽，距广州200千米，已开通至阳江、广西岑溪的高速。便利的交通扩大了合作社蒸笼的销售范围。

合作社按照统一的规格和质量要求组织农户生产，质量都经过了严格的把关，工艺精美，深受消费者喜欢。优越的地理位置加上质量保证，助力蒸笼远销世界五大洲几十个国家和地区。曾有人这样评价泗纶蒸笼："有华人的地方就有泗纶蒸笼"。

谈到合作社的发展情况，张群英说："去年在政府的帮助下，合作社通过担保公司获得了贷款，工厂用地也得到了解决。但是蒸笼属于手工行业，人力投入、人工成本不断增加，我们绝大部分产品又是出口，美元兑人民币汇率越来越低降低了我们的收入。合作社利润空间越来越小了。"针对这个问题，张群英打算研制更多的机器来代替人工，降低蒸笼生产成本。

关心群众精神状态，丰富业余文化生活

从 2008 年成立至今，合作社已发展成为全球最大的蒸笼生产基地，逐渐形成了"合作社＋农户＋基地"的现代农业生产经营模式，合作事业蓬勃发展。

但张群英关注更多的，是当地群众的精神状态和业余生活。"在我们市的许多农村，公路都没有修通，基础设施建设十分薄弱，许多年轻人不愿意回乡工作，也是因为平时的生活太单调了。"张群英说道。

为了丰富当地群众的日常生活，张群英在自己的工厂、基地中建娱乐设施，包括篮球场、电脑室、棋牌室、练歌房等，不仅丰富了村民的业余生活，增进了成员、村民之间的感情，而且许多年轻人也愿意回乡继续蒸笼产业的发展，"留守村"现象得到了缓解。

除此之外，合作社还组织技术培训班，采取集中讲课和现场指导相结合的方式，为农户、回乡青年进行罗竹栽培技术培训和蒸笼加工培训，大大提高了农户罗竹栽培管理，蒸笼加工技术、储管、防霉、防火等技术水平，为合作社、泗纶蒸笼事业培养"接班人"。

履行代表职责，尽努力反映群众心声

当记者见到张群英时，她上午刚听完李克强总理作的政府工作报告，此时的她，仍然显得很激动，指着文件说："总理的报告真的让我很感动。'要坚持把解决好三农问题放在全部工作的重中之重'，还有这句，'不管财力多么紧张，都要确保农业投入只增不减'，政府对我们农业工作如此重视，让我心里很温暖。"

这是张群英第二次参加全国两会，作为罗定市建市以来第一位全国人大代表，她向记者透露，作为来自农村基层的人大代表，她向大会提交了几个建议，包括加大对欠发达地区的扶持力度促进区域协调发展、改革现行农产品收购业务税制、尽快修通罗岑铁路、统筹解决农村生活垃圾处理问题等。这些建议都是她在平时工作、生活中切身体会到的，认为迫切需要处理的一些问题。

"履行好代表职责，反映群众最关心、最迫切需要解决的问题，才能不负群众对我的信任。"张群英说道，"党的十八大、十八届三中全会、今年的中央 1 号文件中，国家都很重视农村、重视合作社事业的发展，政府工作报告中提到要培育农民合作社等新型农业经营主体，虽然我们的合作社发展到了一定规模，但是还有很多地方需要完善和解决，国家这样支持合作社，让我发展合作社事业的劲头更足了！"

（张群英系第十二届全国人大代表、广东省罗定市合生竹制品专业合作社理事长）

张㭎：政策信息公开需要突破

再次见到张㭎，她依然热情、谦逊、开朗。当我递给她采访提纲时，她谦虚地说自己很多问题都不懂，只是想和我探讨探讨。于是，在随和轻松的气氛下，我们开始了

"摆龙门阵"。

甘薯产业链建立起来了

记者：又是一年了，请您介绍下你们合作社有哪些成绩和突破。

张榍：从2013年开始，我们整个合作社就聚焦到甘薯这一块了，以前我们主种辣椒。前几年我们主要是做甘薯品种选育，同时承担"甘薯国家产业体系"重庆站的区域实验。选育出好的品种以后，2013年开始试着工厂化育苗。今年我们将扩大育苗的面积，做好集中育苗。西南大学、浙江农科院的专家指导我们采用地热育苗，我们合作社应该是在重庆采用这种育苗方式规模最大的一个。另外，甘薯特别是在我们武陵山区，它的储存问题一直没解决，2013年我们引进了美国鲜蔬恒温储存技术，把储存这个问题解决了，对于我来说这是去年最开心的事。

现在，种源有了，储存也解决了，我们就把育好的苗发给老百姓种植。通过一些政策，我们争取了一些资金，老百姓只是象征性地给一点苗钱，合作社跟他们签保底价回收合同。甘薯是我们山区传统的作物，老百姓能够接受，我们把新的优良品种给他们种，一亩地至少能增加一两千块钱的收益，在机械化不能够实现的情况下，我觉得也还算是不错。甘薯这一块，我们今年至少能够带动上千家的农户，也算是形成良性循环了。

种植面积大了，原材料基地就建立起来了。我们的计划是年底建加工厂，生产甘薯休闲食品，产品样品已出来了，让很多人尝了，都还觉得不错，对销售也很有信心。这样，我们的甘薯产业链就建立起来了。在黔江区，常年传统甘薯种植面积有15万亩，在带动老百姓增加收益方面还是能起到一定作用。

这四年中，我总要做一件事

《中国农民合作社》：一年来，您做了哪些调研，有哪些提案、建议？

张榍：我去年没有提建议。后来做了一些调研，比如参加全国人大陈昌智副委员长组织的低碳环保调研，确实对我思路是一个开阔，学到了很多东西。既然当选了全国人大代表，就应该有一些社会责任感，今年我打算提2个建议。

一个是把甘薯纳入全国主要农作物范畴。我们一直在参与甘薯国家产业体系的科研任务，这相当于整个体系的一个建议。甘薯以前是充饥的，大家没有把它当作粮食，但我们国内甘薯的种植面积相当于全世界的45%，产量相当于全世界的75%，况且它是一个健康食品。把它纳入主要农作物后，对种子这一块的管理会更规范一些，也会有一些补贴，现在土豆脱毒种子，一颗给补几分钱，并且今年种子法要修改。

一个是山区农业产业结构优化。当初我回黔江做农业，就是想把外面经济价值高的品种引回去。但是，现在随着农民大量外出，农村劳动力越来越少，真是不知道谁来种地了。所以，我今年对山区农业产业结构优化提了一个建议。我觉得这4年中，我总要做一件事，没有比脚更长的路，我持续地推动它，肯定会给当地老百姓带来好处。

合作社中20%的20%真正在做事，我觉得就非常好了

记者：这几年合作社发展很快，国家非常重视，但问题也很多。首先请您谈谈合作社规范化建设方面的事情。

张㰅：合作社是很好的一个组织模式。在平原地区，几家人成立一个合作社，我有地，你有地，合在一起机械化耕作，成本一下就降下来了。但我们山区这样做不行，一家一亩多地，还是坡地，完全没办法机耕。按照我的理解，农村合作经济组织是让老百姓共同来承担风险，但是我们不可能让农户去承担风险，山区的农户本来就穷，抗风险能力是很差的。我就想要因地制宜，由合作社承担老百姓所有的风险。就说育苗，风险很大，天气不好，比如突然出太阳了，来不及敞棚的话，就全军覆没了。老百姓只是做最简单的生产这一块，后期销售也是我们来承担。

合作社是政府所大力引导的，但怎么去监督它、规范它，还是要下点工夫。100万家合作社，20%中的20%真正在实实在在做事，我觉得就非常好了。我们合作社做事，真是能够给当地老百姓带来改变，不管是思路上、技术上还是新品种引进上。但像我们这样的合作社，我觉得还是比较少。

如果每一个政策大家都知道的话自然而然所有的人都可以监督

记者：中央提出，在资金和项目方面，要给予合作社支持和倾斜，对此您是怎么看的？

张㰅：现在龙头企业下乡，就是冲着惠农资金去的，如果没有惠农资金，做农业肯定吃亏，这个没法子。开始的时候，我也不知道有那么多政策资金，就在那自己支撑着。今年在做，明年在做，后年还在做，政府就会发现你是确确实实在做，就会给你一点点扶持，我们就是这样做起来的。搞农业最重要的还是在于坚持。

惠农资金很多，各个部门各个项目都有，比如种苗、储存。但是，这些信息并不是所有的人都知道，有些真正在做的人并不知道，不是在做的人反而知道，这也有一个人脉关系在里面。这块我是有体会的，以前我也是埋头做事，哪知道这样那样的政策。我们合作社理事长都不知道这些政策，你说这些资金到哪里去了？每年惠农这一块的资金是非常大的，包括我们区县惠农这一块的资金，有些没办法用，然后又退回去了，实际上我们怎么会不需要啊！我觉得这是个问题。有的本身就不是实实在在的合作社，他们把资金套取了，去干别的，这个很普遍。现在很多有钱的人去做农业，他不是实实在在做，他要的是融资渠道。

因此，政策信息公开这一块，我觉得需要去突破。不管是融资还是政府的扶持，都需要大家真正走到下面去调研。

那怎么来辨别和监督呢？如果每一个政策大家都知道的话，自然而然所有的人都可以监督了。比如现在冷链物流这一块有很大的支持资金，这个资金什么时候到，什么条件可以去申请，如果信息公开了的话，我觉得我符合这个条件，当然要去报，你再有关系，也要权衡一下，至少得实实在在做，只要把冷库建在那个地方，就算大家去租用他的，也都受益了。

还有一个问题，就是政策从上到下很多时候是脱节的，惠农资金是打乱的。上面一个政策一二月份出来，到我们那个地方可能六七月份才有。我不可能等他六七月份有这个政策了才去做事。政策下来了，如果说做好了的不享受，也就享受不了了。因此，政策要及时落地。而在惠农资金打捆使用方面，合作社可以发挥一定作用。

因为电的事情，今年的种薯损失了不少

记者：合作社在税费及用地、用电方面，也有不少优惠，对吧？

张樀：初产品我们都是免税的，去税务局走一个免税的申请就可以了，但是加工环节是有税收的。我觉得农产品特别是低价值农产品，比如甘薯，如果在加工上能够给一定优惠的话，就更好了。一斤甘薯才多少钱，还要上税？农业是利润极低的产业，在农产品加工上应该有一些扶持政策。

合作社用地是个问题。我建加工厂，地是流转的，有些是一次性把它永久的承包权流转过来了，但这个是办不了证的，只能叫管理用房，叫临时设施用房都不行。

因为电的事情，今年损失了不少。我们育苗要用电热丝，就像电热毯一样，地里面全部用电热丝，一套电热丝就要一千瓦，我们农村电的负荷小，去年我们花钱接了专线，但是整个变压器的负荷量不够，我从另外一个地方又去找朋友接了一根线过来，还是不行，结果坏了一万多斤，这个从国家层面应该把农村用电问题提到更高的位置。

"三权抵押"说得再好，银行不认也没办法

记者：合作社融资及保险是一个老大难，目前情况如何？

张樀：这涉及银行，它有一个风险的问题。因为合作社是没有资产的，以合作社的名义去贷，你是贷不了款的。合作社里面确实素质有好有坏，银行要来甄别你的话，就要增加管理成本。我用我的资产去抵押的话，就只能是用我的名义去贷，贴息什么的就享受不了了。政府搞了担保公司，它也要承担风险，也要我们有抵押物，相当于反担保。比如我有50万元的房子，到银行去贷的话可能只贷到30万元，到担保公司能贷到50万元。所以，1号文件对合作社融资的政策很好，但要看政策落地没落地，"三权抵押"说得再好，银行他不认你这个，你也没办法。

农业保险这块，我们那儿在做，比如生猪保险，这个政策是到位了的，做得挺好。

记者：今年1号文件提出引导发展农民专业合作社联合社，您认为联合社发展前景如何？

张樀：几个合作社联合起来，我觉得这是好想法。但是，现在合作社很多地方都不规范，实际上很多合作社都是龙头企业带领老百姓的模式，你再把它联合的话，基础不是那么牢。这点我只代表我们山区，外面有很多联合社做得非常好，但我们那边还没看到成功的例子。

政府应该根据当地情况，找到适合当地发展的产业，然后找到、扶持一两家龙头企业来带动当地老百姓，我觉得这种模式是最好的。这个比你撒胡椒面好啊。现在很多地方都是撒胡椒面，钱是用了，用到哪儿了，不知道。比如我们那边很小的一个乡，猕猴桃也有，生猪也有，烤烟也有，政府说做什么，然后就让都去做，我觉得这个不好。

另外，龙头企业和合作社能够真正的紧密联合起来，也很好。但这个龙头企业很关键，企业负责人一定要有奉献精神。

随着问题暴露越来越多，合作社慢慢会规范的

记者：目前，合作社的数量在 100 万家左右了，您觉得它下一步的发展如何？

张桷：目前，合作社很多人还是政策的受益者，所以很多问题还没有暴露出来。随着问题暴露得越来越多，慢慢地它会更加规范的。很多企业去做农业，然后成立合作社，实际上它是政策的受益者，老百姓得到的还是少。但也不能说这些合作社不好，如果把政策资金直接给老百姓，他们是增收了，但不一样。合作社在做的过程中，改变了老百姓的思路、种植技术及很多方面，并且要增加农产品附加值的话，目前也只有企业能做到，老百姓只能卖原材料，不可能自己去加工。

只要是做事，它肯定有好的一面，有不好的一面，这个很正常。我觉得要有信心，有耐心。我们要乐观，一定要有正能量，习主席也一直提倡要有正能量，要不然你就做不好事。要是什么都看不惯的话，你就不要去做了。

我一直想找到一个既适合山区又高效的产业

记者：您及您的合作社，有哪些打算和愿望？

张桷：我们合作社把甘薯加工体系建立起来后，产业链就架构起来了，慢慢运作就行了。甘薯的价格毕竟比较低，所以 2013 年下半年，我们开始摸索另外一个产业——草食性牲畜，具体来说就是肉牛产业。我们山区耕地资源少，大部分是坡地，现在撂荒地很多，但是草资源很丰富。

去年我的一个堂弟在外面打工，手受了伤，可以评残的那种，法律什么的他都不懂，离重庆又太远了，后来我说你还是回来吧，管他赔不赔得了钱。你说那些在外打工的农民，就春节回来几天，过完正月十五又跑了，实际上除了技术工人，他能挣到多少钱？把自己的孩子丢在家里，对以后的社会发展危害性是很大的。那些留守儿童真的很可怜，你看着他们就觉得很心疼（按：说到这里，张桷的声音变得沙哑，眼眶也湿润了）。所以，我一直想找到一个既适合山区又高效的产业，比如肉牛，能够让外出务工的老百姓回去，在当地就能创业，在家里就能挣到钱，就不要到外面去打工了，挺辛苦的。但是能不能做到，就不知道了。

记者：《中国农民合作社》是唯一一本专门关注合作社的期刊，请您给我们提点建议吧。

张桷：《中国农民合作社》是我们的家，我觉得挺好。以后有什么好的新闻，我就发给你们。还有你们的微博，每次都发信息给我，我从那里面学了很多东西。

［张橘（yǔ）系第十二届全国人大代表、重庆市黔江天禹人蔬菜种植专业合作社理事长］

汪其德：农民参加合作社的积极性很高

今年两会，汪其德很忙。3月7日下午，本刊记者赶到四川代表团入驻的远望楼宾馆，当在采访登记本上写上"汪其德"三个字时，一旁的工作人员说"又是采访他的"。谈及这个小插曲，汪其德一笑了之。

记者：一年来，你们合作社发展如何？

汪其德：说实话，以前老百姓参加合作社的积极性并不是很高，但最近一年来，我不让他参加，他都主动要参加。以前为什么积极性不高？第一，对合作社的认识不是很到位；第二，合作社叫他入股或者承担点什么事情，他是不愿意的，总怕有风险。后来，看见一部分人通过合作社得到了好处，其他人就主动要参加，就是这么一个过程。现在，参加黄羊合作社的农户从原先的100多户发展到了300多户，还带动了附近乡镇的700多户村民养羊。生猪合作社带动的养猪户则有400多户。

在我们山区，年轻人一般都出去了，留下的都是年龄大一点的或者不能出门的，这部分人入社积极性很高。举个简单的例子，我们那里有一个快80岁的老人，没法干农活了，也没法干其他什么事情，他就到我们这里来牵四五只羊。他早上把它们牵出去，拿绳子拴在田边沟旁，中午再换一个地方，晚上就把它们牵回去，很简单，基本上不费劳力，也不需要成本。一年下来，5只羊卖了将近1万元钱，除去成本还有六七千元钱，对一个农村老人来讲，他的基本生活费就够了。

我们正在规划建加工厂，解决增值问题。比如黄羊，虽然目前价格是二十五六元钱1斤，看来很可观。但从我们黄羊的价值和品牌方面来讲，这一点都不算高，因为我们南江黄羊名气是非常大的，号称亚洲第一、世界第二，都是纯天然、大山里面放的羊。所以我们准备建一个深加工厂，投资5 000万元左右，以加工黄羊为主，附带加工猪、牛。这样一来，附加值上去了，还可降低损失，比如现在猪价不行，我就可以把它们拿来加工。

对于我们搞加工，政府也比较支持，比如在土地方面，给我们的土地是工业用地，并且价格非常便宜，基本上是零地价。

记者：合作社在规范化建设方面，如何进一步提高？

汪其德：据我个人了解，在全国各地有太多的合作社就是等靠要，他去办一个营业执照，就享受到了国家的扶持政策。这些合作社是经不起调研的，只是挂了一个空牌，根本没干事。所以我认为，在国家的层面上，不一定要图数量，但一定要注重质量。

合作社应该规范发展，从管理层面上，虽然工商放开了，都可以办合作社，但在管理上要严格监管才行。比如说一年或者两年用一个标准考核你，如果这个合作社不行，就可以将它拉入黑名单，甚至把营业执照给取消了。有些合作社，只听说有这个牌子，有关部门从来不过问他究竟是干什么的，是真的还是假的。

我们那里正在出台示范社扶持政策。比如，这个合作社如果被评为市级合作社，地方就奖励1万～2万元；如果被评为省级示范合作社，就奖励3万～5万元钱。国家级的肯定就更高一点，可能就是5万～8万元。我觉得这个政策是非常正确的，因为要想成示范社，就要接受考察，要求非常严，最起码要做得很规范。

记者：在融资这方面，合作社有哪些困难？

汪其德：谈到融资，这是最头疼的事情。对于合作社，比如我们合作社，真正来讲，要算资产的话，都是上千万，但你上银行去贷款，你贷不了一百万元，为什么？他说你不符合规定，没有产权，不能抵押，一句话就把你推开了。

国家出台的土地承包经营权抵押政策很好，但在我们山区，我个人的看法是真要实现的话时间还很长。为什么？虽然政府认可，银行不一定认可。你拿土地去抵押贷款，如果是城镇附近的土地，可能还好点，如果是山区的土地，假设你还不起，银行怎么变现？贫困山区的土地没有价值，把经营权抵给你，没有用。

在我们地方也有融资担保公司，但是融资成本太高了。银行贷款肯定要付利息，担保公司要给担保费，几项费用一算下来，本来能干的项目也没有多少利润了。

要解决合作社融资难，还是要靠银行，需要担保公司介入。国家给担保公司一定优惠政策，给银行担保。政府应对合作社贷款给予贴息，有些大企业贷款都给贴息，我们农民合作社是最弱势的企业，更应该享受这个政策。

记者：在农产品保险方面，开展得如何？

汪其德：政策性保险我们是很有感受的。一头能繁母猪保费12元，可以赔偿1 000元。育肥猪保费6元左右，可以赔200～500元。总的来说，赔偿的标准还是有些低。最关键的他只是季节性保险。以生猪为例，1年只保1次，1次只保三五个月，这批猪保了，下一批猪就不给保了。这就是保险脱档问题，应该一年四季都有保险，只要老百姓或者养殖户自愿，随时都能参保。

另外，保多少也要根据老百姓自愿来定。现在有些乡镇都有保险任务，需要完成1万头或者两万头任务。乡镇就给养殖户分，这个养殖户承担3 000，那个养殖户承担2 000，可是有的养殖户根本就没养这么多。所以，保险方面应该完善政策，有多少保多少，不应该分派任务。

记者：现在，农村流转土地比较普遍，你们那里的情况如何？

汪其德：在农村，大多数青壮年劳力外出务工了，剩下的都是老弱病残，种地也没什么技术。按传统的方式种，这家种1亩地红薯，那家种1亩地小麦，收成全凭运气。这样的话，一是成不了规模，二是成本太高，种子、农资再加上劳动力，1亩地还倒亏钱，所以老百姓的地是越来越没种头。通过大户或合作社整片成规模地流转，种植同一种作物，成本降低了，还是有钱赚。

老百姓也得到实惠了。像我们那边，目前是 1 亩地 600 元钱租金。他还在地里务工，1 个月也能挣两三千元钱。所以现在老百姓也愿意流转土地。

土地流转中也有一些麻烦。个别农民的素质还是较低。有的人将地流转给你了，当时他自己干是没有效益，但一看你干成规模了、有效益了就眼红，有的人就反悔。好在我们当地的党委政府比较负责，把这些矛盾化解了。

记者：现在，合作社缺人才呼声很高，您认为该如何解决？

汪其德：参加合作社的人，基本上都是年纪大了的农民，没有多少文化。因此，合作社带头人非常关键。

说实话，没有好的待遇，大学生不会愿意去合作社的。建议国家加大这方面投入，像大学生村官一样，把他们充实到合作社去，政府出一部分工资，合作社再适当给一部分补助，自然就留下来了。

记者：今年是本刊创刊 5 周年，请您给我们提一些建议。

汪其德：你们现在做得很好，写的都是真话，不像有些报刊把事实歪曲了。你们有什么需要，随时可告诉我，也欢迎到我们那里现场考察。

（汪其德系第十二届全国人大代表、四川五郎黄羊养殖专业合作社理事长、红旗生猪养殖专业合作社理事长）

杨琴：应定期对合作社进行考核

回顾 2013 年，杨琴代表十分感慨：前些年以种植樱桃为主，现在又多了蘑菇的种植，比如大朵盖菇等，大棚已经发展到 40～50 个。杨琴代表在采访中多次提到："一人富了不叫富，大家富了才叫富。"她通过合作社把农民聚集起来，进行土地流转、种植，先后将林果业和食用菌产业作为重点，发展农村经济。

多个产业共同致富

杨琴代表提到，林果业和食用菌产业的产量、销量十分可观。在未打开市场时，需要自己上门推销，现在，客商争先预定，产品供不应求。虽然产品销量很好，但只是作为初级原料卖出，产品销售的时间和地域空间都受到极大限制，水果深加工产业相对滞后。新疆拥有广阔的水果种植面积，创办水果深加工项目具有很好的发展前景和良好的基础条件。因此，杨琴代表希望在以后的几年中能扩大产业，引进农产品深加工项目，提高农产品附加值。

杨琴代表不仅仅把目光放在林果业，还伸展到花卉种植业。她十分自豪地提到了最近正在干的事业，"由于新疆面积广阔，对绿化等方面迫切需要，目前正在与东北的企业合作，引进先进技术，发展花卉种植产业，孕育花卉苗种，从而为整个新疆的绿化服务。"

为合作社发展献计献策

谈到在 2014 年两会上提出的建议时，杨琴代表说，在合作社税收方面，虽然国家已经给予了相关的优惠政策，有力地促进了农民合作社发展，但我国农民合作社仍处于起步阶段，是弱势群体的联合，实力普遍不强，行业利润水平也不高。因此，希望国家进一步加大扶持力度，减轻农民合作社的经济负担，增强合作社自我积累和自我发展的能力。

近些年，我国合作社事业蓬勃发展，已达到 100 多万家。对此杨琴代表说道，这当中，有一些是空壳合作社，不能为农民干实事，却享受着农民合作社的优惠政策，应该增加对合作社建立之初的准入评定政策。在成立后，要定期对合作社进行考核，取缔那些不为农民干实事、不带领农民致富的合作社。

最后，提及对期刊的建议，杨琴代表希望在《中国农民合作社》期刊中看到更多成功的案例，在案例中学习怎么解决问题，尤其是遇到问题怎么进一步突破，最终走向成功。

"万事开头难。只要迈过那个坎，一切都会顺利。"杨琴代表说道。"在合作社创立之初，农民对一切都是观望的态度，只有让农民相信我，合作社才会成功。"现在，合作社的事业蒸蒸日上，杨琴代表对合作社的未来更是充满希望。

（杨琴系第十二届全国人大代表、新疆亿鑫果品专业合作社理事长）

益西卓嘎：国家扶持合作社资金应透明

全国人大代表、西藏山南乃东县贡桑养殖专业合作社理事长益西卓嘎白手起家，现在已成为当地养殖致富的带头人，在当地很多人眼里她是一位"女强人"。

但如今，益西卓嘎还是和以前一样谦和并对养鸡充满了热情。在接受《中国农民合作社》记者专访时，益西卓嘎讲述了她关于发展农民专业合作社方面的见解。

合作社太多不一定是好事

现在支持合作社发展的政策好，几乎不管哪种合作社都能享受到国家的优惠、补贴等扶持政策。但问题是，现在的合作社太多了。拿西藏来说，合作社已经很多了，不管是大县还是小县，都有 100～200 家合作社。

办合作社是特别好的事，但是不能太多、太乱了，合作社太多了不一定好。国家扶持合作社发展的资金投入了不少，经常听到一些关于支持合作社资金的新闻和消息，比如，国家对某个地区又拨了多少钱等。但由于合作社太多、太分散了，真正干实事的合作社，却很少看到资金，也拿不到多少钱。

西藏的养鸡合作社比较多，贡桑合作社的规模也算比较大的了，不少成员养鸡的数量都比较多，还成立了一个公司，实行"公司＋合作社＋农户"的形式发展养殖产业，但政府的大项目从来没拿到过，只是在 2008 年拿到过一个较小的项目。

益西卓嘎认为，还是要靠自己的双手干事，最终总能被发现成绩，也会获得社会的认可。但由于经常到村子里去，在聊天中发现，不少老百姓都有很大的意见。他们认为，合作社的成员比较多，而且也都在实实在在地干事，合作社发展到现在，也有一定的基础了，但就是拿不到国家的项目。当然，也有他们合作社自身的原因，比如有些合作社不会写材料，贡桑合作社就是这样，所以总是报不到项目。

国家扶持资金应透明

益西卓嘎表示，现在合作社项目申报中存在的问题，其中一点就是在申报项目时，政府只看申报材料，但不实地调研合作社是否"实干"。有手续就可以申报项目，不少合作社什么都没有、什么都没干，就是注册了一个合作社，但也能申报项目，获得国家扶持资金。比如，牧民施工队，一个小村子里就有七八家，也有手续，但做事的方式不一样。

她建议，最好在办理项目申报手续的时候，先看看这个合作社是否真干事了，钱用到哪里了。

此外，资金的发放有些是不透明的，国家的扶持资金不知道用到哪里了。比如在一个地区，国家到底拨了多少钱？这些钱都用到哪里了？别人无法了解。因此，以后发放资金最好增加透明度，让大家对资金的使用情况清清楚楚、明明白白。

对于合作社如何发展，益西卓嘎说，规模大、做得好的合作社带动当地百姓一起致富的方式就比较好。比如，在一个县里，养牛专业合作社，最好是一两家合作社带动其他老百姓一起养殖。

对于补贴的方式，益西卓嘎认为，在一个县里，补贴规模大、做得好的合作社，在这种合作社的带动下，成员就能好一点，当地的产业也就可以发展了。

合作社贷款依旧难

合作社还面临着贷款难问题。拿贡桑合作社来说，由于是养殖合作社，风险比较大，银行一般不给这方面的合作社贷款。此外，一些其他因素也导致合作社贷不到款。向银行申请贷款要有抵押物或土地手续，但合作社的工厂是从乃东县里借来的，既没有抵押的物品，也没有土地手续。

从最早的养殖开始，益西卓嘎干到现在已经有 10 多年了，只是在合作社成立的时候借了 20 万贷款，1 年还 6 万，3 年还完后，银行就停止了向合作社贷款。

有的合作社成员困难、没有钱，用于养殖投入的资金合作社都要垫付，这样占用的资金就比较多，合作社的资金周转非常困难，曾到处借款都借不到，尝尽了"缺钱"的苦头。现在贡桑合作社养殖的鸡供不应求，所以想建一个藏鸡繁育中心，但由于资金缺乏，办不起来。

过去的成绩让贡桑合作社对自身的发展前景充满了信心，他们想进一步扩大合作社规模，这样就可以带动更多的老百姓致富。益西卓嘎说，今年，贡桑合作社想把借用的工厂买过来，这样合作社就可以用工厂做抵押，向银行申请贷款了。但如果单纯靠合作社自身积累慢慢发展，力量还是有限，希望政府相关部门能在贷款方面出台一些政策，支持合作社发展。

想建一个畜禽市场

贡桑合作社还打算在拉萨市办一个畜禽交易市场。益西卓嘎说，现在当地的畜禽市场太乱了，不管是价格还是监管。畜禽产品在市场好的时候，价格卖得不错，但赶上市场不好的时候，价格卖得非常低；由于销售畜禽产品没有固定的场地，给监管也带来困难，导致市场上的畜禽产品质量良莠不齐，消费者难以辨别。去年发生禽流感，但在西藏并没有发生疫情，而其他地区的一些鸡，也到西藏销售，才1元多1斤，非常便宜。老百姓对禽流感都比较担忧，有的分不清市场上销售的鸡的来源，不敢买。仍然有买鸡的，就买便宜的鸡，合作社生产的鸡根本卖不出去。后来幸亏有当地政府部门的支持，鼓励西藏本地鸡销售，合作社的鸡才卖了出去。但总的算下来，一次禽流感就让合作社亏损了260万元。后来，当地财政补贴了31万元，使合作社的损失降低了一些，但这对本来就缺乏资金的合作社来说，无疑是雪上加霜。

如果在西藏办一个市场，当地养殖的畜禽通过交易市场批发、交易，市场管理也方便，老百姓养殖的鸡就有了稳定的销售渠道，价格也会比较稳定，消费者也可以吃到质量比较好的畜禽产品。

益西卓嘎表示，此前在地方"两会"上一些问题已经提到过，她重提这些问题，就是希望能够尽快解决，希望相关部门能够支持合作社发展。

（益西卓嘎系第十二届全国人大代表、西藏自治区乃东县贡桑禽类养殖专业合作社理事长）

何一心：解决贷款难　从实际上帮农民

"今年中央1号文件对农民的产权确认和解决贷款难问题提出了一系列创新性的政策措施，这为农村融资难题的解决提供了新的政策依据，指明了方向，是一项极好的惠民政策。但目前农村融资难问题仍较突出。"全国政协委员、福建省武夷星茶叶有限公司董事长、武夷山市星愿有机茶业农民专业合作社理事长何一心，在《关于拓宽农村融资渠道、缓解农民贷款难的建议》中一针见血地指出了现在农民贷款存在的难题。

因长期从事农业工作，与农民打交道，何一心对目前农民以及合作社面临的问题了解得非常清楚。他在接受《中国农民合作社》记者采访时表示，目前面临的问题是，农民想贷款，但银行不给贷，有些企业不需要贷款，银行又非常愿意贷给企业。

此外，到银行贷款手续非常烦琐，贷一次款要办很多手续，对于大企业来说，可能会好一点，但农民"受不了"。对于贷款资质的评估也不能多年使用，每年都要评估，这对于农民来说，都是非常难的问题。

虽然说起来农民贷款面临的难题很多，但何一心认为总结起来，主要有以下几个方面：一是融资渠道单一；二是抵押担保难；三是贷款数额小、期限短；四是贷款审批周期长。

为了促使农民贷款难问题尽快解决，何一心提出以下几点具体建议：

一是出台配套政策措施，确保农村土地承包经营权抵押贷款顺利实施。目前福建等地已开始实施农村土地承包经营权抵押贷款，部分农户因此拿到了贷款。不少农户对此反映良好，认为土地承包经营权抵押贷款手续简便，又不会失去对土地的承包权，有利于农业产业化发展，是一种创新。但在实施过程中，也有金融机构、专家担心存在潜在风险问题，因为土地流转存在不确定性，承包经营权属于无形的，地上作物又有市场、自然灾害风险，担心发生这样的情况后，无法收回贷款。这有可能会影响金融机构放贷积极性。因此，建议国家有关部门深入研究，出台实施细则，从抵押担保、风险控制、贷款成本控制等方面探讨相应政策措施，把风险控制到最低程度，让农户能贷、银行敢贷。

二是大力发展专业合作社信用担保功能。目前广大农村成立了各种形式的合作社，推行"农户＋基地"的发展模式。农户如借助合作社贷款可增强信用等级，一定程度上缓解了融资瓶颈的制约。建议大力发展合作社信用担保功能，鼓励合作社成立担保基金，增强担保能力，为成员提供贷款担保，拓宽合作社的受益面，惠及广大农户。当然，相关部门也要加强对合作社的监督、管理，防止贷款资金没有用在农业上，而被挪作他用。

三是创新实行农副产品抵押贷款。建议对农副产品实行公允价值评估后，进行抵押贷款。如农户在夏收换季耕作时，因部分夏收作物未能及时出售回收资金，而又要进行换季耕作时无资金支付农资款项，建议可凭已收获的农副产品实行公允价值评估后进行短期贷款，以解决农户资金短缺困难。

四是实行一次授信、一次评估，多年使用。这样，有利于减少农业企业和农民的费用支出。对于有规模且有诚信的农业企业和农户，最好能实行换借据贷款，实现便捷、优质的金融服务。

五是推进农村信用体系建设。建议大力推进"信用农户"建设，增强农户信用意识，提高农村市场信息的真实性和透明度，以此提高农村金融机构信贷资产的安全性。这样，金融机构就能对农户发放一些信用贷款。

（何一心系第十二届全国政协委员、福建省武夷星茶叶有限公司董事长、武夷山市星愿有机茶业农民专业合作社理事长）

（选自《中国农民合作社》2014年4期）

俞学文：让农村闲置房流动起来

"我国土地现状，一是农村宅基地大量闲置，二是城市用地指标紧张。同时，农村人拼命往城里挤，也造成了城市公共设施的更大压力。"全国人大代表、浙江省武义县更香有机茶叶专业合作社理事长俞学文说，"如今大量年轻农民进城打工就业，进城买了房。而《土地管理法》和《物权法》等，都对农民宅基地使用权的流转有严格限制，农民宅基地只能在集体经济组织内部流转。法规所限，大量闲置的农村宅基地被浪费了，也影响到农民私有财产的正常流转。"

俞学文说，当时制定的法规已经不适应新形势，到了该修改的时候。

如何改变现状？在俞学文看来，除了要修改、调整和农村宅基地有关的《土地管理法》《物权法》《担保法》的相关政策、法规外，还可以尝试更多办法，比如允许已在城镇购房的农民，自愿把农村宅基地和房产在市场交易流转，让城里人也有机会购买农村的房产，"这样才是真正让农民享受市场的公平配置权力。"

（选自《钱江晚报》，俞学文系第十二届全国人大代表、浙江省武义县更香有机茶叶专业合作社理事长）

胡大明：希望在农村工作中看到更多检察官的身影

针对最高人民检察院工作报告中提到的"扎实开展党的群众路线教育实践活动。突出为民务实清廉主题，着力整改'四风'和执法司法突出问题"，全国人大代表，安徽省滁州市绿园蔬菜专业合作社总经理、省妇联执委胡大明希望在农村工作中看到更多检察官的身影。

胡大明说："作为农民代表，我知道很多群众对检察机关有很高的期望。人们都希望检察机关能更亲民，能做更多的工作，保障他们的利益。在我这一年履职当中，旁听了一些检察院的工作，感觉检察机关这一年在拉近与群众的距离方面做了大量扎实的工作，也通过自身工作让更多群众感受到公平正义。比如说，检察官经常主动到基层、到农村来了解我们的需求和想反映的问题，而且查办和我们生活息息相关的案件非常到位。一些征地拆迁方面的矛盾纠纷、坑农害农的案件、在外打工农民被欠薪等问题，检察机关都办理得很好。"

（选自人民网，胡大明系第十二届全国人大代表，安徽省滁州市绿园蔬菜专业合作社总经理、安徽省妇联执委）

刘锦秀："牧羊女"的脱贫梦

刘锦秀代表今年35岁，老家位于大别山主峰一侧的湖北省罗田县，人称大别山上的"牧羊女"。她外出打工到23岁便回乡创业，带动群众在山区养羊。

牛羊养殖业是大别山区农村的传统产业，在山区经济中占有重要地位。不过，由于近些年草地畜牧业建设和科技投入不足，草地资源开发利用不充分，牛羊生产水平不高，草地畜牧的资源优势还没有转化为经济优势。

刘锦秀代表说："我的建议是发展牛羊养殖业，建设富裕大别山，让乡亲们脱贫致富。"她建议将大别山区牛羊养殖业列入国家农业产业发展规划，明确大别山区资源利用和农业产业结构调整方向。以扶持牛羊养殖为载体，在大别山区实施产业化扶贫。

（选自《经济日报》，刘锦秀系第十二届全国人大代表、罗田锦秀林牧专业合作社理事长）

李晓华：生猪养殖面临三大难题需要解决

参加全国两会的人大代表、四川省龙兴农业科技有限公司董事长、四川省西充县锦泰专业合作社理事长李晓华代表认为，目前生猪养殖面临盈利难、创品牌难和治污难三大难题，需要相关部门研究解决。

1. 生猪养殖业面临的最大问题就是盈利难。当下人工等生产要素价格不断上涨，无害化和污水处理的费用也很大，加上生猪养殖业属于鲜活农产品，不能长期存放，只能随行就市卖掉，造成生猪养殖业盈利难。

2. 生猪养殖业创品牌难，增加附加值难。生猪屠宰点没有减少到一定数量前，都办不到屠宰证，这就制约了生猪养殖业产业链的形成。生猪养殖业只能随市场行情走，谈不上创品牌。

3. 生猪养殖业治污压力大。目前，养猪场或养猪大户集约化规模化养殖，粪污和病死猪只相对集中，养殖业在长期亏损的情况下，根本没有能力进行污水处理和对病死猪的无害化处理，而导致对环境的污染。

（选自中国畜牧网，李晓华系第十二届全国人大代表、四川省龙兴农业科技有限公司董事长、四川省西充县锦泰专业合作社理事长）

（2）"中国青年五四奖章"获得者。

5月2日，为树立和宣传当代青年的优秀典型，引导和激励全国广大青年树立崇高理想追求，立足本职成长成才，共青团中央、全国青联日前决定，授予王红兵等30名（组）同志第十八届"中国青年五四奖章"，其中有三位农民合作社理事长，他们分别是：河南省尉氏县红兵禽业专业合作社理事长王红兵，安徽省利辛县新农民养猪专业合作社理事长、安徽浩翔农牧有限公司总经理高亚飞，湖南省泸溪县红山柑桔专业合作社理事长谭永峰（苗族）。

王红兵：我办合作社成功得益于天时、地利、人和

中国共青团网公示信息显示：王红兵，男，汉族，1977年3月，中共党员，河南省尉氏县第二职业高中毕业，高中学历，河南省尉氏县红兵禽业专业合作社理事长。当《中国农民合作社》期刊记者电话询问王红兵经营合作社的"成功之道"时，他很爽快地答道："天时、地利、人和。"赶上好时代了，当下发展合作社恰逢其时；再者，合作社地处尉氏县，是河南省畜牧十强县之一，养鸡是当地农民致富奔小康的传统产业；更重要的在于人和，合作社与入社农户建立了稳定的利益联接机制。"

随着通话时间的增长，王红兵的成长、创业轨迹渐趋明朗。早在1993年，因父亲在一场事故中不幸去世，王红兵不得不扛起家庭的重任，以游乡串街贩卖鸡蛋为生。十年的坎坷，将他从一个"游乡小贩"磨砺成一名懂经营、善管理的"鸡司令"。可王红兵注意到，由于单家独户闯市场，养鸡户在饲料、鸡蛋购销和信息技术等方面受到诸多制约，一直存在养鸡规模小、市场风险高、竞争力不强等问题，客观上制约了全县养鸡业发展。为了把散养户整合在一起，形成饲养规模来抵御市场风险，开拓大市场，2006年，王红兵联合12户养殖户注册了尉氏县红兵禽业专业合作社。合作社成立后，秉承"以诚为本，以信立商"的经营理念，采取"公司+基地+合作组织+农户"的经营模式，以"统一供苗、统一供料、统一服务、统一防疫、统一品牌、统一销售"的服务方式，带领周边县乡群众大力发展养鸡业。由于合作社实行统购统销，减少了中间环节，鸡蛋收购价格总是高于市场价格0.3元左右，合作社成员对此非常满意。到2014年年初，合作社发展到628户，辐射周边三省六县区600多个村庄，年产值4.2亿元，许多农户都在他的帮助下过上了好日子。2012年，合作社被农业部授予"全国农民专业合作社示范社"荣誉称号。

高亚飞：创办"养猪大学"让更多人养好猪

"高亚飞，男，汉族，1980年7月生，中共党员，安徽工业大学计算机学院计算机专业毕业，大学学历，安徽浩翔农牧有限公司总经理，十二届全国人大代表。"这是中国共青团网有关高亚飞的一则公示信息。

到今年4月份，高亚飞的创业经历正好走过了一旬，他把今年称之为自己的"创业本命年"。12年前，高亚飞刚刚从安徽工业大学毕业，被评为全省优秀高校毕业生并留校任教。但高亚飞并没有满足于当时稳定的工作和生活，而是辞职回到家乡打拼，创办了种猪场。当时遇到的第一个问题就是资金难题，把一切能想到的法子都用上了，依然缺口很大。高亚飞深知自己回到家乡创业，条件很艰苦，但自己也有得天独厚的优势——有知识、肯钻研。想明白了这一点，高亚飞就一心扑在养猪新技术的研究上，先后研发出多项养猪新技术，获国家专利10余项。

高亚飞本科所学专业是计算机，他的养猪场也装上了现代化的计算机网络。通过计算机程序控制生产，并给种公母猪建立了完善的电子档案。很快，高亚飞的养猪场走上了正轨。

高亚飞说自己是个热心肠，创业取得初步成功后，就开始帮着身边其他养殖户探索建立科学的养殖模式。2007 年 9 月，高亚飞牵头成立了亳州市第一家养猪专业合作社——利辛县新农民养猪专业合作社，采取"公司＋合作社＋基地＋农户＋科技＋市场"的新型产业化模式，带动规模养殖户 300 多户。他创新管理模式，推进利辛生猪人工授精覆盖率达到 95％以上，让养猪户节约了成本，收入明显增加。

2009 年，为在更广泛的范围推广良种良法，合作社与和县畜牧局等单位联合创办"养猪大学"，到 2013 年年底已累计培训 2 万余人（次）。他的这一做法，受到了农业部的高度认可，并在全国推广。

经过几年的发展，合作社年出栏生猪达到 8 万多头，拥有三个养殖场，一个饲料厂，不仅是省级农业产业化龙头企业，还是国家生猪核心育种场、首批国家级标准化示范场。

谭永峰：一手抓"种植技术培训"，一手抓"果品销售服务"

"谭永峰，男，苗族，1982 年出生，中共党员，2005 年毕业于湖南涉外经济学院电子商务专业，泸溪县红山柑橘专业合作社理事长。在艰难的创业过程中，他充分利用农村党员现代远程教育网络优势，在带动农民脱贫致富方面发挥了显著作用。"在谭永峰的这段介绍中，最后一句话能引发人很多思考，至少有一点：自己大学所学专业有了用武之地，而且发挥了很大的作用，当地的百姓跟着沾了光。

当《中国农民合作社》期刊记者联系到谭永峰时，他介绍说："自己办合作社主要做好了技术服务和畅通销路这两个方面，未来，打算在延伸产业链上做点文章。"

泸溪县红山柑橘专业合作社是谭永峰 2006 年创办的，主要为入社成员提供种植技术培训和果品销售服务。

在种植技术培训方面，合作社已经形成了自己的培训模式。起初，为帮助当地果农切实掌握种植柑橘的技术，实现科学管理、科技致富，合作社积极组织、引导果农学习科技知识，合作社专门修建了 150 平方米的培训室，购置了书籍、桌椅、电脑和投影仪等教学设备，适时组织开展柑橘优质苗木繁育、柑橘优质高产栽培、优质品种改良、新技术试验示范等新技术培训和技术示范推广工作，技术人员还深入田间地头为果农进行现场指导，逐步形成"上技术课——现场指导——解决疑难"的技术培训模式。

在果品销售服务方面，合作社着手做了三件事：一是建设了柑橘贮藏保鲜库，延长柑橘销售期，以便合作社成员获得更好的经济效益；二是积极开拓海外市场。比如：与辽宁丹东口岸销售商合作开辟朝鲜市场；与黑龙江绥芬河口岸销售商合作开辟俄罗斯市场；与福建南平口岸销售商合作开辟东南亚市场；三是引进加工生产线。合作社与浙江某果品加工厂联系，引进加工设备和生产经验，解决了柑橘残次果的销售难题，为当地农村剩余劳动力提供了就业岗位，为泸溪县域经济发展注入了活力，同时也促进了泸溪柑橘产业的长远发展。

从以上三人的经历不难看出，"中国青年五四奖章"获得者很好地反映了当代青年的精神品格和价值追求。这块奖牌的分量很足，是共青团中央、全国青联授予中国优秀青年的最高荣誉，旨在树立政治进步、品德高尚、贡献突出的优秀青年典型，认可的是一种干事创业的行为，崇尚的是一种艰苦奋斗的精神，彰显的是一种心系民众的责任。获奖的30位优秀青年好比一面面旗帜，激励着千千万万的青年"走向未来"。

(3) 首届"全国十佳农民"。

首届"全国十佳农民"2015年2月5日在京揭晓，天津市宝坻区民盛种养殖专业合作社理事长张秀霞等10位农民获此殊荣。

在揭晓仪式上，农业部副部长余欣荣指出，以"全国十佳农民"为代表的新型农民，是农业生产领域的杰出代表，是推动现代农业发展的标杆典范，是农业现代化建设的时代先锋。他们以农为业，以农为荣，崇农爱农兴农，把农民这一古老的职业干得有声有色，充满活力，充满希望。他们身上有着爱国奉献、吃苦耐劳、朴实厚道、正直善良的共同精神特质。他们用亲身实践证明，农业发展大有可为，从事农业大有作为。他们汇聚的精神，既是"三农"事业发展的宝贵精神财富，也是社会主义核心价值观在"三农"领域的生动写照。余欣荣希望"十佳农民"继续开拓创新、努力奋斗，为实现"农业强、农村美、农民富"注入新活力，为实现"三农"中国梦增添正能量。

2014年度"全国十佳农民"名单如下：

张秀霞，女，汉族，天津市宝坻区民盛种养殖专业合作社理事长；

李凤玉，男，汉族，黑龙江省齐齐哈尔市克山县仁发现代农业农机专业合作社理事长；

李春风，男，汉族，上海市松江区泖港镇腰泾村家庭农场主；

徐淙祥，男，汉族，安徽省阜阳市太和县淙祥现代农业种植专业合作社理事长；

陈建坤，男，汉族，福建省漳州市漳浦县南坤海鳗养殖专业合作社理事长；

唐全合，男，汉族，河南省鹤壁市淇滨区聚喜来农机专业合作社理事长；

阳岳球，男，汉族，湖南省岳阳市屈原区惠众粮油专业合作社理事长；

孙泽富，男，汉族，四川省成都市金堂县金溪水果专业合作社理事长；

益西卓嘎，女，藏族，西藏自治区山南乃东县贡桑禽类养殖专业合作社理事长；

马青云，男，回族，青海省海东市化隆县薄皮核桃行业协会会长。

1.2.2 合作社产品

以下产品经中国绿色食品发展中心核准，获得绿色食品标志使用权（有效期限以证书为准）。依据农业部《绿色食品标志管理办法》予以公告。

2014 年共有 888 家合作社的 1 626 个产品获得绿色食品认证（表 5）。

表 5　2014 年农民合作社获得绿色食品认证情况汇总表

地区	序号	生产单位	核准用标产品	绿色食品编号	企业信息码
北京	1	北京龙湾巧嫂果品产销合作社	精品苹果	LB-18-1407012498A	GF110113140329
			精品梨	LB-18-1407012499A	
	2	北京黑桥常珍蔬菜种植专业合作社	番茄	LB-15-1310017202A	GF110102135065
			茄子	LB-15-1310017206A	
			小白菜	LB-15-1310017203A	
			青椒	LB-15-1310017208A	
			小番茄	LB-15-1310017210A	
			甘蓝	LB-15-1310017215A	
			芹菜	LB-15-1310017218A	
			绿龙扁豆	LB-15-1310017220A	
			生菜	LB-15-1310017205A	
			白萝卜	LB-15-1310017212A	
			冬瓜	LB-15-1310017204A	
			西葫芦	LB-15-1310017211A	
			油麦菜	LB-15-1310017207A	
			豆角	LB-15-1310017209A	
			花椰菜	LB-15-1310017213A	
			蒿子秆	LB-15-1310017214A	
			尖椒	LB-15-1310017216A	
			油菜	LB-15-1310017217A	
			黄瓜	LB-15-1310017219A	
	3	北京绿奥蔬菜合作社	茄子	LB-15-1309018805A	GF110113070950
			甜椒	LB-15-1309018806A	
			黄瓜	LB-15-1309018804A	
			番茄	LB-15-1309018807A	
			生菜	LB-15-1310013634A	
			大白菜	LB-15-1310013635A	

（续）

地区	序号	生产单位	核准用标产品	绿色食品编号	企业信息码
北京	3	北京绿奥蔬菜合作社	苦瓜	LB-15-1310013636A	GF110113070950
			南瓜	LB-15-1310013637A	
			白菜花	LB-15-1310013638A	
			西兰花	LB-15-1310013639A	
			甜瓜（薄皮）	LB-15-1310013640A	
天津	4	天津市百姓一兰梓农作物种植专业合作社	大蒜	LB-15-1408022357A	GF120115111079
	5	天津市宝坻区鑫宇畜牧养殖专业合作社	宝邑绿色精品牛肉（冷鲜）	LB-26-1406021860A	GF120115140159
	6	天津市津农农产品专业合作社	玉米	LB-05-1404021933A	GF120114080545
	7	天津市春蕊蔬菜专业合作社	辣椒	LB-15-1407021916A	GF120114081009
	8	天津市创园蔬菜专业合作社	青萝卜	LB-15-1404021537A	GF120114080544
	9	天津岔房子农产品保鲜专业合作社	山药（紫药）	LB-15-1312029365A	GF120113101706
			山药（麻山药）	LB-15-1312029364A	
			山药（九金黄）	LB-15-1312029363A	
			山药（铁棍）	LB-15-1312029362A	
	10	天津青凝侯蔬菜种植专业合作社	生菜	LB-15-1312029387A	GF120111101705
			西红柿	LB-15-1312029388A	
			辣椒	LB-15-1312029389A	
			茄子	LB-15-1312029390A	
			芹菜	LB-15-1312029391A	
	11	天津市倍尔特蔬菜专业合作社	西红柿	LB-15-1312028120A	GF120114135290
	12	天津市春蕊蔬菜专业合作社	小麦	LB-01-1311027535A	GF120114081009
			香菜（芫荽）	LB-15-1309027809A	
	13	天津市富禾果树种植专业合作社	核桃	LB-19-1404021048A	GF120225148265
	14	天津市华明兴立果蔬种植专业合作社	茄子	LB-15-1311027740A	GF120225135201
			辣椒	LB-15-1311027739A	
			甘蓝	LB-15-1311027744A	
			西红柿	LB-15-1311027742A	
			豆角	LB-15-1311027743A	
			黄瓜	LB-15-1311027738A	
			胡萝卜	LB-15-1311027741A	
	15	天津市会海养猪专业合作社	玉米	LB-05-1309023930A	GF120114090579

（续）

地区	序号	生产单位	核准用标产品	绿色食品编号	企业信息码
天津	16	天津市九顺农产品种植专业合作社	香菜	LB‑15‑1312023969A	GF120114131773
	17	天津市武清区成杰蔬菜种植专业合作社	小麦	LB‑01‑1309023931A	GF120114101164
	18	天津市新农肉鸡专业合作社	童子肉鸡（冷冻）	LB‑28‑1309028166A	GF120114070997
	19	天津市学清农产品专业合作社	黑绿豆	LB‑13‑1311027804A	GF120114090580
	20	天津双街种养殖专业合作社	双街葡萄（无核白鸡心）	LB‑18‑1403020801A	GF120113148170
			双街葡萄（夏黑）	LB‑18‑1403020802A	
			双街葡萄（维多利亚）	LB‑18‑1403020803A	
河北	21	藁城市农联蔬菜专业合作社	菠菜	LB‑15‑1310039840A	GF130182101390
			黄瓜	LB‑15‑1310039841A	
	22	隆尧县富民小麦专业合作社	黑小麦面粉	LB‑02‑1405031390A	GF130525148343
	23	昌黎县众旺葡萄种植专业合作社	葡萄	LB‑18‑1312038449A	GF130322135357
	24	磁县汇金种植专业合作社	洋姜	LB‑15‑1312038696A	GF130427135399
	25	定兴县华农蔬菜专业合作社	黄瓜	LB‑15‑1310038653A	GF130626101394
			番茄	LB‑15‑1310038655A	
			苦瓜	LB‑15‑1310038654A	
	26	固安县顺斋瓜菜种植专业合作社	白萝卜	LB‑15‑1310037560A	GF131022101365
			白菜	LB‑15‑1310037559A	
			茄子	LB‑15‑1310037555A	
			青椒	LB‑15‑1310037564A	
			豆角	LB‑15‑1310037562A	
			黄瓜	LB‑15‑1310037557A	
			胡萝卜	LB‑15‑1310037556A	
			番茄	LB‑15‑1310037563A	
			冬瓜	LB‑15‑1310037561A	
			辣椒	LB‑15‑1310037558A	
	27	故城县三豆产销专业合作社	红小豆	LB‑13‑1211036540A	GF131126061282
			红小豆	LB‑13‑1211036540A	
	28	广平县马艺峰农技专业合作社	彩椒	LB‑15‑1310037896A	GF130432101405
			丝瓜	LB‑15‑1310037900A	
			尖椒	LB‑15‑1310037898A	
			甜瓜（薄皮）	LB‑15‑1310037901A	

（续）

地区	序号	生产单位	核准用标产品	绿色食品编号	企业信息码
河北	28	广平县马艺峰农技专业合作社	黄瓜	LB-15-1310037897A	GF130432101405
			茄子	LB-15-1310037899A	
	29	邯郸市永辉种植农民专业合作社	辣椒	LB-15-1404030953A	GF130431148223
			茄子	LB-15-1404030954A	
			番茄	LB-15-1404030955A	
	30	卢龙县牧青蔬菜种植专业合作社	黄瓜	LB-15-1310033623A	GF130324121806
			辣椒	LB-15-1310033624A	
	31	滦南县绿源蔬菜专业合作社	尖椒	LB-15-1401030336A	GF130224140121
			甘蓝	LB-15-1401030335A	
	32	滦南县天诺蔬菜种植专业合作社	芹菜	LB-15-1403030804A	GF130224148171
			番茄	LB-15-1403030805A	
			黄瓜	LB-15-1403030806A	
	33	南宫市百思农蔬菜种植专业合作社	黄瓜	LB-15-1403030638A	GF130581148134
			番茄	LB-15-1403030639A	
			辣椒	LB-15-1403030640A	
			茄子	LB-15-1403030641A	
	34	南和县万客来蔬菜专业合作社	茄子	LB-15-1403030807A	GF130527148172
			辣椒	LB-15-1403030808A	
			黄瓜	LB-15-1403030809A	
			番茄	LB-15-1403030810A	
			豆角	LB-15-1403030811A	
	35	平泉县荣胜果蔬专业合作社	红薯	LB-13-1310038418A	GF130823101398
	36	平山县诚达农业专业合作社	玉米	LB-05-1311037359A	GF130100135113
	37	平山县南策城寿桃专业合作社	中华寿桃	LB-18-1303033498A	GF130131100286
	38	平山县永恒核桃专业合作社	薄皮核桃	LB-19-1311037358A	GF130100135112
	39	平乡县春光蔬菜专业合作社	黄瓜	LB-15-1401030199A	GF130532140062
			尖椒	LB-15-1401030204A	
			豇豆角	LB-15-1401030200A	
			苦瓜	LB-15-1401030202A	
			西葫芦	LB-15-1401030198A	
			白萝卜	LB-15-1401030205A	
			芹菜	LB-15-1401030201A	
			五彩菜椒	LB-15-1401030197A	
			茄子	LB-15-1401030203A	

（续）

地区	序号	生产单位	核准用标产品	绿色食品编号	企业信息码
河北	39	平乡县春光蔬菜专业合作社	西红柿	LB‑15‑1401030207A	GF130532140062
			莴笋	LB‑15‑1401030206A	
	40	迁西县益农食用菌专业合作社	栗蘑（鲜）	LB‑21‑1401030311A	GF130227140107
	41	曲阳县华丽鸭梨技术服务专业合作社	鸭梨	LB‑18‑1401030834A	GF130634110118
	42	尚义县慧丰蔬菜农民专业合作社	结球生菜	LB‑15‑1310037812A	GF130725101340
	43	唐山市丰南区宽宏蔬菜产销专业合作社	惠洪大白菜	LB‑15‑1401030175A	GF130207140047
	44	魏县玉堂果品农民专业合作社	梨	LB‑18‑1308032481A	GF130434131096
	45	武安市万乐蔬菜专业合作社	西葫芦	LB‑15‑1305034276A	GF130481100669
			番茄	LB‑15‑1305034277A	
			黄瓜	LB‑15‑1305034278A	
			茄子	LB‑15‑1305034279A	
			豆角	LB‑15‑1305034280A	
			青椒	LB‑15‑1305034281A	
	46	新乐市嘉联瓜菜专业合作社	黄瓜	LB‑15‑1401030231A	GF130184140075
			番茄	LB‑15‑1401030230A	
			茄子	LB‑15‑1401030232A	
	47	邢台市金田源种植专业合作社	绿色玉米	LB‑05‑1309032988A	GF130525111400
	48	邢台县抱子山果品专业合作社	苹果（红富士）	LB‑18‑1403030856A	GF130521148192
	49	兴隆县宝地蔬菜农民专业合作社	香菇（鲜）	LB‑21‑1311037491A	GF130100135122
	50	兴隆县大洼天然蔬菜种植农民专业合作社	辣椒	LB‑15‑1311037493A	GF130100135124
	51	兴隆县桂龙蔬菜种植农民专业合作社	香菇（鲜）	LB‑21‑1311037492A	GF130100135123
	52	兴隆县蓝旗营大山山楂专业合作社	山楂	LB‑18‑1312039055A	GF130822135409
	53	兴隆县苗耳苹果农民专业合作社	红富士苹果	LB‑18‑1312039056A	GF130822135410
	54	兴隆县天翔蔬菜种植农民专业合作社	辣椒	LB‑15‑1311037494A	GF130100135125
	55	涿鹿县惠丰蔬菜专业合作社	架豆角	LB‑15‑1310037551A	GF130731101387
			马铃薯	LB‑15‑1310037553A	
			辣椒	LB‑15‑1310037552A	

（续）

地区	序号	生产单位	核准用标产品	绿色食品编号	企业信息码
内蒙古	56	扎赉特旗绰尔蒙珠三安稻米专业合作社	大米	LB-03-1311059945A	GF152223101584
	57	杭锦后旗康尔徕绿色食品专业合作社	西瓜	LB-18-1310053544A	GF150826131575
			甜瓜（厚皮）	LB-18-1310053545A	
			西红柿	LB-15-1310053546A	
			黄瓜	LB-15-1310053547A	
	58	科右前旗禾益脱毒马铃薯种植专业合作社	马铃薯	LB-15-1310053656A	GF152221131622
	59	莫力达瓦达斡尔族自治旗武坤水稻种植专业合作社	呼伦长粒香米	LB-03-1305059346A	GF150722100674
	60	四子王旗喜恒种植专业合作社	马铃薯	LB-15-1309053357A	GF150901131477
	61	通辽市科尔沁区领航菌业专业合作社	黑木耳（干）	LB-21-1404050982A	GF150502148235
辽宁	62	瓦房店福民果品专业合作社	红提葡萄	LB-18-1404061655A	GF210281110429
			巨峰葡萄	LB-18-1404061656A	
			乔纳金苹果	LB-18-1404061657A	
	63	开原市东胜种植专业合作社	葡萄	LB-18-1407062437A	GF211282140314
	64	凌海老沟果树专业合作社	锦州苹果（寒富苹果）	LB-18-1304063851A	GF210781100496
	65	绥中县大王庙镇富农果业专业合作社	绥中白梨	LB-18-1403068114A	GF211421148046
	66	辽中县助农果蔬专业合作社	茄子	LB-15-1405062417A	GF210122110666
	67	凌海市牟兴农产品专业合作社	寒富苹果	LB-18-1407061086A	GF210781110882
	68	宽甸满族自治县丰和果品专业合作社	寒富苹果	LB-18-1406061800A	GF210624140145
	69	葫芦岛福卫葡萄专业合作社	源成葡萄	LB-18-1405061369A	GF211404148342
	70	普兰店市墨盘水果专业合作社	寒富苹果	LB-18-1310063646A	GF210282131619
			红富士苹果	LB-18-1310063647A	
			金翠香梨	LB-18-1310063648A	
	71	普宁市良普农蔬菜专业合作社	空心菜	LB-15-1312193950A	GF445281131762
	72	北镇市常兴鸿远葡萄生产专业合作社	葡萄	LB-18-1310063605A	GF210782131604
	73	北镇市常兴青岩葡萄专业合作社	葡萄	LB-18-1312069966A	GF210782071574
	74	法库县叶茂花生专业合作社	花生	LB-09-1404061200A	GF210124148305
	75	阜新蒙古族自治县新赢花生购销专业合作社	漂花优质花生果（生）	LB-09-1302067591A	GF210921100140

（续）

地区	序号	生产单位	核准用标产品	绿色食品编号	企业信息码
辽宁	76	锦州凌绿莱农产品专业合作社	凌绿莱大米	LB‐03‐1402060525A	GF210781148101
	77	康平县方正河寒富苹果专业合作社	寒富苹果	LB‐18‐1403060769A	GF210123148157
	78	辽宁新山牧业科技发展专业合作社	新山秀大米	LB‐03‐1309062959A	GF211021131305
			新山秀大米	LB‐03‐1309062959A	
	79	辽阳县兴合种植专业合作社	南果梨	LB‐18‐1312063997A	GF211001131786
	80	辽中县三尖蔬菜专业合作社	黄瓜	LB‐15‐1310063397A	GF210122131500
	81	盘锦迦勒农业机械化专业合作社	迦勒大米	LB‐03‐1310063554A	GF211121131579
	82	沈阳市惠信农作物专业合作社	大米	LB‐03‐1402060502A	GF210101148092
	83	沈阳卧龙湖南沙地红薯种植专业合作社	红薯	LB‐13‐1401060182A	GF210104140052
	84	沈阳远洋果树专业合作社	寒富苹果	LB‐18‐1402060448A	GF210106148062
	85	瓦房店生达果蔬专业合作社	巨峰葡萄	LB‐18‐1310063571A	GF210281131588
			红提葡萄	LB‐18‐1310063572A	
			克伦生葡萄	LB‐18‐1310063573A	
	86	瓦房店市成富果品专业合作社	黄元帅苹果	LB‐18‐1309063253A	GF210281131431
			红富士苹果	LB‐18‐1309063254A	
			乔纳金苹果	LB‐18‐1309063255A	
	87	瓦房店市富民果品专业合作社	红富士苹果	LB‐18‐1309063244A	GF210281131425
			国光苹果	LB‐18‐1309063245A	
			黄元帅苹果	LB‐18‐1309063246A	
	88	瓦房店永帅果菜专业合作社	红富士苹果	LB‐18‐1308062570A	GF210281131143
			黄元帅苹果	LB‐18‐1308062571A	
			红提葡萄	LB‐18‐1308062572A	
	89	新民市瑞金泉特种水稻种植专业合作社	黑粳糯米	LB‐03‐1310067165A	GF210105135046
	90	新民市玉坤苹果种植专业合作社	寒富苹果	LB‐18‐1208066459A	GF210181091143
	91	兴城市南大乡后山新兴果业专业合作社	红富士苹果	LB‐18‐1303063735A	GF211481100202
	92	义县东升水果专业合作社	苹果	LB‐18‐1309063087A	GF210727131363
	93	庄河市鑫隆水稻专业合作社	大米	LB‐03‐1402060459A	GF210283148069
吉林	94	磐石市红旗岭果菜生产专业合作社	红旗岭镇牛奶草莓	LB‐15‐1405071614A	GF220284148399

（续）

地区	序号	生产单位	核准用标产品	绿色食品编号	企业信息码
吉林	95	吉林市九源水稻专业合作社	优质大米	LB-03-1404070979A	GF220201148233
	96	长春市双阳区御龙泉农业专业合作社	双阳河米	LB-03-1310073519A	GF220112131559
黑龙江	97	密山市绿莹高丽米农民专业合作社	大米	LB-03-1312084116A	GF230382131833
	98	哈尔滨市红兴隆蔬菜种植专业合作社	油豆角	LB-15-1310084270A	GF230110131900
			番茄	LB-15-1310084271A	
			黄瓜	LB-15-1310084272A	
	99	黑龙江红兴隆农垦垦威谷物种植农民专业合作社	大米	LB-03-1406081878A	GF230523140175
	100	五常市宝慷水稻种植农民专业合作社	稻花香米	LB-03-1407082220A	GF230184140249
	101	密山市滨江水稻专业合作社	大米（长粒香）	LB-03-1406081808A	GF230382140150
	102	五常市丰年水稻种植农民专业合作社	稻花香米	LB-03-1312089899A	GF230184135451
	103	肇源县富农水稻标准化生产专业合作社	长粒香米	LB-03-1312085206A	GF230622102209
			稻花香米	LB-03-1312085207A	
			大米	LB-03-1312085208A	
	104	海林市莲花食用菌专业合作社	黑木耳（干）	LB-21-1312089150A	GF231083135438
	105	海林市山市粮食专业合作社	玉米再制米	LB-06-1402080457A	GF231083148067
	106	海林市耘莓浆果种植专业合作社	黑加仑（鲜）	LB-18-1402080479A	GF231083148082
	107	黑龙江昆丰大豆专业合作社	大豆	LB-07-1308089476A	GF230229100973
	108	桦川县横林食用菌专业合作社	香菇（鲜）	LB-21-1404081293A	GF230826148325
	109	克山县仁发现代农业农机专业合作社	鲜玉米	LB-05-1403080813A	GF230229148174
	110	牡丹江迦南美地葡萄种植专业合作社	葡萄	LB-18-1402080374A	GF231003148044
	111	牡丹江市绿事业果树专业合作社	寒地小苹果	LB-18-1402080381A	GF231003148038
	112	牡丹江市绿源杂粮种植专业合作社	小米	LB-14-1402080377A	GF231003148046
	113	牡丹江市四道水稻种植加工专业合作社	大米	LB-03-1402080375A	GF231003148040
	114	牡丹江市阳明区君鹏有机蔬菜专业合作社	西红柿	LB-15-1402080376A	GF231003148045
	115	宁安市平安稻米专业合作社	大米	LB-03-1310083708A	GF231084139999

（续）

地区	序号	生产单位	核准用标产品	绿色食品编号	企业信息码
黑龙江	116	齐齐哈尔恒瑞祥水稻种植专业合作社	稻花香（大米）	LB‑03‑1312089147A	GF230208135437
			大米	LB‑03‑1312089148A	
			长粒香（大米）	LB‑03‑1312089149A	
	117	五常市龙广云绿水稻种植农民专业合作社	稻花香米	LB‑03‑1311087299A	GF230103135096
	118	依安县新发乡利春现代农业专业合作社	大米	LB‑03‑1401080326A	GF230223140115
	119	肇东市太平乡隆旺谷物种植专业合作社	小米	LB‑14‑1401080125A	GF231282140031
上海	120	上海松新稻米专业合作社	大米	LB‑03‑1404098184A	GF310117148077
	121	上海长清农业种植专业合作社	大米	LB‑03‑1403098117A	GF310230148049
	122	上海鹿其果蔬种植专业合作社	水蜜桃	LB‑18‑1404092350A	GF310119110371
	123	上海众益桃业专业合作社	桃	LB‑18‑1404091961A	GF310117080653
	124	上海瀛旭蔬果专业合作社	香酥芋	LB‑15‑1404091888A	GF310230110366
			山药	LB‑15‑1404091889A	
	125	上海依欣瓜果专业合作社	水蜜桃	LB‑18‑1401091884A	GF310119110095
	126	上海崇林果树种植专业合作社	葡萄	LB‑18‑1407092192A	GF310230110898
	127	上海福岛水产养殖专业合作社	蟹田米（大米）	LB‑03‑1406092416A	GF310230110714
	128	上海粮盈粮食专业合作社	大米	LB‑03‑1411092186A	GF310230111911
	129	上海金玉兰葡萄种植专业合作社	葡萄	LB‑18‑1401091731A	GF310116080148
	130	上海春意果蔬专业合作社	梨	LB‑18‑1308095330A	GF310230101078
			葡萄	LB‑18‑1308095331A	
	131	上海老舟瓜果专业合作社	草莓	LB‑18‑1308092552A	GF310115131132
			草莓	LB‑18‑1308092552A	
	132	上海安亭炬阳葡萄生产合作社	葡萄	LB‑18‑1311097290A	GF310000135092
	133	上海春润水产养殖专业合作社	大米（虾恋米）	LB‑03‑1308099672A	GF310230101023
			克氏螯虾（小龙虾）	LB‑36‑1308099673A	
			中华鳖（甲鱼）	LB‑36‑1308099674A	
	134	上海大蜜蜂葡萄专业合作社	葡萄	LB‑18‑1312094143A	GF310104131850
	135	上海稻德粮食专业合作社	大米	LB‑03‑1309093247A	GF310112131426
			大米	LB‑03‑1309093247A	
	136	上海弘福农产品专业合作社	小白菜（娃娃菜）	LB‑15‑1306098575A	GF310230100835
	137	上海惠惠葡萄种植专业合作社	葡萄	LB‑18‑1310099440A	GF310230101268
	138	上海佳多粮食专业合作社	大米（蟹田米）	LB‑03‑1310092883A	GF310230101232

地区	序号	生产单位	核准用标产品	绿色食品编号	企业信息码
上海	139	上海家扶家果蔬专业合作社	菜苔	LB-15-1308099409A	GF310230101112
			芦笋	LB-15-1308099410A	
			樱桃番茄（圣女果）	LB-15-1308099411A	
			草莓	LB-15-1309093205A	
			草莓	LB-15-1309093205A	
	140	上海健安蔬菜专业合作社	花椰菜	LB-15-1310093505A	GF310230131551
	141	上海健绿花菜专业合作社	花椰菜	LB-15-1308099429A	GF310230070849
			西瓜	LB-15-1308099430A	
	142	上海金果果蔬种植专业合作社	西瓜	LB-15-1310093422A	GF310116121600
	143	上海绿晶果蔬专业合作社	葡萄	LB-18-1308098590A	GF310230101076
	144	上海绿瑞蔬果专业合作社	南瓜（桔瓜）	LB-15-1310099324A	GF310119090450
			芦笋	LB-15-1310099323A	
	145	上海绿笋芦笋种植专业合作社	芦笋	LB-15-1305097142A	GF310230070488
	146	上海农灯草莓生产专业合作社	草莓	LB-15-1312094007A	GF310114131788
	147	上海齐茂粮食专业合作社	大米	LB-03-1311093768A	GF310230131672
	148	上海秋良稻米专业合作社	大米	LB-03-1310093578A	GF310112131593
	149	上海圣泉葡萄种植专业合作社	圣泉葡萄	LB-18-1306093309A	GF310116100738
			圣泉葡萄	LB-18-1306093309A	
	150	上海晟槟果蔬专业合作社	花椰菜	LB-15-1311093830A	GF310230081523
			结球甘蓝	LB-15-1311093831A	
	151	上海施泉葡萄专业合作社	施泉葡萄	LB-18-1308099447A	GF310116100975
	152	上海田田蔬果专业合作社	桃	LB-18-1310093582A	GF310117131597
			葡萄	LB-18-1310093583A	
	153	上海望波果业专业合作社	桃	LB-18-1310093503A	GF310116131550
			葡萄	LB-18-1310093504A	
	154	上海伟联蔬果专业合作社	草莓	LB-15-1309093248A	GF310230131427
	155	上海镒慧葡萄专业合作社	葡萄	LB-18-1403090644A	GF310230148137
	156	上海赢宇果蔬专业合作社	梨	LB-18-1308097885A	GF310230101050
	157	上海峥欣果蔬专业合作社	葡萄	LB-18-1404091027A	GF310118148255
	158	上海珠丰甜瓜专业合作社	甜瓜（厚皮）	LB-15-1306097155A	GF310116100809
江苏	159	宜兴市幸福生态蔬果种植专业合作社	青提	LB-18-1404101118A	GF320282148285
	160	常州市聚丰果品专业合作社	水蜜桃	LB-18-1403100865A	GF320412148197
	161	泰兴市元龙园蔬菜专业合作社	芦笋	LB-15-1403108161A	GF321283148066

（续）

地区	序号	生产单位	核准用标产品	绿色食品编号	企业信息码
江苏	162	南京高峰湖农产品专业合作社	黄瓜	LB－15－1406108240A	GF320115148100
			草莓	LB－15－1406108241A	
	163	昆山市花桥镇兴农葡萄专业合作社	红富士葡萄	LB－18－1312105391A	GF320583071689
			巨峰葡萄	LB－18－1312105392A	
			巨玫瑰葡萄	LB－18－1312105393A	
			藤稔葡萄	LB－18－1312105394A	
	164	泰州市杏都葡萄专业合作社	巨玫瑰葡萄	LB－18－1303109974A	GF321203100296
			夏黑葡萄	LB－18－1303109975A	
			醉金香葡萄	LB－18－1303109976A	
			甬优1号葡萄	LB－18－1303109977A	
	165	昆山市张浦镇白米村农地股份专业合作社	梨	LB－18－1401102155A	GF320583110071
			美人指葡萄	LB－18－1401102156A	
			桃	LB－18－1401102157A	
			夏黑葡萄	LB－18－1401102158A	
	166	吴江市太湖绿洲生态农业有限公司	葡萄	LB－18－1402102420A	GF320584110167
	167	昆山市张浦镇商鞅梨业专业合作社	梨	LB－18－1407102180A	GF320583140236
	168	张家港市建农土地股份专业合作社	红富士葡萄	LB－18－1405101611A	GF320582148398
			京秀葡萄	LB－18－1405101612A	
			巨玫瑰葡萄	LB－18－1405101613A	
	169	张家港市七彩明珠农业科技专业合作社	黄蜜葡萄	LB－18－1405101519A	GF320582148386
			巨峰葡萄	LB－18－1405101520A	
			巨玫瑰葡萄	LB－18－1405101521A	
	170	宜兴市滆湖野鸭人工养殖专业合作社	活野鸭	LB－28－1406101704A	GF320282140135
			水上空心菜	LB－15－1406101705A	
			野鸭蛋（生）	LB－31－1406101706A	
	171	徐州市贾汪区苏源种植专业合作社	莓缘草莓	LB－15－1405101423A	GF320305148360
			苏源草莓	LB－15－1405101424A	
			丰香草莓	LB－15－1405101425A	
	172	南京西龙蔬菜专业合作社	黄瓜	LB－15－1311109458A	GF320115100792
	173	宜兴市丰汇水芹专业合作社	陶都水芹	LB－15－1402101653A	GF320282110198
	174	新沂市小青山生态果蔬专业合作社	桃	LB－18－1312105314A	GF320381101951

（续）

地区	序号	生产单位	核准用标产品	绿色食品编号	企业信息码
江苏	175	邳州市巨峰葡萄种植专业合作社	葡萄	LB-18-1404101286A	GF320382148322
	176	苏州市吴中区金庭镇石公樟坞里果蔬专业合作社	樟坞里杨梅	LB-18-1402100487A	GF320506148086
			樟坞里枇杷	LB-18-1402100488A	
	177	新沂市富景生态果蔬专业合作社	草莓	LB-15-1312105153A	GF320381101975
	178	盐城市亭湖区新兴禽蛋专业合作社	鸡蛋	LB-31-1303107811A	GF320902100187
	179	东海县驼峰蔬菜生产合作社	西甜瓜	LB-18-1312104156A	GF320722131857
	180	常熟果霏霞果业专业合作社	猕猴桃	LB-18-1401100067A	GF320581140009
	181	常熟市神农果业专业合作社	无花果	LB-18-1312108657A	GF320581135383
	182	常熟市雪峰蜜梨专业合作社	翠冠梨	LB-18-1312108656A	GF320581135382
	183	常熟市虞盛农产品专业合作社	大米	LB-03-1401100064A	GF320581140008
	184	常州市安北中华鳖专业合作社	中华鳖（活）	LB-36-1303101888A	GF320412100313
	185	常州市黄天荡螃蟹专业合作社	清水大闸蟹	LB-36-1402100446A	GF320412148060
	186	常州市仁庄果品专业合作社	葡萄	LB-18-1312109072A	GF320412135414
	187	常州市盛丰园果品专业合作社	葡萄	LB-18-1401100227A	GF320412140073
	188	常州市杨程禹渔业专业合作社	青鱼	LB-36-1403100600A	GF320412148122
	189	大丰市润禾蔬菜生产专业合作社	青椒	LB-15-1312109073A	GF320982135415
	190	大丰市鑫达蔬菜瓜果生产专业合作社	南瓜	LB-15-1312109075A	GF320982135416
	191	丹阳市杏虎村佰果园农副产品专业合作社	水蜜桃	LB-18-1401100086A	GF321181140019
	192	丰县凯宇果蔬专业合作社	黄瓜	LB-15-1401100072A	GF320321140012
			番茄	LB-15-1401100073A	
	193	丰县绿有果业专业合作社	嘎拉苹果	LB-18-1401100693A	GF320321110062
			红富士苹果	LB-18-1401100694A	
			金帅苹果	LB-18-1401100695A	
	194	阜宁县东升蔬果种植专业合作社	青菜	LB-15-1309103132A	GF320923131378
			包菜	LB-15-1309103133A	
			西兰花	LB-15-1309103134A	
			生菜	LB-15-1309103135A	
			青菜	LB-15-1309103132A	
			包菜	LB-15-1309103133A	

（续）

地区	序号	生产单位	核准用标产品	绿色食品编号	企业信息码
江苏	194	阜宁县东升蔬果种植专业合作社	西兰花	LB-15-1309103134A	GF320923131378
			生菜	LB-15-1309103135A	
	195	高邮市爱红葡萄专业合作社	葡萄	LB-18-1310107185A	GF320100135054
	196	海门市金盛果蔬专业合作社	红富士葡萄	LB-18-1312109777A	GF320684101885
			金手指葡萄	LB-18-1312109778A	
			夏黑葡萄	LB-18-1312109779A	
	197	建湖县三荡水产专业合作社	中华鳖	LB-36-1312108389A	GF320925135352
			中华绒螯蟹	LB-36-1312108390A	
	198	江阴市双泾兴农葡萄专业合作社	京亚葡萄	LB-18-1311108724A	GF320281071392
			巨峰葡萄	LB-18-1311108725A	
			夏黑葡萄	LB-18-1311108727A	
			藤稔葡萄	LB-18-1311108726A	
	199	金坛市金土地有机稻米专业合作社	绿色软米	LB-03-1404101240A	GF320482148314
	200	南京青龙蔬菜专业合作社	辣椒	LB-15-1401100333A	GF320115140120
			黄瓜	LB-15-1401100332A	
	201	南京市江宁区东河水产养殖专业合作社	鳙鱼	LB-36-1309103056A	GF320115131346
			鳊鱼	LB-36-1309103057A	
			鲫鱼	LB-36-1309103058A	
	202	南京市六合区金田果蔬专业合作社	辣椒	LB-15-1312108299A	GF320116135326
			芹菜	LB-15-1312108298A	
	203	南京市浦口区盘城葡萄专业合作社	葡萄	LB-18-1310108461A	GF320111101275
	204	南京汤农农业种植专业合作社	不落地大米	LB-03-1302107580A	GF320111100088
	205	南京颖斌农产品专业合作社	香菜	LB-15-1401100280A	GF320115140095
	206	沛县草庙蔬菜专业合作社	长茄	LB-15-1303107011A	GF320322100236
			长茄	LB-15-1303107011A	
	207	如东县绿野富硒玉米专业合作社	鲜食糯玉米	LB-05-1312108315A	GF320623135333
			鲜食甜玉米	LB-05-1312108316A	
	208	泗洪县团圆大枣种植专业合作社	泗洪大枣（鲜）	LB-18-1312108760A	GF321324101923
	209	泗水县华鑫核桃种植专业合作社	核桃	LB-19-1309153249A	GF370831131428
	210	泗县大刚无籽西瓜专业合作社	无籽西瓜	LB-15-1311123860A	GF341324131716

（续）

地区	序号	生产单位	核准用标产品	绿色食品编号	企业信息码
江苏	211	苏州市相城区阳澄湖镇莲花村蟹业专业合作社	阳澄湖大闸蟹	LB-36-1301107010A	GF320507070028
	212	苏州市相城区阳澄湖镇洋沟溇梨业专业合作社	梨	LB-18-1307107471A	GF320507100911
	213	苏州市相城区虞河蔬菜产销专业合作社	稻鸭共育大米	LB-03-1312108229A	GF320507090639
			草莓	LB-15-1312108230A	
	214	太仓市东林农场专业合作社	优质大米	LB-03-1401100091A	GF320585140023
	215	太仓市锦沙黄桃专业合作社	锦绣黄桃	LB-18-1401100296A	GF320585140099
	216	太仓市新湖惠民蔬菜专业合作社	番茄	LB-15-1312109071A	GF320585135413
			丝瓜	LB-15-1312109070A	
	217	泰兴市蔡桥葡萄种植专业合作社	甬优1号葡萄	LB-18-1312109256A	GF321283135443
			红堤葡萄	LB-18-1312109254A	
			醉金香葡萄	LB-18-1312109255A	
	218	泰兴市虹泰水产养殖专业合作社	江泰虹大米	LB-03-1402100499A	GF321283148090
	219	泰兴市祁巷蔬菜种植专业合作社	维多利亚葡萄	LB-18-1312108182A	GF321283135302
			信浓乐葡萄	LB-18-1312108181A	
			美人指葡萄	LB-18-1312108180A	
	220	泰兴市新平水果专业合作社	番茄	LB-15-1403100787A	GF321283148164
			葡萄	LB-18-1403100788A	
			甜瓜	LB-15-1403100789A	
	221	无锡三新葡萄专业合作社	葡萄	LB-18-1404101031A	GF320205148257
	222	无锡市春麟果品专业合作社	水蜜桃	LB-18-1404101032A	GF320205148258
	223	无锡市韩丰生态种养专业合作社	韩珠葡萄	LB-18-1311108635A	GF320282101505
	224	吴江市盛泽华兴特种水产养殖专业合作社	鳙	LB-36-1311107706A	GF320301135185
	225	吴江市震泽齐心粮食生产专业合作社	长漾牌大米	LB-03-1312108130A	GF320509135296
	226	响水县大有翠苑草鸡专业合作社	草鸡（活）	LB-28-1311109651A	GF320921101642
			草鸡蛋	LB-31-1311109652A	
	227	宿迁市湖滨新城峰山葡萄种植专业合作社	峰山红富士葡萄	LB-18-1311107337A	GF320100135102
			峰山巨峰葡萄	LB-18-1311107335A	
			峰山京秀葡萄	LB-18-1311107336A	

（续）

地区	序号	生产单位	核准用标产品	绿色食品编号	企业信息码
江苏	228	宿迁市守旭蔬菜土地股份专业合作社	菜豆	LB-15-1310107284A	GF320100135088
			苦瓜	LB-15-1310107281A	
			茄子	LB-15-1310107283A	
			西葫芦	LB-15-1310107282A	
	229	宿迁市众兴食用菌专业合作社	双孢菇（鲜）	LB-21-1202100158A	GF321311120074
			草菇（鲜）	LB-21-1202100159A	
	230	徐州百惠食用菌种植专业合作社	杏鲍菇（鲜）	LB-21-1308102835A	GF320301131254
			茶树菇（鲜）	LB-21-1308102836A	
			大球盖菇（鲜）	LB-21-1308102837A	
	231	盐城市宏广畜禽专业合作社	吉珠草鸡蛋	LB-31-1302107405A	GF320902100123
			吉珠鸡蛋	LB-31-1302107406A	
	232	盐城市亭湖区常青农副产品专业合作社	丝瓜	LB-15-1309103136A	GF320902131379
			西瓜	LB-15-1309103137A	
	233	盐城市盐都区茂业果蔬专业合作社	西瓜	LB-15-1404101062A	GF320903148269
			甜瓜	LB-15-1404101063A	
			葡萄	LB-18-1404101064A	
	234	盐城市盐都区廷玉荷藕专业合作社	荷藕	LB-15-1312104087A	GF320903131826
	235	盐城市盐都区张庄葡萄专业合作社	美人指葡萄	LB-18-1312109970A	GF320903071533
			甬优1号葡萄	LB-18-1312109971A	
			夏黑葡萄	LB-18-1312109972A	
			红巴拉多葡萄	LB-18-1312109973A	
	236	扬州荣欣葡萄专业合作社	葡萄	LB-18-1403100778A	GF321012148160
	237	扬州市江都区绿满园蔬菜产销专业合作社	西兰化	LB-15-1402100420A	GF321012148020
	238	扬州市小纪绿园蔬菜专业合作社	西兰花	LB-15-1401100337A	GF321012140122
	239	宜兴市伯顺生态农业种植专业合作社	鲜草莓	LB-15-1312109443A	GF320282101854
	240	宜兴市翠诚生态种养专业合作社	绿色大米	LB-03-1312108579A	GF320282135375
	241	宜兴市三洞桥农业服务专业合作社	莲花大米	LB-03-1403100606A	GF320282148125
	242	宜兴市盛利果品专业合作社	和桥葡萄	LB-18-1402100421A	GF320282148052
	243	宜兴市天信生态种养专业合作社	天信大米	LB-03-1311107355A	GF320100135109

（续）

地区	序号	生产单位	核准用标产品	绿色食品编号	企业信息码
江苏	244	张家港市凤凰镇飞翔土地股份专业合作社	凤凰蜜梨	LB-18-1312109068A	GF320582135411
	245	张家港市金港镇朱家宕土地股份专业合作社	青菜	LB-15-1308102585A	GF320582131149
			菠菜	LB-15-1308102586A	
			萝卜	LB-15-1308102587A	
			金花菜	LB-15-1308102588A	
	246	张家港市锦丰谐和粮油种植农民专业合作社	精制大米	LB-03-1311108801A	GF320582101427
			小麦	LB-01-1311108802A	
	247	张家港市塘桥春天农产品种植专业合作社	番茄	LB-15-1403100797A	GF320582148169
			菜椒	LB-15-1403100798A	
			茄子	LB-15-1403100799A	
			黄瓜	LB-15-1403100800A	
	248	张家港市现代农业示范园区常北土地股份专业合作社	红香芋	LB-15-1402100460A	GF320582148070
			鸡头米	LB-15-1402100461A	
	249	张家港市现代农业示范园区常南土地股份专业合作社	葡萄	LB-18-1312109310A	GF320582135449
	250	张家港市现代农业示范园区常鑫种养专业合作社	辣椒	LB-15-1309103381A	GF320582131493
			西瓜	LB-15-1309103382A	
			香瓜（薄皮）	LB-15-1309103383A	
	251	张家港市现代农业示范园区联农农产品专业合作社	辣椒	LB-15-1312104090A	GF320582130402
			番茄	LB-15-1312104091A	
			豇豆	LB-15-1312104092A	
			优精米（大米）	LB-03-1312104093A	
	252	张家界鱼泉贡米专业合作社	鱼泉贡米	LB-03-1309182931A	GF430811131294
	253	镇江市丹徒区三益豆类种植专业合作社	大豆	LB-07-1402108088A	GF321112148030
浙江	254	松阳县茗春茶叶农机化专业合作社	绿茶	LB-44-1405111410A	GF331124148353
			红茶	LB-44-1405111411A	
	255	仙居县天华种植专业合作社	红提	LB-18-1407112364A	GF331024140278
	256	桐庐钟山蜜梨专业合作社	钟山蜜梨	LB-18-1308115423A	GF330122070916
	257	衢州市柯城区兴航柑橘专业合作社	衢州椪柑	LB-18-1405112467A	GF330802080745
	258	绍兴县地杰果业专业合作社	绍杰李子	LB-18-1406112444A	GF330621110704
	259	临海市小芝南洋大毛坦水果专业合作社	柑橘	LB-18-1407112375A	GF331082131122
			杨梅	LB-18-1308112528A	
			杨梅	LB-18-1308112528A	

（续）

地区	序号	生产单位	核准用标产品	绿色食品编号	企业信息码
浙江	260	临海市一见喜果蔬专业合作社	一见喜柑橘	LB-18-1406111743A	GF331082140143
	261	长兴湖景水蜜桃专业合作社	水蜜桃	LB-18-1407112436A	GF330522140313
	262	绍兴会稽龙井茶业专业合作社	会稽绿芽（绿茶）	LB-44-1405112334A	GF330621061670
	263	杭州鲍坞毛竹专业合作社	竹笋	LB-23-1406111977A	GF330109140189
	264	宁海绿生杨梅专业合作社	绿生杨梅	LB-18-1407112124A	GF330226140218
	265	云和县大田水果专业合作社	葡萄	LB-18-1406111955A	GF331125140181
	266	嘉善靓尚品果业专业合作社	蓝莓	LB-18-1407112255A	GF330421140261
	267	湖州南浔源升泰果蔬专业合作社	青椒	LB-15-1406111875A	GF330503140172
			樱桃番茄	LB-15-1406111876A	
			茄子	LB-15-1406111877A	
	268	桐乡市董家茭白专业合作社	茭白	LB-15-1402111836A	GF330483080279
	269	新昌县惠利竹业专业合作社	毛竹四季笋（鲜）	LB-23-1407112159A	GF330624140230
	270	安吉冰露蓝莓专业合作社	蓝莓（鲜果）	LB-18-1405111460A	GF330523148367
	271	苍南县桥墩镇凤岭马蹄笋专业合作社	马蹄笋	LB-23-1408112940A	GF330327140418
	272	嵊州市鹿山街道江夏茭白产销专业合作社	茭白	LB-15-1401111632A	GF330683080043
	273	舟山市定海紫圆葡萄专业合作社	紫蜜葡萄	LB-18-1402111313A	GF330902110193
	274	瑞安市梅屿蔬菜专业合作社	番茄	LB-15-1401111389A	GF330381110058
	275	遂昌县绿都竹笋产销专业合作社	油焖鲜笋	LB-56-1307115279A	GF331123100904
			畲乡泡笋	LB-56-1307115280A	
	276	温岭市河岙枇杷专业合作社	枇杷	LB-18-1311115182A	GF331081071424
	277	台州市椒江蟹壳岩水果专业合作社	柑橘	LB-18-1311115160A	GF331002101428
	278	宁海县梦鼎农业专业合作社	胡陈杨梅	LB-18-1306117301A	GF330226090665
	279	嘉兴市秀洲区红丰油桃专业合作社	油桃	LB-18-1312114127A	GF330411131841
	280	缙云县采山涧蔬菜专业合作社	采山间芦笋	LB-15-1312113952A	GF331122130073
	281	三门县礼宝水果专业合作社	杨梅	LB-18-1312113955A	GF331022131766
	282	安吉县葫芦井蔬菜专业合作社	秀川黄瓜	LB-15-1309113034A	GF330523131337
			沪露六号黄瓜	LB-15-1309113035A	
			春秋王黄瓜	LB-15-1309113036A	
			红星南瓜	LB-15-1309113037A	
			日本锦栗南瓜	LB-15-1309113038A	

（续）

地区	序号	生产单位	核准用标产品	绿色食品编号	企业信息码
浙江	282	安吉县葫芦井蔬菜专业合作社	高山南瓜	LB-15-1309113039A	GF330523131337
			秀川黄瓜	LB-15-1309113034A	
			沪露六号黄瓜	LB-15-1309113035A	
			春秋王黄瓜	LB-15-1309113036A	
			红星南瓜	LB-15-1309113037A	
			日本锦栗南瓜	LB-15-1309113038A	
			高山南瓜	LB-15-1309113039A	
	283	安吉县女子茶叶专业合作社	溪龙仙子牌安吉白茶	LB-44-1404111196A	GF330523148302
	284	常山县芙蓉旺水果专业合作社	常山胡柚	LB-18-1307117424A	GF330822100894
	285	常山县连福胡柚专业合作社	常山胡柚	LB-18-1306117302A	GF330822100758
	286	岱山县茶叶专业合作社	蓬莱仙芝绿茶	LB-44-1312119271A	GF330921071924
	287	德清雷甸新园果业专业合作社	国良甜瓜（薄皮）	LB-15-1312118242A	GF330521135315
	288	富阳市富源水产专业合作社	鲜藕	LB-15-1404111040A	GF330183148261
	289	富阳市新登矮子鲜桃专业合作社	鲜桃	LB-18-1312119196A	GF330183071864
	290	海宁市光耀葡萄专业合作社	葡萄（鲜）	LB-18-1305112863A	GF330481100551
	291	海宁市周王庙镇荷叶葡萄专业合作社	葡萄（鲜）	LB-18-1305113333A	GF330481100574
			葡萄（鲜）	LB-18-1305113333A	
	292	海盐县八字葡萄专业合作社	八字葡萄	LB-18-1310117228A	GF330100135067
	293	海盐县丰联粮食生产专业合作社	沈荡大米	LB-03-1403110822A	GF330424148179
	294	海盐县富亭葡萄专业合作社	纯元葡萄	LB-18-1311119589A	GF330424071469
	295	海盐县秦万芦荟专业合作社	秦萬芦荟	LB-23-1401110929A	GF330424110057
	296	杭州笠翁笋业专业合作社	鲜笋（竹笋）	LB-15-1310113655A	GF330110131621
	297	湖州绿润水果专业合作社	蜜梨	LB-18-1404111006A	GF330502148248
	298	嘉善农绿蔬菜专业合作社	杏鲍菇	LB-21-1402110478A	GF330421148081
	299	嘉善县范泾草莓专业合作社	范泾草莓	LB-15-1308117600A	GF330421070837
	300	嘉善县惠民蔬菜专业合作社	鲜食大豆	LB-07-1301113872A	GF330421070105
	301	嘉兴市绿江葡萄专业合作社	鲜食葡萄	LB-18-1312119656A	GF330226071552
	302	建德市下涯草莓专业合作社	草莓	LB-15-1310113403A	GF330182131504
	303	江山市裴家地茶叶专业合作社	江山绿牡丹茶（绿茶）	LB-44-1402110455A	GF330881148065
	304	金华市金清蔬果专业合作社	源东白桃	LB-18-1303117582A	GF330703100341
	305	金华市然兰蔬菜专业合作社	然兰牌甘薯叶	LB-15-1309117124A	GF330100135040
			然兰牌小白菜（青菜）	LB-15-1309117126A	
			然兰牌马兰头	LB-15-1309117125A	

（续）

地区	序号	生产单位	核准用标产品	绿色食品编号	企业信息码
浙江	306	金华市婺州蜜梨专业合作社	婺州蜜梨	LB‑18‑1403118115A	GF330701148047
	307	金华市一品鲜葡萄专业合作社	葡萄	LB‑18‑1309119969A	GF330703070985
	308	金华寺平稻米专业合作社	大米	LB‑03‑1310117192A	GF330100135056
	309	开化县金凤凰茶叶专业合作社	开化龙顶（绿茶）	LB‑44‑1403110588A	GF330824148114
	310	开化县助农渔业专业合作社	清水草鱼（活）	LB‑36‑1401110092A	GF330824140024
	311	丽水市富民果蔬专业合作社	处州白莲	LB‑19‑1403110786A	GF331102148163
	312	丽水市莲都区万锦白莲专业合作社	处州白莲	LB‑19‑1403110821A	GF331102148178
	313	丽水市森老大板栗专业合作社	栗老大板栗（生）	LB‑19‑1304113000A	GF331102100467
			栗老大板栗（生）	LB‑19‑1304113000A	
	314	临海市草帽头果蔬专业合作社	葡萄	LB‑18‑1311113726A	GF331082131651
	315	临海市农华德广蔬果专业合作社	柑橘	LB‑18‑1312118193A	GF331082135307
	316	临海市清峰水果专业合作社	杨梅	LB‑18‑1306119258A	GF331082070631
	317	临海市永不忘葡萄专业合作社	葡萄	LB‑18‑1308118385A	GF331082101044
	318	临海市涌泉岩林水果专业合作社	柑橘	LB‑18‑1307115081A	GF331082100853
	319	浦江县紫莹葡萄专业合作社	葡萄	LB‑18‑1309113149A	GF330726131387
			葡萄	LB‑18‑1309113149A	
	320	衢州市柯城区瑞禾水果专业合作社	红阳猕猴桃	LB‑18‑1309112990A	GF330802131316
			红阳猕猴桃	LB‑18‑1309112990A	
	321	衢州市柯城区永辉果蔬专业合作社	葡萄	LB‑18‑1401110210A	GF330802140064
	322	衢州市衢江区红艳草莓专业合作社	红艳草莓	LB‑15‑1402110400A	GF330803148033
	323	衢州市衢江区宏景柑橘专业合作社	衢州椪柑	LB‑18‑1309117025A	GF330100135010
	324	衢州市衢江区湖南朝书山地蔬菜专业合作社	辣椒	LB‑15‑1401110262A	GF330803110134
			豇豆	LB‑15‑1401110263A	
	325	瑞安市马涂蔬菜专业合作社	黄瓜	LB‑15‑1305117100A	GF330381100647
	326	三门县龙潭岙水果专业合作社	杨梅	LB‑18‑1308115014A	GF331022100968
	327	绍兴市陶里田藕专业合作社	泥娃娃纯藕粉	LB‑17‑1312118391A	GF330621135353
	328	遂昌县黄沙腰烤薯专业合作社	黄沙腰烤薯	LB‑14‑1309118480A	GF331123070977
	329	台州黄岩好再来柑橘专业合作社	柑橘（本地早）	LB‑18‑1404110960A	GF331003148224

（续）

地区	序号	生产单位	核准用标产品	绿色食品编号	企业信息码
浙江	330	台州市黄岩后园果业专业合作社	黄岩蜜橘	LB-18-1308115017A	GF331003101110
	331	台州市黄岩橘都柑橘植保服务专业合作社	蜜橘	LB-18-1404111070A	GF331003148271
	332	台州市黄岩石子溪粮食专业合作社	红薯粉条	LB-55-1311113856A	GF331003131712
	333	台州市黄岩唐家岙果业专业合作社	唐魁＋拼音	LB-18-1312118695A	GF331003135398
	334	台州市黄岩永宁果业专业合作社	黄岩蜜橘	LB-18-1312115047A	GF331003071870
	335	台州市黄岩占堂果蔬专业合作社	东魁杨梅	LB-18-1309119392A	GF331003101147
	336	台州市路桥超藤葡萄专业合作社	葡萄	LB-18-1310113579A	GF331004131594
	337	台州市路桥绿园果品专业合作社	枇杷	LB-18-1308118383A	GF331004101131
			杨梅	LB-18-1308118382A	
	338	泰顺县恩岱垟猕猴桃专业合作社	猕猴桃	LB-18-1308117886A	GF330329100980
	339	桐庐阳山畈蜜桃专业合作社	阳山畈水蜜桃	LB-18-1210116165A	GF330122061099
	340	桐庐中门茭白专业合作社	茭白	LB-15-1211116493A	GF330122091585
	341	桐乡市石门殷家漾蜜梨专业合作社	翠冠蜜梨	LB-18-1211116548A	GF330483061183
	342	温岭市箬横粮食专业合作社	大米	LB-03-1311119169A	GF331081101429
	343	温州市瑶溪杨梅专业合作社	丁岙杨梅	LB-18-1404111165A	GF330303148292
	344	文成县鑫鑫有机农业开发专业合作社	小番茄	LB-15-1403110645A	GF330328148138
	345	仙居县帅加提子专业合作社	提子	LB-18-1311119239A	GF331024071517
	346	仙居县伟科种养殖专业合作社	仙居板桥杨梅	LB-18-1307112042A	GF331024130919
	347	仙居县新保时绿农业专业合作社	黄秋葵	LB-15-1307118932A	GF331024100838
			芦笋	LB-15-1307118933A	
			樱桃番茄	LB-15-1307118934A	
	348	仙居县一凡果蔬专业合作社	水蜜桃	LB-18-1304113332A	GF331024100444
	349	象山天子禽业专业合作社	天子鸡蛋	LB-31-1308119335A	GF330225070845
	350	象山县白玉湾葡萄专业合作社	白玉湾葡萄	LB-18-1310117892A	GF330225071101
	351	象山县象山红柑橘专业合作社	象山红柑橘	LB-18-1311119334A	GF330225071388
	352	玉环县白云果蔬专业合作社	文旦（柚子）	LB-18-1310117193A	GF330100135057

（续）

地区	序号	生产单位	核准用标产品	绿色食品编号	企业信息码
浙江	353	玉环县宏图水果专业合作社	葡萄	LB-18-1306112358A	GF331021100768
	354	长兴夹浦许金葡萄专业合作社	葡萄	LB-18-1312118338A	GF330522135341
	355	长兴林城北汤蔬菜专业合作社	北汤牌长兴芦笋	LB-15-1309113378A	GF330522131490
	356	浙江永丰鲜果专业合作社	柑橘	LB-18-1309115150A	GF331082090687
	357	舟山市定海瀺山高地农产品专业合作社	速冻玉米	LB-06-1403110569A	GF330901110214
	358	诸暨市宣华香榧专业合作社	宣华香榧	LB-20-1310118663A	GF330681101218
安徽	359	霍邱县永放芡实种植专业合作社	芡实	LB-24-1404128200A	GF341522148085
	360	太和县华盛种植专业合作社	花椰菜	LB-15-1407122433A	GF341222140312
			芹菜	LB-15-1407122434A	
			青茄子	LB-15-1407122435A	
	361	淮南市紫园葡萄生产农民专业合作社	葡萄	LB-18-1407122597A	GF340401140338
	362	望江县合成圩稻鸭共生专业合作社	雷池共生鸭（活）	LB-28-1403122440A	GF340827110239
			雷池共生鸭蛋	LB-31-1403122441A	
	363	芜湖传云绿色果品种植专业合作社	鲜桃	LB-18-1405122445A	GF340221110546
			葡萄（鲜食）	LB-18-1405122446A	
	364	灵璧县华缫农业专业合作社	黄瓜	LB-15-1405128211A	GF341323148089
	365	泗县石马湾水产养殖专业合作社	螃蟹	LB-36-1312124149A	GF341324131852
	366	太和县大庙蔬菜种植专业合作社	大番茄	LB-15-1403128126A	GF341222148054
			黄瓜	LB-15-1403128127A	
			辣椒	LB-15-1403128128A	
			芹菜	LB-15-1403128129A	
			西瓜	LB-15-1403128130A	
	367	界首市群利蔬菜种植专业合作社	马铃薯	LB-15-1405128222A	GF341282148094
			西瓜	LB-15-1405128223A	
			辣椒	LB-15-1405128224A	
			黄瓜	LB-15-1405128225A	
			茄子	LB-15-1405128226A	
			西兰花	LB-15-1405128227A	
	368	阜阳市颍泉区枣树行种植专业合作社	御用鲜枣	LB-18-1404128199A	GF341204148084

（续）

地区	序号	生产单位	核准用标产品	绿色食品编号	企业信息码
安徽	369	当涂县均庆河蟹生态养殖专业合作社	青虾（鲜活）	LB-36-1401121902A	GF340521110093
			螃蟹（鲜活）	LB-36-1401121903A	
			鳜鱼（鲜活）	LB-36-1401121904A	
	370	石台县石桥步水果农民专业合作社	李（鲜品）	LB-18-1404122133A	GF341722110487
	371	宿州市埇桥区双赢瓜菜专业合作社	褚兰萝卜	LB-15-1406121707A	GF341302140136
			褚兰西瓜	LB-15-1406121708A	
	372	石台县七井七宝专业合作社	辣椒	LB-15-1403120629A	GF341722148129
	373	太和县阿龙农产品专业合作社	西瓜	LB-15-1311127786A	GF341222135217
			南瓜	LB-15-1311127785A	
	374	繁昌县庆大葡萄专业合作社	葡萄	LB-18-1308124169A	GF340222100976
	375	阜阳市颍泉区文福草莓种植专业合作社	草莓	LB-18-1401128045A	GF341204148019
	376	临泉县范集刘庄蔬菜种植专业合作社	苦瓜	LB-15-1311123890A	GF341221131730
			黄瓜	LB-15-1311123891A	
			长茄	LB-15-1311123892A	
	377	砀山县二分水果种植专业合作社	砀山梨	LB-18-1312128354A	GF341321135349
	378	砀山县康宏种植养殖专业合作社	砀山梨	LB-18-1312128353A	GF341321135348
	379	砀山县三联果蔬专业合作社	砀山梨	LB-18-1404121005A	GF341321148247
	380	砀山县鑫泰果业农民专业合作社	砀山梨	LB-18-1402120531A	GF341321148103
	381	阜南县沈桥蔬菜种植农民专业合作社	沈青萝卜	LB-15-1311123723A	GF341225131648
	382	怀远县古城特色水果种植专业合作社	葡萄	LB-18-1311123807A	GF340321131692
	383	怀远县涂山石榴专业合作社	石榴	LB-18-1212126607A	GF340321091833
	384	霍邱县皖翠猕猴桃种植专业合作社	猕猴桃	LB-18-1309122960A	GF341522131306
			猕猴桃	LB-18-1309122960A	
	385	霍山县胡大桥生态养殖农民专业合作社	辣椒	LB-15-1311123791A	GF341525131686
			黄瓜	LB-15-1311123792A	
			芹菜	LB-15-1311123793A	
			番茄	LB-15-1311123794A	
			茄子	LB-15-1311123795A	
			瓠瓜	LB-15-1311123796A	

（续）

地区	序号	生产单位	核准用标产品	绿色食品编号	企业信息码
安徽	386	金寨源丰蔬菜种植专业合作社	草莓	LB-15-1403128144A	GF341524148060
			西瓜	LB-15-1403128145A	
			厚皮甜瓜	LB-15-1403128146A	
			黄瓜	LB-15-1403128147A	
			冬瓜	LB-15-1403128148A	
			番茄	LB-15-1403128149A	
			辣椒	LB-15-1403128150A	
			茄子	LB-15-1403128151A	
			马铃薯	LB-15-1403128152A	
			空心菜	LB-15-1403128153A	
	387	六安永祥经果林专业合作社	圣桃	LB-18-1404121117A	GF341503148284
	388	望江县金穗种植专业合作社	漳特大米	LB-03-1404121009A	GF340827148249
			康健大米	LB-03-1404121010A	
			三湖亮月大米	LB-03-1404121011A	
			群英大米	LB-03-1404121012A	
	389	涡阳县绿缘蔬菜专业合作社	黄瓜	LB-15-1310123702A	GF341621131641
			辣椒	LB-15-1310123703A	
			番茄	LB-15-1310123704A	
			苦瓜	LB-15-1310123705A	
			西葫芦	LB-15-1310123706A	
			蒜薹	LB-15-1310123707A	
	390	涡阳县孙家蔬菜种植专业合作社	黄瓜	LB-15-1312123977A	GF341621131778
			辣椒	LB-15-1312123978A	
			番茄	LB-15-1312123979A	
			茄子	LB-15-1312123980A	
			苦瓜	LB-15-1312123981A	
			西葫芦	LB-15-1312123982A	
	391	涡阳县银丰农作物种植专业合作社	黄瓜	LB-15-1312123985A	GF341621131781
			辣椒	LB-15-1312123986A	
			番茄	LB-15-1312123987A	
			西葫芦	LB-15-1312123988A	
			苦瓜	LB-15-1312123989A	
			蒜薹	LB-15-1312123990A	
			黄心白	LB-15-1312123991A	
			豇豆	LB-15-1312123992A	

（续）

地区	序号	生产单位	核准用标产品	绿色食品编号	企业信息码
安徽	392	芜湖县花桥油桃专业合作社	油桃	LB - 18 - 1303123466A	GF340221100312
	393	萧县超勤胡萝卜种植农民专业合作社	豌豆	LB - 15 - 1402128111A	GF341322148043
	394	宣城市金钱湖水产养殖专业合作社	河蟹	LB - 36 - 1401120173A	GF341801140046
	395	宣城市金钱湖水产养殖专业合作社	花鲢鱼	LB - 36 - 1401120174A	GF341801140046
	396	长丰县兴丰草莓生产专业合作社	草莓	LB - 15 - 1311123858A	GF340121131714
福建	397	尤溪县汤川乡龙翔反季节蔬菜专业合作社	黄瓜	LB - 15 - 1407132258A	GF350426140264
			辣椒	LB - 15 - 1407132259A	
			茭白	LB - 15 - 1407132260A	
	398	寿宁县祥瑞葡萄种植专业合作社	鲜葡萄	LB - 18 - 1407132618A	GF350924140344
	399	德化县英山珍贵淮山农民合作社	芹峰淮山（山药）	LB - 15 - 1407132477A	GF350526140318
	400	建阳市山溪葡萄专业合作社	巨峰葡萄	LB - 18 - 1304133468A	GF350784100457
	401	武平县梁野绿茶叶专业合作社	武平绿茶	LB - 44 - 1407132414A	GF350824140304
	402	松溪县鲜新绿生态果蔬专业合作社	黄秋葵	LB - 15 - 1406131841A	GF350724140155
			毛豆	LB - 15 - 1406131842A	
			瓠瓜	LB - 15 - 1406131843A	
	403	武平县将军食用菌专业合作社	香菇	LB - 21 - 1407132399A	GF350824140295
	404	惠安县鑫美园果蔬专业合作社	胡萝卜	LB - 15 - 1407132086A	GF350521140203
	405	福建省松溪县南坡湾生态农业合作社	葡萄	LB - 18 - 1406131948A	GF350724140177
	406	上杭县隆鑫蜜雪梨专业合作社	九洲蜜雪梨	LB - 18 - 1406131862A	GF350823140161
	407	龙岩市新罗区美山红柚专业合作社	美山蜜柚	LB - 18 - 1406131736A	GF350802140139
	408	古田县武斌水蜜桃专业合作社	水蜜桃	LB - 18 - 1405131598A	GF350922148394
	409	闽侯县东洋橄榄专业合作社	橄榄	LB - 18 - 1402131690A	GF350121110186
	410	德化县农家女林蔬专业合作社	白萝卜	LB - 15 - 1406131735A	GF350526140138
	411	福安市湾坞新兴种植专业合作社	鲜杨梅	LB - 18 - 1309133009A	GF350981131329
			鲜杨梅	LB - 18 - 1309133009A	
	412	福建闽清雄峰金银花专业合作社	金银花（干）	LB - 23 - 1309135027A	GF350124101150
	413	福清市沙埔镇绿农蔬菜农民专业合作社	甜椒	LB - 15 - 1405131325A	GF350181148336
			尖椒	LB - 15 - 1405131326A	

（续）

地区	序号	生产单位	核准用标产品	绿色食品编号	企业信息码
福建	414	古田县黄田库区九龙江马蹄笋专业合作社	清水马蹄笋	LB-24-1310133561A	GF350922131584
	415	建宁县莲籽专业合作社	建宁通心白莲	LB-23-1311139555A	GF350430101545
	416	建阳漳墩紫溪锥栗专业合作社	锥栗（生）	LB-19-1310133408A	GF350784131506
	417	明溪县绿海淮山专业合作社	新绿海淮山（山药）	LB-15-1208136539A	GF350421091190
			新绿海淮山（山药）	LB-15-1208136539A	
	418	南靖县朝辉食用菌专业合作社	杏鲍菇（鲜）	LB-21-1311139486A	GF350627101513
			秀珍菇（鲜）	LB-21-1311139487A	
	419	南平市延平区延丰食用菌专业合作社	香菇（鲜）	LB-21-1309133184A	GF350702131405
			香菇（鲜）	LB-21-1309133184A	
	420	三明市三元区大丰收果蔬专业合作社	提子	LB-18-1309133156A	GF350403131390
			提子	LB-18-1309133156A	
	421	武平县梁野山果蔬专业合作社	葡萄	LB-18-1312134104A	GF350824131830
	422	霞浦县五新矮晚柚专业合作社	矮晚柚	LB-18-1311133832A	GF350921131700
	423	尤溪县八字桥乡佛手瓜专业合作社	佛手瓜	LB-15-1309139564A	GF350426070989
	424	尤溪县梅仙脐橙专业合作社	丁地脐橙	LB-18-1309139595A	GF350426071103
	425	漳平市双和蔬菜专业合作社	漳平青仁乌豆	LB-15-1309133368A	GF350881131484
	426	长泰县益民果蔬专业合作社	石铭芋	LB-15-1312138335A	GF350625135340
江西	427	浮梁县洪盛水稻种植专业合作社	洪盛籼米	LB-03-1404141109A	GF360222148279
	428	乐平市镇桥镇百溪蔬菜种植专业合作社	镇桥毛豆	LB-15-1404141167A	GF360281148294
	429	湖口县石钟早熟梨专业合作社	湖口翠冠梨	LB-18-1312145198A	GF360429101648
	430	抚州市临川区颐华蔬菜专业合作社	冬瓜	LB-15-1309143380A	GF361002131492
	431	吉安市青原区为农果业产业化专业合作社	井冈蜜柚	LB-18-1401140078A	GF360803140016
	432	吉水县螺田镇腾达生姜大蒜产销专业合作社	大蒜	LB-15-1311147353A	GF360100135108
	433	新干县淦林葡萄专业合作社	葡萄（鲜）	LB-18-1310147278A	GF360100135085
山东	434	临沭县春山茶树种植专业合作社	春山雪芽茶（绿茶）	LB-44-1301154262A	GF371329100019
	435	日照市东港区涛雒下元青茶叶专业合作社	下元青绿茶	LB-44-1404158182A	GF371102148075
	436	平原县圣思园蔬菜种植专业合作社	番茄	LB-15-1408152752A	GF371426140357

（续）

地区	序号	生产单位	核准用标产品	绿色食品编号	企业信息码
山东	437	平原县源通莲藕种植专业合作社	莲藕	LB-15-1408152753A	GF371426140358
	438	龙口市佳益种植专业合作社	地瓜	LB-15-1407152404A	GF370681140298
			花生	LB-09-1407152405A	
	439	河口区绿康蔬菜专业合作社	辣椒	LB-15-1407152621A	GF370503140346
			番茄	LB-15-1407152622A	
			小白菜	LB-15-1407152623A	
			芸豆	LB-15-1407152624A	
			甘蓝	LB-15-1407152625A	
			圆葱	LB-15-1407152626A	
			芹菜	LB-15-1407152627A	
			茄子	LB-15-1407152628A	
			菜花	LB-15-1407152629A	
			马铃薯	LB-15-1407152630A	
			葱	LB-15-1407152631A	
			豆角	LB-15-1407152632A	
			油菜	LB-15-1407152633A	
			黄瓜	LB-15-1407152634A	
			大蒜	LB-15-1407152635A	
	440	龙口市镇沙葡萄专业合作社	镇沙葡萄	LB-18-1407152450A	GF370681140315
	441	枣庄市薛城区绿之园果蔬种植专业合作社	草莓	LB-15-1408152757A	GF370403140362
			葡萄	LB-18-1408152758A	
	442	泰安市岱岳区徂徕镇许家庄为民果蔬专业合作社	黄金梨	LB-18-1407152595A	GF370911140336
	443	曲阜市利民葡萄种植专业合作社	葡萄	LB-18-1407152410A	GF370881140301
	444	蒙阴县杏山园果品专业合作社	蜜桃	LB-18-1312155415A	GF371328101811
	445	文登市大水泊崇合果蔬专业合作社	红富士苹果	LB-18-1304153319A	GF371081100453
	446	莱州市袍猸畜禽养殖专业合作社	围子山鸡蛋	LB-31-1405158230A	GF370683148096
	447	济南市历城区怡农果蔬专业合作社	水果萝卜	LB-15-1406151871A	GF370112140169
	448	肥城市边院大王有机樱桃专业合作社	大樱桃	LB-18-1406151982A	GF370983140191
			蓝莓	LB-18-1406151983A	

（续）

地区	序号	生产单位	核准用标产品	绿色食品编号	企业信息码
山东	449	莱州市马山巨发葡萄专业合作社	葡萄	LB-18-1407152168A	GF370683140232
	450	安丘市龙溪瓜菜专业合作社	西瓜	LB-15-1312155375A	GF370784101687
	451	栖霞市明强果业专业合作社	红富士苹果	LB-18-1404151201A	GF370686148306
	452	莱州市穗丰农业技术专业合作社	小麦	LB-01-1404151198A	GF370683148304
	453	莱芜市仁柱果蔬专业合作社	马铃薯	LB-15-1402150515A	GF371203148099
			大葱	LB-15-1402150516A	
			大蒜	LB-15-1402150517A	
			西红柿	LB-15-1402150518A	
			生姜	LB-15-1402150519A	
			辣椒	LB-15-1402150520A	
			茄子	LB-15-1402150521A	
	454	宁阳县凤仙山林果专业合作社	红富士苹果	LB-18-1405151360A	GF370921148339
	455	苍山县佰盟种植专业合作社	黄瓜	LB-15-1406151701A	GF371324140134
			辣椒	LB-15-1406151702A	
			穿心红萝卜	LB-15-1406151703A	
	456	夏津县打帘王黄瓜农民专业合作社	黄瓜（鲜）	LB-15-1308155191A	GF371427101040
	457	新泰市枣林板栗种植专业合作社	板栗	LB-19-1308159993A	GF370982101051
	458	邹平县孙镇前刘蔬菜专业合作社	黄瓜	LB-15-1312159259A	GF371601101839
	459	烟台市福山区回里镇善疃果品专业合作社	大樱桃	LB-18-1310155098A	GF370611101338
	460	招远市阜山西罗家铁把瓜种植专业合作社	铁把瓜（厚皮甜瓜）	LB-15-1310155340A	GF370685101332
	461	招远市方盛果业专业合作社	红富士苹果	LB-18-1310155341A	GF370685101324
	462	昌乐宝城瓜菜专业合作社	辣椒	LB-15-1312155334A	GF370725101671
			南瓜	LB-15-1312155335A	
			茄子	LB-15-1312155336A	
	463	河东区三禾蔬菜种植专业合作社	西红柿	LB-15-1312155342A	GF371301101799
	464	寿光市金百果品专业合作社	脆红苹果	LB-18-1312155348A	GF370783101695
			韩富苹果	LB-18-1312155349A	
			红富士苹果	LB-18-1312155350A	

（续）

地区	序号	生产单位	核准用标产品	绿色食品编号	企业信息码
山东	464	寿光市金百果品专业合作社	巨峰葡萄	LB-18-1312155351A	GF370783101695
			青提葡萄	LB-18-1312155352A	
			维多利亚葡萄	LB-18-1312155353A	
			新红将军苹果	LB-18-1312155354A	
			圆黄梨	LB-18-1312155355A	
			早熟富士王苹果	LB-18-1312155356A	
			仲夏紫葡萄	LB-18-1312155357A	
	465	河东区祥瑞葡萄种植专业合作社	葡萄（赤霞珠）	LB-18-1312155369A	GF371312101798
	466	临清市金郝庄镇金裕农副产品专业合作社	黄金梨	LB-18-1404151270A	GF371581130417
			红香蕉苹果	LB-18-1404151271A	
	467	青州市九州农庄蔬菜专业合作社	菜花	LB-15-1406151815A	GF370781121886
			彩色小番茄	LB-15-1406151816A	
			彩色小南瓜	LB-15-1406151817A	
			水果黄瓜	LB-15-1406151818A	
			萝卜	LB-15-1406151819A	
			豆角	LB-15-1406151820A	
	468	苍山县振明种植专业合作社	西红柿	LB-15-1405151399A	GF371324148348
			土豆	LB-15-1405151400A	
			甜玉米	LB-05-1405151401A	
	469	东阿县顺丰果蔬种植专业合作社	葡萄	LB-18-1405151294A	GF371524148326
	470	苍山县金瑞蔬菜产销专业合作社	黄瓜	LB-15-1405151296A	GF371324148328
			辣椒	LB-15-1405151297A	
			大白菜	LB-15-1405151298A	
			莴苣	LB-15-1405151299A	
	471	昌乐县农兴蔬菜专业合作社	辣椒	LB-15-1212156574A	GF370725091882
			西红柿	LB-15-1212156575A	
			芸豆	LB-15-1212156576A	
			芹菜	LB-15-1212156577A	
			茄子	LB-15-1212156578A	
			樱桃番茄	LB-15-1212156579A	
			西葫芦	LB-15-1212156580A	
			圆椒	LB-15-1212156581A	

（续）

地区	序号	生产单位	核准用标产品	绿色食品编号	企业信息码
山东	471	昌乐县农兴蔬菜专业合作社	西瓜	LB-18-1212156572A	GF370725091882
			甜瓜	LB-18-1212156573A	
	472	昌乐县益民瓜菜专业合作社	西瓜	LB-15-1312153975A	GF370725131777
			辣椒	LB-15-1312153976A	
	473	茌平县新星农产品种植专业合作社	花生（仁）	LB-19-1312153921A	GF371523131749
			茄子	LB-15-1312153922A	
			葡萄	LB-18-1312153923A	
			金银花（鲜）	LB-23-1312153924A	
	474	德州经济开发区百翠园生态种植专业合作社	西红柿	LB-15-1312154203A	GF371401131877
			黄瓜	LB-15-1312154204A	
	475	济南市历城区西营罗伽苹果专业合作社	罗伽红红富士（苹果）	LB-18-1312154075A	GF370112131822
	476	莱州市胡秋吉农产品专业合作社	地瓜	LB-15-1311153893A	GF370683131731
	477	利津毛坨绿色蔬菜农民专业合作社	西红柿	LB-15-1312153937A	GF370522131758
			黄瓜	LB-15-1312153938A	
			芹菜	LB-15-1312153939A	
	478	利津县志强农作物种植专业合作社	精品特色蔬菜（西红柿）	LB-15-1312154009A	GF370522131790
	479	利津县志强农作物种植专业合作社	精品特色蔬菜（黄瓜）	LB-15-1312154010A	GF370522131790
			精品特色蔬菜（芹菜）	LB-15-1312154011A	
			精品特色蔬菜（西葫芦）	LB-15-1312154012A	
	480	龙口市永久果品专业合作社	白蟒山红富士苹果	LB-18-1312154194A	GF370681131873
	481	蓬莱市元峰果业专业合作社	红富士苹果	LB-18-1401158038A	GF370684148015
	482	安丘华农农作物种植专业合作社	大蒜	LB-15-1312158101A	GF370784135282
			小麦	LB-01-1312158102A	
	483	安丘市富贵梨树种植专业合作社	黄金梨	LB-18-1312158103A	GF370784135283
	484	安丘市郭岗蔬菜专业合作社	芹菜	LB-15-1312158105A	GF370784135284
			番茄	LB-15-1312158104A	
	485	安丘市名峰蔬菜种植专业合作社	黄瓜	LB-15-1312158111A	GF370784135287
			番茄	LB-15-1312158112A	
	486	安丘市南王家庄村草莓种植专业合作社	草莓	LB-18-1212156557A	GF370784091728

（续）

地区	序号	生产单位	核准用标产品	绿色食品编号	企业信息码
山东	487	安丘市三品果蔬种植专业合作社	芸豆	LB-15-1312158100A	GF370784135281
			芋头	LB-15-1312158096A	
			草莓	LB-15-1312158099A	
			大葱	LB-15-1312158097A	
			大姜	LB-15-1312158098A	
	488	安丘市郜家崖大樱桃专业合作社	大樱桃	LB-18-1312158090A	GF370784135277
	489	安丘市益民果蔬产销专业合作社	桃	LB-18-1312158095A	GF370784135280
	490	安丘市于家水西瓜菜种植专业合作社	大葱	LB-15-1312158091A	GF370784135278
	491	滨州市滨城区白茅岭种植专业合作社	西瓜	LB-15-1402150466A	GF371602148074
	492	苍山县昊东蔬菜种植专业合作社	黄瓜	LB-15-1403150753A	GF371324148152
			白菜	LB-15-1403150754A	
			茄子	LB-15-1403150755A	
	493	苍山县家瑞种植专业合作社	辣椒	LB-15-1403150770A	GF371324148158
			莴苣	LB-15-1403150771A	
			黄瓜	LB-15-1403150772A	
			白菜	LB-15-1403150773A	
	494	苍山县瑞福源种植专业合作社	黄瓜	LB-15-1404151282A	GF371324148321
			辣椒	LB-15-1404151283A	
			茄子	LB-15-1404151284A	
			西葫芦	LB-15-1404151285A	
	495	曹县恒丰源种植专业合作社	辣椒	LB-15-1306157324A	GF371721100837
	496	昌乐纪中瓜果专业合作社	无籽西瓜	LB-15-1312159179A	GF370725101668
	497	昌乐绿然瓜菜专业合作社	茄子	LB-15-1312158045A	GF370725135271
			辣椒	LB-15-1312158046A	
			西红柿	LB-15-1312158048A	
			芸豆	LB-15-1312158047A	
	498	昌乐县原野蔬菜种植专业合作社	樱桃番茄	LB-15-1312158060A	GF370725135273
			五彩椒	LB-15-1312158058A	
			黄瓜	LB-15-1312158057A	
			西红柿	LB-15-1312158059A	

（续）

地区	序号	生产单位	核准用标产品	绿色食品编号	企业信息码
山东	499	昌乐县兆田西瓜产销专业合作社	无籽西瓜	LB-15-1312158829A	GF370725101673
	500	昌乐振民果蔬专业合作社	茄子	LB-15-1312158050A	GF370725135272
			甜椒	LB-15-1312158052A	
			西红柿	LB-15-1312158053A	
			甘蓝	LB-15-1312158049A	
			辣椒	LB-15-1312158056A	
			芹菜	LB-15-1312158055A	
			芸豆	LB-15-1312158054A	
			黄瓜	LB-15-1312158051A	
	501	昌邑市亿润农作物种植专业合作社	菠菜	LB-15-1312158043A	GF370786135269
			西红柿	LB-15-1312158042A	
			生菜	LB-15-1312158041A	
			黄瓜	LB-15-1312158040A	
	502	昌邑市永安葡萄种植专业合作社	巨星葡萄	LB-18-1312158912A	GF370786101681
	503	茌平县合盛园果蔬专业合作社	茄子	LB-15-1401150132A	GF371523140034
			西红柿	LB-15-1401150133A	
	504	茌平县佳美果蔬种植农民专业合作社	黄瓜	LB-15-1401150061A	GF371523140006
			茄子	LB-15-1401150062A	
			葡萄	LB-18-1401150060A	
	505	茌平县乐农果蔬专业合作社	香瓜	LB-15-1311153727A	GF371523131652
			黄瓜	LB-15-1311153728A	
	506	茌平县玉悦林果农民专业合作社	葡萄	LB-18-1401150307A	GF371523140105
			芫荽	LB-15-1401150308A	
	507	单县丰翠园果蔬专业合作社	九斤黄山药	LB-15-1403150706A	GF371722148144
	508	定陶天中陈集山药专业合作社	陈集山药（西施种子）	LB-15-1311158564A	GF371727101512
			陈集山药（鸡皮糙）	LD 15-1311158563A	
	509	定陶县含宇马铃薯种植专业合作社	黄瓜	LB-15-1311157701A	GF371727135181
			茄子	LB-15-1311157699A	
			青椒	LB-15-1311157700A	
			马铃薯	LB-15-1311157702A	
	510	东阿县保晶莲藕种植专业合作社	莲藕	LB-15-1401150089A	GF371524140021

（续）

地区	序号	生产单位	核准用标产品	绿色食品编号	企业信息码
山东	511	东阿县房奇大米种植专业合作社	八斗贡米	LB-03-1310153394A	GF371524131498
			鱼姑米	LB-03-1310153395A	
	512	东阿县先军食用菌养殖专业合作社	平菇	LB-21-1401150214A	GF371524140066
	513	东阿县裕农葡萄种植专业合作社	葡萄	LB-18-1401150252A	GF371524140083
	514	高密市畅想食用菌种植专业合作社	姬菇（鲜）	LB-21-1312157932A	GF370785135249
			榆黄菇（鲜）	LB-21-1312157931A	
	515	高密市春波种植专业合作社	马铃薯	LB-15-1312157935A	GF370785135251
	516	高密市东北乡农业专业合作社	红高粱	LB-13-1312157929A	GF370785135247
	517	高密市宏丰菊花种植专业合作社	胎菊（干）	LB-24-1312157937A	GF370785135252
			宏丰菊花（干花）	LB-24-1312157936A	
	518	高密市胶河生态发展区南岭果品专业合作社	秀水国光苹果	LB-18-1312157926A	GF370785135246
			胶河大白菜	LB-15-1312157928A	
			南山酥梨	LB-18-1312157927A	
	519	高密市奇顺源葡萄种植专业合作社	鲜食葡萄	LB-18-1312157925A	GF370785135245
	520	高唐李梓蔬菜种植专业合作社	黄瓜	LB-15-1312159174A	GF371526101945
	521	高唐县菇丰食用菌种植专业合作社	平菇	LB-21-1403150857A	GF371526148193
	522	高唐县冠泉果木种植专业合作社	锦玉沙梨	LB-18-1401150324A	GF371526140113
	523	高唐县金秋果品种植专业合作社	黄晶梨	LB-18-1401150134A	GF371526140035
	524	高唐县鲁高蔬菜种植专业合作社	尖椒	LB-15-1312159890A	GF371526090820
	525	高唐县紫霞中药材种植专业合作社	辣椒	LB-15-1401150345A	GF371526140124
	526	高唐旭丰果木种植专业合作社	红富士苹果	LB-18-1403150707A	GF371526121222
	527	高唐迎旭有机果品专业合作社	黄金梨	LB-18-1403150534A	GF371526091520
	528	冠县康德果品专业合作社	油桃	LB-18-1311157618A	GF371525135157
	529	冠县腾达果品专业合作社	大樱桃	LB-18-1311153798A	GF371525131688
			油桃	LB-18-1311153799A	
	530	广饶县福杰果蔬种植农民专业合作社	草莓	LB-15-1311157721A	GF370523135191
			黄皮甜瓜	LB-15-1311157719A	

（续）

地区	序号	生产单位	核准用标产品	绿色食品编号	企业信息码
山东	530	广饶县福杰果蔬种植农民专业合作社	白皮甜瓜	LB-15-1311157722A	GF370523135191
			绿皮甜瓜	LB-15-1311157720A	
			西瓜	LB-15-1311157723A	
	531	广饶县惠民富硒大蒜农民专业合作社	大蒜	LB-15-1310153709A	GF370523131643
			蒜薹	LB-15-1310153710A	
	532	广饶县健士富硒蔬菜农民专业合作社	菜豆	LB-15-1403158170A	GF370523100483
			黄瓜	LB-15-1403158171A	
			茄子	LB-15-1304153171A	
			青椒	LB-15-1304153172A	
			山药	LB-15-1304153173A	
			西红柿	LB-15-1304153174A	
			西葫芦	LB-15-1304153175A	
	533	广饶县联众富硒大蒜农民专业合作社	大蒜	LB-15-1311153828A	GF370523131698
			蒜薹	LB-15-1311153829A	
	534	海阳市凤凰顶果树农民专业合作社	红富士苹果	LB-18-1308154205A	GF370687101000
	535	河东区珍林园蔬菜种植专业合作社	茄子	LB-15-1312159967A	GF371321101808
	536	菏泽惠优蔬菜专业合作社	甘蓝	LB-15-1311157602A	GF371727135149
			山药	LB-15-1311157605A	
			黄瓜	LB-15-1311157603A	
			马铃薯	LB-15-1311157604A	
	537	惠民县银丰食用菌种植专业合作社	银耳（干）	LB-21-1311153774A	GF371621131678
	538	济南市长清区纸坊大樱桃专业合作社	樱桃	LB-18-1401158039A	GF370113148016
			桃	LB-18-1401158040A	
			杏	LB-18-1401158041A	
	539	济阳县宏业蔬菜专业合作社	番茄	LB-15-1310158868A	GF370125101306
			菜椒	LB-15-1310158867A	
			茄子	LB-15-1310158869A	
	540	嘉祥县华生祥葡萄种植专业合作社	葡萄	LB-18-1312158388A	GF370828101825
	541	嘉祥县佳扬玉米种植专业合作社	小麦	LB-01-1312158200A	GF370829135311
	542	嘉祥县嘉紫大蒜种植专业合作社	大蒜	LB-15-1312158380A	GF370829101828

（续）

地区	序号	生产单位	核准用标产品	绿色食品编号	企业信息码
山东	543	嘉祥县扭头河苹果种植专业合作社	优系嘎啦苹果	LB-18-1312158399A	GF370829101829
	544	莒县龙山秋丰蜜桃专业合作社	蜜桃	LB-18-1309153256A	GF371122131432
	545	莒县志昌果品专业合作社	葡萄	LB-18-1309153363A	GF371122131481
	546	莱芜市红香溢樱桃种植专业合作社	樱桃	LB-18-1403150601A	GF371202148123
	547	莱芜市莱城区明利特色蔬菜种植专业合作社	土豆	LB-15-1401150044A	GF371202140002
			西红柿	LB-15-1401150035A	
			黄瓜	LB-15-1401150036A	
			大白菜	LB-15-1401150038A	
			甘蓝	LB-15-1401150039A	
			生菜	LB-15-1401150041A	
			胡萝卜	LB-15-1401150047A	
			花椰菜	LB-15-1401150046A	
			辣椒	LB-15-1401150043A	
			生姜	LB-15-1401150040A	
			山药	LB-15-1401150037A	
			芹菜	LB-15-1401150034A	
			洋葱	LB-15-1401150045A	
			茄子	LB-15-1401150042A	
	548	乐陵市岸泉农作物种植专业合作社	乐陵红蒜	LB-15-1312158598A	GF371481135379
			小麦	LB-01-1312158599A	
	549	梁山县得格韩国梨种植专业合作社	韩国梨	LB-18-1312158155A	GF370832135299
	550	梁山县马营乡惠民农资专业合作社	葡萄	LB-18-1312158156A	GF370832135300
	551	聊城开发区福农瓜蔬种植专业合作社	西瓜	LB-15-1401150330A	GF371501140118
	552	聊城市东昌府区富国蔬菜种植专业合作社	黄瓜	LB-15-1401150177A	GF371502140049
	553	聊城市东昌府区民益葡萄种植专业合作社	葡萄	LB-18-1401150255A	GF371502140085
	554	聊城市东昌府区农丰花生专业合作社	黑花生（果）	LB-09-1401150256A	GF371502140086
			咸干花生（果）	LB-20-1401150257A	
	555	聊城市开发区惠所无公害蔬菜瓜果专业合作社	藤稔葡萄	LB-18-1402150447A	GF371501148061

（续）

地区	序号	生产单位	核准用标产品	绿色食品编号	企业信息码
山东	556	临清市宝清果蔬种植专业合作社	樱桃	LB-18-1401150154A	GF371581140040
			葡萄	LB-18-1401150153A	
	557	临清市康源食用菌种植专业合作社	双孢菇	LB-21-1401150098A	GF371581140027
	558	临清市李官寨黄金梨专业合作社	麦黄杏	LB-18-1404151058A	GF371581100204
			酸皮杏	LB-18-1404151059A	
			藤牧1号苹果	LB-18-1404151060A	
			黄金梨	LB-18-1303152427A	
			黄金梨	LB-18-1303152427A	
	559	临清市群凤热带水果种植专业合作社	凤梨	LB-18-1405151367A	GF371581148341
			樱桃	LB-18-1405151368A	
	560	临清市先军蔬菜种植专业合作社	大蒜	LB-15-1405151311A	GF371581148334
	561	临朐金龙果蔬专业合作社	甜瓜（薄皮甜瓜）	LB-15-1312159274A	GF370724101676
	562	临朐穆陵寨农产品专业合作社	小米	LB-14-1312157951A	GF370724135258
			地瓜	LB-13-1312157952A	
	563	临朐淇峰蜜桃专业合作社	蜜桃	LB-18-1312157945A	GF370724135256
	564	临朐县蜜源越夏西红柿专业合作社	越夏西红柿	LB-15-1312157950A	GF370724135257
	565	临朐县天宝大樱桃专业合作社	大樱桃	LB-18-1312157944A	GF370724135255
	566	临朐县相亮山楂专业合作社	山楂	LB-18-1312158761A	GF370724101679
	567	临朐县信通蔬菜种植专业合作社	杭茄	LB-15-1312157947A	GF370724121880
			黄瓜	LB-15-1312157948A	
			西红柿	LB-15-1312157946A	
			芫荽	LB-15-1312157949A	
	568	临朐县学庆瓜菜专业合作社	西红柿	LB-15-1312157940A	GF370724135254
			辣椒	LB-15-1312157939A	
			黄瓜	LB-15-1312157941A	
			水果黄瓜	LB-15-1312157942A	
			青椒	LB-15-1312157943A	
	569	临朐县樱冠园大樱桃专业合作社	大樱桃	LB-18-1312157938A	GF370724135253
	570	临朐县月华大樱桃专业合作社	大樱桃	LB-18-1312158935A	GF370724101677
	571	临沭县前醋葡萄种植专业合作社	藤稔葡萄	LB-18-1312159588A	GF371329101779

（续）

地区	序号	生产单位	核准用标产品	绿色食品编号	企业信息码
山东	572	陵县东方蔬菜专业合作社	豇豆	LB-15-1312158604A	GF371421091881
			甘蓝	LB-15-1312158603A	
			甜椒	LB-15-1312158605A	
			西葫芦	LB-15-1312158606A	
	573	龙口市诚信果蔬专业合作社	草莓	LB-15-1310158827A	GF370681101326
	574	龙口市董氏果品专业合作社	红富士苹果	LB-18-1303153539A	GF370681100330
	575	龙口市后田果品专业合作社	葡萄	LB-18-1310153401A	GF370681131502
	576	龙口市积铨有机无核葡萄种植专业合作社	金黄县葡萄	LB-18-1311157705A	GF370681135184
	577	宁津县惠农辣椒产销专业合作社	辣椒（干）	LB-17-1312158592A	GF371422135377
	578	宁津县同信种植专业合作社	甜椒	LB-15-1312158594A	GF371422135378
			黄瓜	LB-15-1312158596A	
			西红柿	LB-15-1312158593A	
			辣椒	LB-15-1312158597A	
			芹菜	LB-15-1312158595A	
	579	平邑县庆联沂蒙霜红桃专业合作社	桃	LB-18-1212154243A	GF371326121860
	580	平阴莲花山果业专业合作社	葡萄	LB-18-1309153250A	GF370124131429
			核桃	LB-19-1309153251A	
	581	平阴县圣洪蔬菜种植专业合作社	黄瓜	LB-15-1311153775A	GF370124131679
			茄子	LB-15-1311153776A	
			甜椒	LB-15-1311153777A	
			西红柿	LB-15-1311153778A	
	582	栖霞市通达果业专业合作社	红富士苹果	LB-18-1310158876A	GF370686101327
	583	荣成市鲍村三优果品专业合作社	红富士苹果	LB-18-1310153667A	GF371082131628
	584	荣成市国钊板栗种植专业合作社	板栗	LB-19-1310153665A	GF371082131626
	585	荣成市浩润茶叶专业合作社	绿茶	LB-44-1310153666A	GF371082131627
	586	荣成市金子山果品专业合作社	红富士苹果	LB-18-1310153669A	GF371082131630
	587	荣成市沐昱果蔬种植专业合作社	红富士苹果	LB-18-1310153668A	GF371082131629
	588	乳山市久大海珍品养殖专业合作社	牡蛎	LB-36-1311157609A	GF371083135153

（续）

地区	序号	生产单位	核准用标产品	绿色食品编号	企业信息码
山东	589	乳山市秋园蔬菜专业合作社	芹菜	LB－15－1311153885A	GF371083122046
			辣椒	LB－15－1311153886A	
			小白菜	LB－15－1311153887A	
			油菜	LB－15－1311153888A	
	590	乳山市新自然草莓专业合作社	草莓	LB－15－1311153880A	GF371083131726
	591	山东清宝种苗繁育专业合作社	甜瓜（厚皮）	LB－15－1312153916A	GF371522131747
			西红柿	LB－15－1312153917A	
			辣椒	LB－15－1312153918A	
			茄子	LB－15－1312153919A	
	592	山东寿光市百信蔬菜专业合作社	豆角	LB－15－1312158023A	GF370783135268
			甘蓝	LB－15－1312158029A	
			西葫芦	LB－15－1312158020A	
			尖椒	LB－15－1312158019A	
			生菜	LB－15－1312158018A	
			茄子	LB－15－1312158016A	
			丝瓜	LB－15－1312158014A	
			芸豆	LB－15－1312158025A	
			苦苣	LB－15－1312158026A	
			胡萝卜	LB－15－1312158027A	
			萝卜	LB－15－1312158028A	
			彩椒	LB－15－1312158030A	
			山药	LB－15－1312158032A	
			西红柿	LB－15－1312158017A	
			小黄瓜	LB－15－1312158024A	
			土豆	LB－15－1312158031A	
			黄瓜	LB－15－1312158015A	
			大葱	LB－15－1312158022A	
			芹菜	LB－15－1312158021A	
	593	莘县记朝蔬菜种植专业合作社	番茄	LB－15－1403150887A	GF371522148208
	594	莘县振国蔬菜专业合作社	豆角	LB－15－1312157844A	GF371522135236
			西瓜	LB－15－1312157843A	
	595	寿光市得峰瓜果蔬菜种植专业合作社	辣椒	LB－15－1312157975A	GF370783135261
			西红柿	LB－15－1312157976A	

（续）

地区	序号	生产单位	核准用标产品	绿色食品编号	企业信息码
山东	595	寿光市得峰瓜果蔬菜种植专业合作社	茄子	LB - 15 - 1312157974A	GF370783135261
			芸豆	LB - 15 - 1312157973A	
	596	寿光市斟城果蔬专业合作社	山药	LB - 15 - 1312157984A	GF370783135263
			辣椒	LB - 15 - 1312157985A	
			黄瓜	LB - 15 - 1312157986A	
			无刺黄瓜	LB - 15 - 1312157987A	
			茄子	LB - 15 - 1312157989A	
			西红柿	LB - 15 - 1312157991A	
			丝瓜	LB - 15 - 1312157983A	
			香菜	LB - 15 - 1312157988A	
			五彩椒	LB - 15 - 1312157990A	
	597	泰安市泰山区泰东梨树种植专业合作社	华山梨	LB - 18 - 1310153541A	GF370902131572
	598	泰安市岳洋农作物专业合作社	小麦	LB - 01 - 1312154074A	GF370903131821
	599	郯城县富硒农作物种植农民专业合作社	大米	LB - 03 - 1301153329A	GF371322100013
	600	滕州市富阳果菜专业合作社	马铃薯	LB - 15 - 1312159233A	GF370481101964
	601	威海丰翠园生态种植专业合作社	西红柿	LB - 15 - 1311153901A	GF371081131737
			黄瓜	LB - 15 - 1311153902A	
			辣椒	LB - 15 - 1311153903A	
	602	威海工业新区樱聚缘大樱桃专业合作社	大樱桃	LB - 18 - 1309153142A	GF371001131382
	603	威海市环翠区富农蔬菜专业合作社	平菇	LB - 21 - 1310157265A	GF370102135077
	604	威海市环翠区月铭园蔬菜专业合作社	小白菜	LB - 15 - 1310157268A	GF370102135078
			黄瓜	LB - 15 - 1310157266A	
			番茄	LB - 15 - 1310157267A	
	605	威海市双岛湾溪源刺参养殖专业合作社	鲜海参	LB - 36 - 1310153580A	GF371002131595
	606	威海舜元种植农民专业合作社	无花果（鲜）	LB - 18 - 1310157269A	GF370102135079
	607	潍坊九龙山有机农业农民专业合作社	龙浯大桃	LB - 18 - 1312158110A	GF370784135286
	608	潍坊市寒亭区俊清蔬果专业合作社	山药	LB - 15 - 1312158087A	GF370703135276
			甜瓜	LB - 15 - 1312158086A	
			土豆	LB - 15 - 1312158089A	

（续）

地区	序号	生产单位	核准用标产品	绿色食品编号	企业信息码
山东	608	潍坊市寒亭区俊清蔬果专业合作社	西瓜	LB-15-1312158085A	GF370703135276
			潍县萝卜	LB-15-1312158088A	
	609	潍坊田益丰果蔬专业合作社	山药	LB-15-1312158083A	GF370703135275
			南瓜	LB-15-1312158082A	
			土豆	LB-15-1312158084A	
			大姜	LB-15-1312158081A	
	610	潍坊禹皇湿地农产品生产购销专业合作社	玉米	LB-05-1312158092A	GF370703135279
			小米	LB-14-1312158093A	
			小麦	LB-01-1312158094A	
	611	文登绿图蔬菜种植专业合作社	华王青梗菜	LB-15-1304159329A	GF371081100368
	612	文登市大水泊镇兴农西洋参专业合作社	西洋参（干）	LB-23-1311153907A	GF371081131741
	613	文登市蚨兴果业专业合作社	红富士苹果	LB-18-1304153447A	GF371081100366
	614	文登市厚德大樱桃专业合作社	大樱桃	LB-18-1401151126A	GF371081110084
	615	文登市靖河大樱桃专业合作社	大樱桃	LB-18-1311153905A	GF371081131739
	616	文登市茂林大樱桃专业合作社	大樱桃	LB-18-1309153188A	GF371081131409
	617	文登市青山果业种植专业合作社	红富士苹果	LB-18-1311153904A	GF371081131738
	618	文登市曙光果蔬专业合作社	芹菜	LB-15-1309153181A	GF371081121164
	619	文登市于家口兴能葡萄专业合作社	葡萄	LB-18-1311153906A	GF371081131740
	620	文登市柘阳果品专业合作社	红富士苹果	LB-18-1311153900A	GF371081131736
	621	汶上县润民种植农民专业合作社	黄瓜	LB-15-1312153995A	GF370830131784
	622	无棣县大齐黄金杏专业合作社	大齐黄金杏	LB-18-1401158037A	GF371623148014
	623	武城县老城镇绿丰瓜菜种植专业合作社	西红柿	LB-15-1311153834A	GF371428131702
			辣椒	LB-15-1311153835A	
			西瓜	LB-18-1311153836A	
	624	新泰市高家圈蔬菜专业合作社	白菜	LB 15 1305159417A	GF370982100695
			马铃薯	LB-15-1305159418A	
	625	新泰市龙廷镇杨庄子大棚蔬菜专业合作社	芸豆	LB-15-1309153366A	GF370982131484
			西红柿	LB-15-1309153367A	
	626	新泰市岳家庄乡新岳苹果专业合作社	新岳苹果	LB-18-1309159789A	GF370982101149
	627	烟台开发区丈老沟富顺果蔬专业合作社	大樱桃	LB-18-1308152569A	GF370601131142

（续）

地区	序号	生产单位	核准用标产品	绿色食品编号	企业信息码
山东	628	烟台南村果园苹果专业合作社	红富士苹果	LB-18-1306154239A	GF370681100746
	629	烟台市福山区回里镇旺远葡萄专业合作社	巨峰葡萄	LB-18-1311153724A	GF370611131649
	630	烟台市福山区西埠庄山药专业合作社	西埠庄山药	LB-15-1307152200A	GF370611130990
	631	烟台市福山区子孙萝卜专业合作社	子孙萝卜	LB-15-1312154141A	GF370611131848
	632	烟台市观水果品专业合作社	红富士苹果	LB-18-1310159216A	GF370612101329
	633	烟台市牟平区大华果品专业合作社	红富士苹果	LB-18-1310154016A	GF370612101300
	634	阳谷明翠园蔬菜种植专业合作社	芹菜	LB-15-1401150310A	GF371521140106
	635	阳谷瑞清蔬菜种植专业合作社	芸豆	LB-15-1401150190A	GF371521140056
	636	阳谷先运辣椒专业合作社	大蒜	LB-15-1401150189A	GF371521121383
	637	阳谷县鼎隆蔬菜农民专业合作社	莲藕	LB-15-1208156555A	GF371521091042
	638	阳谷县启瑞蔬菜瓜果种植专业合作社	芹菜	LB-15-1401150186A	GF371521140053
	639	阳谷县天禾瓜蔬种植专业合作社	香瓜	LB-15-1401150188A	GF371521140055
	640	阳谷县园艺蔬菜种植专业合作社	西葫芦	LB-15-1401150305A	GF371521140104
			豇豆（长豆角）	LB-15-1401150306A	
	641	沂南县农正农作物种植专业合作社	压榨一级花生油	LB-10-1312154024A	GF371321131797
	642	沂水县龙家圈乡下峪子宏民果品专业合作社	大久保蜜桃	LB-18-1312158756A	GF371323101787
	643	枣庄市山亭区莲青山花生种植专业合作社	花生（果）	LB-09-1310153576A	GF370406131591
	644	枣庄市台儿庄区理想蔬菜特种栽培专业合作社	茄子	LB-15-1309157111A	GF370102135034
	645	枣庄市台儿庄区龙氏水果种植专业合作社	西瓜	LB-15-1309157108A	GF370102135032
	646	枣庄市台儿庄区绿宝蔬菜种植专业合作社	西红柿	LB-15-1309157114A	GF370102135037
	647	枣庄市台儿庄区米之乡水稻种植专业合作社	大米	LB-03-1401150014A	GF370405135385
	648	枣庄市台儿庄区香溪蔬菜种植专业合作社	辣椒	LB-15-1309157109A	GF370102135033
			茄子	LB-15-1309157110A	

（续）

地区	序号	生产单位	核准用标产品	绿色食品编号	企业信息码
山东	649	枣庄市台儿庄区益群土地流转专业合作社	甜桃	LB-18-1309157112A	GF370102135035
	650	枣庄市台儿庄区智源蔬菜种植专业合作社	茄子	LB-15-1309157113A	GF370102135036
	651	招远市远球大樱桃专业合作社	大樱桃	LB-18-1310155013A	GF370685101337
	652	邹城市百福源果蔬种植专业合作社	山药	LB-15-1312158199A	GF370883135310
河南	653	濮阳县濮东现代蔬菜种植农民专业合作社	辣椒	LB-15-1401168000A	GF410928148000
			茄子	LB-15-1401168001A	
			丝瓜	LB-15-1401168002A	
	654	清丰县曹园科技农业专业合作社	辣椒（鲜）	LB-15-1403168118A	GF410922148050
			甜瓜	LB-15-1403168119A	
	655	濮阳市华龙区丰地果蔬农民专业合作社	葡萄	LB-18-1406161844A	GF410902140156
	656	博爱县五行坡生态林专业合作社	五行坡鸡（活）	LB-28-1312164120A	GF410822131835
			鸡蛋	LB-31-1312164121A	
	657	博爱县博农蔬菜种植专业合作社	番茄	LB-15-1309163349A	GF410822131474
			茄子	LB-15-1309163350A	
			辣椒	LB-15-1309163351A	
	658	博爱县怀宝种植专业合作社	山药	LB-15-1310163575A	GF410822131590
	659	濮阳县农科种植专业合作社	甜瓜	LB-15-1312168508A	GF410928135365
	660	武陟县锦田种植专业合作社	辣椒	LB-15-1404161168A	GF410823148295
			黄瓜	LB-15-1404161169A	
	661	舞阳县遍地金种植专业合作社	土豆	LB-15-1311163760A	GF411121131667
	662	信阳市平桥区甘岸淮河全福蔬菜种植专业合作社	黄瓜	LB-15-1308162771A	GF411503131227
			番茄	LB-15-1308162772A	
			豇豆	LB-15-1308162773A	
			萝卜	LB-15-1308162774A	
			菠菜	LB-15-1308162775A	
	663	永城市昌源种植农民专业合作社	草莓	LB-15-1404161111A	GF411481148281
湖北	664	房县嘉禾农业种植加工专业合作社	嘉禾大米	LB-03-1403178158A	GF420325148064
	665	建始县马坡明珠茶业专业合作社	马坡玉毫（绿茶）	LB-44-1302174265A	GF422822100129

（续）

地区	序号	生产单位	核准用标产品	绿色食品编号	企业信息码
湖北	666	咸宁市咸安区绿源种植专业合作社	桂花香米	LB-03-1307173852A	GF421202100938
	667	长阳秀龙蔬菜专业合作社	西红柿	LB-15-1407172481A	GF420528140320
			辣椒	LB-15-1407172482A	
	668	武汉市蔡甸区兆丰蔬菜专业合作社	藜蒿	LB-15-1405171626A	GF420114148400
	669	枝江市鸭子口安全蔬菜专业合作社	黄瓜	LB-15-1405171462A	GF420583148369
			苦瓜	LB-15-1405171463A	
			茄子	LB-15-1405171464A	
			白萝卜	LB-15-1405171465A	
	670	赤壁市东港湖天然养殖专业合作社	胚芽米（大米）	LB-03-1309173305A	GF421281131452
	671	鄂州市红莲湖浚金农民专业合作社	甜瓜（薄皮）	LB-15-1312178690A	GF420703135394
			西瓜	LB-15-1312178689A	
	672	鄂州市华容区众康农业专业合作社	猕猴桃	LB-18-1312178691A	GF420703135395
	673	建始金穗蔬菜种植专业合作社	辣椒	LB-15-1403170596A	GF422822148118
	674	荆门市昕泰蔬菜种植专业合作社	西红柿	LB-15-1310173601A	GF420801131602
			黄瓜	LB-15-1310173602A	
			草莓	LB-15-1310173603A	
	675	通山县样样果业专业合作社	闯王砂梨	LB-18-1311177692A	GF421224135177
			闯王葡萄	LB-18-1311177691A	
	676	五峰兴农蔬菜专业合作社	辣椒	LB-15-1309173306A	GF420529131453
			菜豆	LB-15-1309173307A	
			番茄	LB-15-1309173308A	
	677	咸宁市咸安区青山茶叶专业合作社	绿茶	LB-44-1311177797A	GF421202101585
	678	兴山县五丰蔬菜专业合作社	辣椒	LB-15-1308172482A	GF420526131097
			甜玉米	LB-05-1308172483A	
			马铃薯	LB-15-1308172484A	
	679	宜昌黄龙寺柑橘专业合作社	楚留香蜜橘	LB-18-1304173490A	GF420505100436
	680	宜都市创绿柑橘专业合作社	宜都蜜柑	LB-18-1309173289A	GF420581131445
	681	远安县鹿苑茶叶专业合作社	鹿苑毛尖（黄茶）	LB-44-1311178970A	GF420525101619
	682	郧西县金钱河渔业专业合作社	鳙鱼	LB-36-1312178712A	GF420322135404
			草鱼	LB-36-1312178711A	

（续）

地区	序号	生产单位	核准用标产品	绿色食品编号	企业信息码
湖北	683	郧县五峰果丰木瓜专业合作社	郧府木瓜	LB-18-1401170927A	GF420321110115
	684	长阳长农柑橘专业合作社	清江椪柑	LB-18-1403170854A	GF420528148191
	685	枝江市信达农作物防护专业合作社	大米	LB-03-1404170923A	GF420583148222
	686	竹山县麻家渡汇诚水生蔬菜专业合作社	莲藕	LB-15-1312178673A	GF420323135384
	687	竹山县肖家垭茶叶专业合作社	逍遥毛峰（绿茶）	LB-44-1311177788A	GF420323135219
	688	秭归县露珠茶叶专业合作社	屈浓香茶（绿茶）	LB-44-1312179342A	GF420527071725
	689	秭归县美脐柑橘专业合作社	美琪脐橙	LB-18-1401170731A	GF420527110130
湖南	690	株洲市柏春水果种植农民专业合作社	柏春葡萄	LB-18-1405182558A	GF430202110656
	691	浏阳市古港天岩寨水果生产专业合作社	天岩寨柑橘	LB-18-1401182317A	GF430181110065
	692	浏阳市北盛学农土地专业合作社	花菜	LB-15-1309183051A	GF430181131343
			辣椒	LB-15-1309183052A	
			西瓜	LB-15-1309183053A	
	693	炎陵县龙溪高山黄桃种植专业合作社	高山黄桃	LB-18-1406181868A	GF430225140166
	694	炎陵县帝母百子园水果种植专业合作社	新世纪梨	LB-18-1406181867A	GF430225140165
	695	永兴县涌水永鑫冰糖橙专业合作社	永兴冰糖橙	LB-18-1406181859A	GF431023140158
	696	炎陵县平乐黄桃种植专业合作社	炎陵黄桃	LB-18-1406181949A	GF430225140178
	697	嘉禾县广发乡儒峰脐橙种植专业合作社	脐橙	LB-18-1406182023A	GF431024140199
	698	张家界长茂山桃子种植专业合作社	红沙桃	LB-18-1405181525A	GF430802148390
			中油2号油桃	LB-18-1405181526A	
			莱州大蜜桃	LB-18-1405181527A	
	699	安化县碧源果业专业合作社	柑橘	LB-18-1306187601A	GF430923070584
	700	茶陵县绿之亮食用菌种植农民专业合作社	香菇（鲜品）	LB-21-1310187200A	GF430100135063
	701	辰溪县仙峰金银花农民专业合作社	金银花（干）	LB-45-1309187079A	GF430100135022
	702	洪江区杨德海杨梅专业合作社	鲜杨梅	LB-18-1308182736A	GF431281131208

（续）

地区	序号	生产单位	核准用标产品	绿色食品编号	企业信息码
湖南	703	洪江市黔阳特色水果专业合作社	黔阳大红甜橙	LB-18-1305187593A	GF431281100604
			黔阳脐橙	LB-18-1305187594A	
			黔阳冰糖橙	LB-18-1305187592A	
	704	江华瑶族自治县瑶美人柑橘专业合作社	玫瑰香柑	LB-18-1309183055A	GF431129131345
			玫瑰香柑	LB-18-1309183055A	
	705	湘乡市野蔬坊蔬菜种植专业合作社	鲜广菜	LB-15-1303182409A	GF430381100167
	706	溆浦县永华果业专业合作社	纽荷尔（脐橙）	LB-18-1305183540A	GF431224100591
	707	永兴县鲤鱼塘镇绿耕优质稻专业合作社	金鲤鱼生态米	LB-03-1310183670A	GF431023131631
			金鲤鱼特供米	LB-03-1310183671A	
			金鲤鱼贡米	LB-03-1310183672A	
	708	攸县谭家垅葡萄专业合作社	果美大学生葡萄	LB-18-1404181202A	GF430223148307
	709	攸县腾达蔬菜种植专业合作社	黄瓜	LB-15-1404181158A	GF430223148290
			辣椒	LB-15-1404181159A	
	710	沅江市洞庭湖野生动物驯养繁殖农村专业合作社	斑嘴鸭（活）	LB-28-1403180853A	GF430981148190
	711	长沙县楚丰蔬菜专业合作社	辣椒	LB-15-1307181861A	GF430121130826
			食用甘薯叶	LB-15-1307181862A	
			双孢菇	LB-21-1307181863A	
	712	株洲市壹加玖水果种植专业合作社	湘云大蒜	LB-15-1401180309A	GF430211100145
	713	株洲县洪宜特种种养殖专业合作社	辣椒	LB-15-1309182934A	GF430221131296
			黄瓜	LB-15-1309182935A	
			辣椒	LB-15-1309182934A	
			黄瓜	LB-15-1309182935A	
	714	株洲县长源时鲜蔬菜种植专业合作社	长源鲜辣椒	LB-15-1310187271A	GF430100135081
			长源鲜南瓜	LB-15-1310187273A	
			长源鲜茄子	LB-15-1310187272A	
	715	资兴市清江乡好又精柑橘专业合作社	好又精蜜橘	LB-18-1308182787A	GF431081131230
广东	716	梅县石扇镇其峰水果专业合作社	沙田柚	LB-18-1402198063A	GF441421148027
	717	雷州市纪家万吉种植业农民专业合作社	粤华番薯	LB-23-1310195030A	GF440882101238

（续）

地区	序号	生产单位	核准用标产品	绿色食品编号	企业信息码
广东	718	东莞谢岗银峰荔枝专业合作社	荔枝（糯米糍）	LB-18-1405191691A	GF441900110528
			荔枝（桂味）	LB-18-1405191692A	
	719	高州市晟丰水果专业合作社	高州荔枝	LB-18-1312195315A	GF440981102233
			高州龙眼	LB-18-1312195316A	
			香蕉	LB-18-1312194211A	
	720	雷州市绿富种植农民专业合作社	精选尖椒	LB-15-1312194125A	GF440882131839
	721	东莞市厚街桂冠荔枝专业合作社	荔枝	LB-18-1312198349A	GF441900135344
	722	丰顺县恒茂农民专业合作社	火龙果	LB-18-1401190313A	GF441423140109
	723	惠州市惠汝甜玉米农民专业合作社	甜玉米	LB-05-1311193770A	GF441301131674
	724	连州市龙坪镇孔围蔬菜专业合作社	龙旺荣记牌连州菜心	LB-15-1401190334A	GF441882121407
	725	连州市祥盛蔬菜专业合作社	连州菜心	LB-15-1401190196A	GF441882140061
	726	连州市益农蔬菜专业合作社	九陂牌连州菜心	LB-15-1401190261A	GF441882140089
	727	罗定市罗镜镇群联马铃薯种植专业合作社	马铃薯	LB-15-1310193429A	GF445381131514
	728	罗定市顺优农作物种植专业合作社	马铃薯	LB-15-1310193430A	GF445381131515
	729	茂名市利来水果产销专业合作社	荔枝	LB-18-1309193377A	GF440902081499
	730	饶平县凯斯达农业专业合作社	岭头单丛茶	LB-44-1404191280A	GF445122148319
	731	汕头市启兴萝卜专业合作社	胡萝卜	LB-15-1312194154A	GF440513131855
	732	汕头市玉路火龙果种养专业合作社	红心火龙果	LB-18-1404191101A	GF440513148275
	733	翁源县永源蔬菜专业合作社	辣椒	LB-15-1404198186A	GF440229148079
	734	信宜市钱排供销社三华李专业合作社	钱排三华李	LB-18-1312195068A	GF440983102273
	735	兴宁市新力种植专业合作社	沙田柚	LB-18-1403190851A	GF441481148189
			红肉蜜柚	LB-18-1403190852A	
	736	徐闻县余记北运果菜农民专业合作社	菜心	LB-15-1309193198A	GF440825131412
			甜玉米	LB-05-1309193199A	
			豆薯	LB-13-1309193200A	

（续）

地区	序号	生产单位	核准用标产品	绿色食品编号	企业信息码
广东	737	阳西县西荔王果蔬专业合作社	火龙果	LB-18-1402198056A	GF441721081504
			荔枝	LB-18-1402198057A	
			荔枝	LB-18-1402198058A	
	738	英德市横石水镇明辉种养专业合作社	苦瓜	LB-15-1312194053A	GF441881131810
			节瓜	LB-15-1312194054A	
			丝瓜	LB-15-1312194055A	
	739	珠海斗门绿美水果专业合作社	珍珠芭乐（番石榴）	LB-18-1308199477A	GF440403100962
广西	740	柳州市洪威种植专业合作社	葡萄	LB-18-1312205218A	GF450205101752
	741	百色市右江区优达水果农民专业合作社	柳橙	LB-18-1403200875A	GF451001148204
			红江橙	LB-18-1403200876A	
			椪柑	LB-18-1403200877A	
			夏橙	LB-18-1403200878A	
	742	岑溪市永红水果专业合作社	砂糖橘	LB-18-1312208454A	GF450481135359
	743	柳江县鲁比葡萄专业合作社	鲁比葡萄	LB-18-1303203448A	GF450221100297
	744	南丹县瑶家生态农业专业合作社	南丹巴平米	LB-03-1311207749A	GF451221135205
	745	藤县埌南宏达水果专业合作社	砂糖橘	LB-18-1308202498A	GF450422131105
重庆	746	重庆市南川区早田猕猴桃种植专业合作社	早田猕猴桃	LB-18-1407342400A	GF500119140296
	747	荣昌县康元水果专业合作社	塔罗科血脐	LB-18-1407342311A	GF500226140274
	748	巫山县官渡诺豪马铃薯专业合作社	马铃薯	LB-15-1407342312A	GF500237140275
	749	璧山县登云坪水果专业合作社	脐橙	LB-18-1406342019A	GF500227140196
	750	开县双玉种植专业合作社	青杠黑木耳（干）	LB-21-1407342430A	GF500234140309
			青杠黑木耳（鲜）	LB-21-1407342431A	
	751	铜梁县御丰蔬菜专业合作社	莲白	LB-15-1407342277A	GF500224140270
			黄秧白	LB-15-1407342278A	
			洋葱	LB-15-1407342279A	
			平菇	LB-21-1407342280A	
			莴笋	LB-15-1407342281A	
			黄葱	LB-15-1407342282A	
			蒜苗	LB-15-1407342283A	
			南瓜	LB-15-1407342284A	
			金针菇	LB-21-1407342285A	

（续）

地区	序号	生产单位	核准用标产品	绿色食品编号	企业信息码
重庆	751	铜梁县御丰蔬菜专业合作社	飘儿白	LB-15-1407342286A	GF500224140270
			小芹菜	LB-15-1407342287A	
			土豆	LB-15-1407342288A	
			红苕（红薯）	LB-15-1407342289A	
			白萝卜	LB-15-1407342290A	
			冬瓜	LB-15-1407342291A	
			香菇	LB-21-1407342292A	
	752	巫山县昶宏中药材种植股份合作社	百合	LB-15-1407342248A	GF500237140257
	753	重庆市春芽蔬菜专业合作社	红苕（红薯）	LB-13-1407342100A	GF500107111178
			水藤菜	LB-15-1407342101A	
			莴笋	LB-15-1407342102A	
			花菜	LB-15-1407342103A	
			番茄	LB-15-1407342104A	
			南瓜	LB-15-1407342105A	
			油菜薹	LB-15-1407342106A	
	754	梁平县三清蔬菜专业合作社	黄瓜	LB-15-1407342230A	GF500228140251
	755	梁平县三清蔬菜专业合作社	萝卜	LB-15-1407342231A	GF500228140251
	756	梁平县三清蔬菜专业合作社	辣椒	LB-15-1407342232A	GF500228140251
	757	云阳县白云寺西瓜种植专业合作社	西瓜	LB-15-1407342208A	GF500235140246
			花生	LB-09-1407342209A	
	758	云阳县古寺猕猴桃种植专业合作社	猕猴桃	LB-18-1407342210A	GF500235140247
	759	重庆禄雅蔬菜专业合作社	儿菜	LB-15-1406342020A	GF500227140197
	760	重庆市江津区构生柑橘专业合作社	华红脐橙	LB-18-1407342221A	GF500116140250
			纽荷尔脐橙	LB-18-1407342222A	
			清见脐橙	LB-18-1407342223A	
			塔罗科血橙	LD 18-1407342224A	
			华盛顿脐橙	LB-18-1407342225A	
			长叶脐橙	LB-18-1407342226A	
			红肉脐橙	LB-18-1407342227A	
			奉节脐橙	LB-18-1407342228A	
			锦橙	LB-18-1407342229A	
	761	巫山县天蒜大蒜股份合作社	巫山笃坪紫红天蒜	LB-15-1407342206A	GF500237140244

（续）

地区	序号	生产单位	核准用标产品	绿色食品编号	企业信息码
重庆	762	重庆市北碚区川心花椒种植股份合作社	鲜花椒	LB-23-1408342937A	GF500109140415
	763	奉节县铁佛脐橙种植专业合作社	奉节脐橙	LB-18-1405341395A	GF500236148345
	764	重庆市綦江区李远孝葡萄股份合作社	醉金香李葡萄	LB-18-1311347834A	GF500110135229
			红富士李葡萄	LB-18-1311347835A	
			巨玫瑰李葡萄	LB-18-1311347836A	
	765	璧山县绿园食用菌种植股份合作社	平菇（鲜）	LB-21-1311347517A	GF500105135134
			金针菇（鲜）	LB-21-1311347518A	
	766	璧山县卫寺蜜柚股份合作社	柚子	LB-18-1311347330A	GF500105135098
	767	铜梁县华兴镇笔尖海椒专业合作社	毓青笔尖海椒	LB-15-1312348355A	GF500224135350
	768	重庆冠群蔬菜种植专业合作社	莴笋	LB-15-1312347852A	GF500223135238
			茄子	LB-15-1312347848A	
			黄瓜	LB-15-1312347851A	
			苦瓜	LB-15-1312347847A	
			瓢儿白	LB-15-1312347853A	
			西红柿	LB-15-1312347849A	
			甘蓝	LB-15-1312347846A	
			白菜	LB-15-1312347850A	
	769	重庆梨木食用菌专业合作社	梨木金针菇	LB-21-1404341057A	GF500109148267
	770	重庆圣松梨种植专业合作社	金水2号梨	LB-18-1311347768A	GF500109135213
			鄂梨2号	LB-18-1311347767A	
			早生黄金梨	LB-18-1311347764A	
			初夏绿梨	LB-18-1311347765A	
			黄花梨	LB-18-1311347766A	
	771	重庆市大渡口区沙沱蔬菜农民专业合作社	四季葱	LB-15-1311347841A	GF500104135234
	772	重庆市涪陵区牛皮坝食用菌股份合作社	平菇	LB-21-1309343252A	GF500102131430
			平菇	LB-21-1309343252A	
	773	重庆市涪陵区延寿土鸡专业合作社	增福土鸡（活）	LB-28-1401340316A	GF500102140111
	774	重庆市江滨果蔬专业合作社	冬瓜	LB-15-1312348244A	GF500231135316
			南瓜	LB-15-1312348243A	
			青菜头	LB-15-1312348245A	

（续）

地区	序号	生产单位	核准用标产品	绿色食品编号	企业信息码
重庆	775	重庆市南川区鱼跳辣椒种植专业合作社	中桥辣椒	LB-15-1403348156A	GF500119148062
	776	重庆市綦江区土台柿子股份合作社	土台柿子	LB-18-1311347829A	GF500110135224
	777	重庆市綦江区盐河果品股份合作社	布朗李	LB-18-1309347085A	GF500105135026
	778	重庆市渝北区茨竹镇放牛坪砂梨专业合作社	黄花梨	LB-18-1309342917A	GF500112131287
			黄花梨	LB-18-1309342917A	
	779	重庆市长骑水果股份合作社	江安李	LB-18-1311347519A	GF500105135135
	780	重庆市长寿区包家寨沙田柚种植股份合作社	沙田柚	LB-18-1311347544A	GF500105135147
	781	重庆市正宽食用菌种植专业合作社	双孢菇（鲜）	LB-21-1403340582A	GF500225111875
			鸡腿菇（鲜）	LB-21-1403340583A	
	782	重庆素颜桃种植股份合作社	圣水湖脆桃	LB-18-1311347514A	GF500105135132
	783	重庆亚坤野猪养殖专业合作社	野猪肉	LB-25-1402340470A	GF500119148078
			野猪（活）	LB-25-1402340471A	
	784	重庆杨奇峰葡萄种植股份合作社	巨玫瑰葡萄	LB-18-1311347763A	GF500109135212
			夏黑葡萄	LB-18-1311347761A	
			巨峰葡萄	LB-18-1311347762A	
四川	785	绵阳市木龙观胡萝卜种植专业合作社	木龙观红萝卜	LB-15-1407222373A	GF510704140284
	786	南部县三道山养殖农民专业合作社	跑山鸡（活）	LB-28-1408222756A	GF511321140361
	787	大英县通仙乡盛通花椒专业合作社	九叶青花椒	LB-23-1407222617A	GF510923140343
	788	顺庆区双桥果品农民专业合作社	八月红无核蜜橘	LB-18-1407222306A	GF511302140272
	789	资中县不知火果业农民专业合作社	丑柑（不知火）	LB-18-1406222696A	GF511025110702
	790	丹棱县生态源果业专业合作社	不知火（柑橘）	LB-18-1407222363A	GF511424140277
	791	綦江县古南镇春灯花椒专业合作社	青花椒	LB-23-1407342492A	GF500110140325
	792	长宁县金土地农业开发专业合作社	西瓜	LB-15-1402222024A	GF511524110155
	793	广元市昭化区紫云猕猴桃专业合作社	猕猴桃	LB-18-1405221883A	GF510801110514

（续）

地区	序号	生产单位	核准用标产品	绿色食品编号	企业信息码
四川	794	广元市利州区绿硕水果农民专业合作社	梨	LB-18-1407222257A	GF510802140263
	795	安县谷雨农产品经销专业合作社联合社	玉米	LB-05-1406221854A	GF510724140157
			香米	LB-03-1406221855A	
			小麦	LB-01-1406221856A	
			大豆	LB-07-1406221857A	
			花生（果）	LB-09-1406221858A	
	796	阆中市雪洞生姜专业合作社	生姜	LB-15-1406221805A	GF511381140147
	797	仁寿县清见果业专业合作社	清见（柑橘）	LB-18-1406221730A	GF511421080843
	798	芦山县宏鑫猕猴桃种植农民专业合作社	红心猕猴桃	LB-18-1404220990A	GF511826148242
	799	北川羌族自治县禹羌绿宝猕猴桃农民专业合作社	红心猕猴桃	LB-18-1309223010A	GF510726131330
			红心猕猴桃	LB-18-1309223010A	
	800	成都市好农夫葡萄专业合作社	葡萄	LB-18-1311227542A	GF510100135145
	801	成都市龙泉驿区聚和永兴果蔬专业合作社	水蜜桃	LB-18-1312228114A	GF510112135288
			葡萄	LB-18-1312228113A	
	802	成县广华果蔬种植专业合作社	大樱桃	LB-18-1312278122A	GF621221135292
	803	崇州市怀远玉智土地股份合作社	菜籽油（压榨二级）	LB-10-1310227195A	GF510100135059
	804	崇州市江源金色土地股份专业合作社	大蒜	LB-15-1310227197A	GF510100135060
			玉米（鲜食）	LB-05-1310227196A	
	805	大英县美亿禾种植专业合作社	辣椒	LB-15-1312228501A	GF510923135364
	806	丹棱县大雅枇杷专业合作社	丹棱枇杷	LB-18-1402220464A	GF511424148072
	807	丹棱县绿源生态农庄高山蔬菜专业合作社	甘蓝	LB-15-1402220468A	GF511424148076
	808	德昌县王所乡富民草莓专业合作社	草莓	LB-15-1311229903A	GF513424101535
	809	德阳市旌阳区和新镇崴螺山辣椒专业合作社	崴螺山辣椒（鲜）	LB-15-1305222671A	GF510603100541
	810	德阳市旌阳区双东镇东美枣种植专业合作社	东美枣（鲜）	LB-18-1308222776A	GF510603131228
	811	广安白马柠檬产业科技发展专业合作社	尤立克柠檬	LB-18-1310223507A	GF511602131553
	812	广安市泰畅农业发展专业合作社	塔罗科血橙	LB-18-1310223559A	GF511602131582
	813	广元市利州区碧云果蔬专业合作社	辣椒	LB-15-1311227625A	GF510802135159

（续）

地区	序号	生产单位	核准用标产品	绿色食品编号	企业信息码
四川	814	汉源县荣欣水果种植专业合作社	水晶红富士苹果	LB-18-1312228194A	GF511823135308
	815	简阳市太阳食用菌专业合作社	鸡腿菇（鲜）	LB-21-1308222533A	GF512081131124
			鸡腿菇（鲜）	LB-21-1308222533A	
	816	简阳市永逸草莓专业合作社	草莓	LB-18-1305223480A	GF512081100609
	817	江油市青林口德惠白花桃种植专业合作社	白花桃	LB-18-1403220756A	GF510781148153
	818	金堂县福兴菜之韵有机蔬菜专业合作社	辣椒	LB-15-1402220417A	GF510121148023
	819	邻水县双河脐橙专业合作社	邻水脐橙	LB-18-1404221041A	GF511623148262
	820	泸定县杵坭红樱桃种植专业合作社	泸定红樱桃	LB-18-1311227777A	GF513322135215
	821	罗江县天马山翠冠梨专业合作社	翠冠梨	LB-18-1404220985A	GF510626148238
	822	眉山市富兴水果专业合作社	脐橙	LB-18-1401220251A	GF511402140082
	823	米易县攀越枇杷种植专业合作社	攀越牌枇杷	LB-18-1310227270A	GF510100135080
	824	彭山县团结鑫隆农业专业合作社	清见（柑橘）	LB-18-1311223765A	GF511422131670
	825	郫县锦宁韭黄生产专业合作社	锦宁韭黄	LB-15-1401221083A	GF510124080100
	826	平武县石坎核桃专业合作社	核桃	LB-19-1308229456A	GF510701100994
	827	仁寿县河口不知火专业合作社	不知火（柑橘）	LB-18-1401220950A	GF511421110136
	828	仁寿县嘉禾水果专业合作社	不知火（柑橘）	LB-18-1311229383A	GF511421101594
	829	仁寿县绿源水果专业合作社	不知火（柑橘）	LB-18-1312225093A	GF511401101868
			纽荷尔（柑橘）	LB-18-1312225094A	
	830	石棉县小马黄果柑专业合作社	黄果柑	LB-18-1402220429A	GF511824148054
	831	遂宁市船山区天坪岭果业专业合作社	梨	LB-18-1403220841A	GF510903148186
			葡萄	LB-18-1403220842A	
	832	天全县鸿运猕猴桃产业农民专业合作社	红阳猕猴桃	LB-18-1404221292A	GF511825148324
	833	武胜飞龙金玉泉蔬菜专业合作社	茄子	LB-15-1403220780A	GF511622148162
			豇豆	LB-15-1403220781A	
			黄瓜	LB-15-1403220782A	
			辣椒	LB-15-1403220783A	
			丝瓜	LB-15-1403220784A	
			苦瓜	LB-15-1403220785A	

（续）

地区	序号	生产单位	核准用标产品	绿色食品编号	企业信息码
四川	834	武胜县十块田世纪甜橙专业合作社	世纪甜橙	LB-18-1312228350A	GF511622135345
	835	兴文县香山猕猴桃专业合作社联合社	红阳猕猴桃	LB-18-1402220362A	GF511528148048
			金艳猕猴桃	LB-18-1402220363A	
	836	姚市康绿蔬菜专业合作社	毛豆	LB-15-1311117656A	GF330281135167
云南	837	云南省玉溪市峨山彝族自治县小街慈姑产销专业合作社	慈姑（水生蔬菜）	LB-15-1312244008A	GF530426131789
	838	勐宋乡南本高山蔬菜专业合作社	萝卜	LB-15-1407242129A	GF532822140223
			白菜	LB-15-1407242130A	
			结球甘蓝	LB-15-1407242131A	
	839	石屏县兴海大枇杷专业合作社	大枇杷	LB-18-1308248626A	GF532525101056
	840	楚雄市大过口乡亿隆魔芋专业合作社	鲜魔芋	LB-15-1312244069A	GF532301131819
	841	安宁八街塊杉果蔬专业合作社	辣椒	LB-15-1310247815A	GF530181101279
	842	勐混天缘优质稻米生产专业合作社	西双版纳 303 软米（一级）	LB-03-1312244051A	GF532822131808
			西双版纳 201 软米（一级）	LB-03-1312244049A	
			西双版纳 502 香软米（一级）	LB-03-1312244050A	
	843	石屏县农源火龙果专业合作社	火龙果	LB-18-1308248875A	GF532525101007
陕西	844	高陵县中王农产品专业合作社	西瓜	LB-18-1306263297A	GF610126131449
			黄瓜	LB-15-1306263298A	
			西红柿	LB-15-1306263299A	
			辣椒	LB-15-1306263300A	
			甜瓜（薄皮）	LB-15-1306263301A	
			胡萝卜	LB-15-1306263302A	
	845	蓝田县董岭核桃专业合作社	核桃	LB-19-1309267017A	GF610100135006
	846	渭南长寿塬果业种植农民专业合作社	苹果	LB-18-1309267018A	GF610100135007
	847	吴起会君农业专业合作社	番茄	LB-15-1309267120A	GF610100135038
			西瓜	LB-15-1309267118A	
			芹菜	LB-15-1309267115A	
			辣椒	LB-15-1309267116A	
			香瓜（薄皮甜瓜）	LB-15-1309267119A	
			小白菜	LB-15-1309267117A	
			黄瓜	LB-15-1309267121A	

（续）

地区	序号	生产单位	核准用标产品	绿色食品编号	企业信息码
陕西	848	西安浐水源现代农业专业合作社	葡萄	LB-18-1310267162A	GF610100135043
	849	西安市灞桥区田原果蔬专业合作社	樱桃	LB-18-1310267183A	GF610100135052
甘肃	850	宁县盘克镇盘农种植农民专业合作社	红富士苹果	LB-18-1405271635A	GF621026140127
	851	永靖县三马台现代农业农民专业合作社	草莓	LB-15-1401270325A	GF622923140114
	852	敦煌市雅丹红提葡萄农民专业合作社	红地球葡萄	LB-18-1308275376A	GF620982101049
	853	高台县恒瑞农业综合开发专业合作社	甘蓝	LB-15-1402270469A	GF620724148077
			甘蓝	LB-15-1402270469A	
	854	镇原县甘旭果品专业合作社	水晶红富士（苹果）	LB-18-1403271729A	GF621027080400
	855	合水县铁李川有机蔬菜产销专业合作社	白菜	LB-15-1406271744A	GF621024140144
	856	敦煌市开源富民农产品农民专业合作社	红地球葡萄	LB-18-1405271303A	GF620982148330
	857	靖远县宏兴香水梨购销专业合作社	香水梨	LB-18-1311277682A	GF620421135175
	858	兰州市七里河区南山果蔬产销专业合作社	兰州百合	LB-15-1311277707A	GF620103135186
	859	阿勒泰市巴里巴盖乡金和绝品甜瓜专业合作社	巴鲁旺甜瓜（厚皮）	LB-15-1312304030A	GF654301131800
	860	白银明祥蔬菜种植专业合作社	水果番茄	LB-15-1402270413A	GF620402148025
	861	崇信县汭兴蔬菜种植农民专业合作社	甜瓜（厚皮）	LB-18-1310273396A	GF620823131499
	862	定西市安定区盈丰农产品经销专业合作社	大白菜	LB-15-1401271127A	GF621102080172
			甘蓝	LB-15-1401271128A	
			胡萝卜	LB-15-1401271129A	
			花椰菜	LB-15-1401271130A	
			辣椒	LB-15-1401271131A	
			马铃薯	LB-15-1401271132A	
			芹菜	LB-15-1401271133A	
			西葫芦	LB-15-1401271134A	
			洋葱	LB-15-1401271135A	

（续）

地区	序号	生产单位	核准用标产品	绿色食品编号	企业信息码
甘肃	863	合水县广源马铃薯产销专业合作社	马铃薯	LB-15-1312278121A	GF621024135291
	864	合水县新兴有机农产品农民专业合作社	西瓜	LB-15-1312279556A	GF621024102247
	865	兰州明泽农产品加工农民专业合作社	兰州百合	LB-15-1311277709A	GF620103135188
	866	兰州市七里河区家栋稀特菜种植专业合作社	绿菜花	LB-15-1403270716A	GF620103148147
			紫甘蓝	LB-15-1403270717A	
			宝塔菜花	LB-15-1403270718A	
			白菜花	LB-15-1403270719A	
			紫菜花	LB-15-1403270720A	
	867	临洮县明强马铃薯中药材贮藏专业合作社	马铃薯	LB-15-1310277169A	GF620102135049
	868	临泽县红沟葡萄专业合作社	红提葡萄	LB-18-1311277543A	GF620102135146
	869	陇西县金龙种植农民专业合作社	辣椒	LB-15-1311277652A	GF621122135165
			黄瓜	LB-15-1311277653A	
			番瓜	LB-15-1311277654A	
	870	民勤县兴农绿色农产品开发专业合作社	番茄	LB-15-1312278285A	GF620621135320
	871	岷县红太阳食用菌种植农民专业合作社	西葫芦	LB-15-1311277651A	GF621126135164
			西红柿	LB-15-1311277650A	
			辣椒	LB-15-1311277649A	
	872	庆城县昌盛瓜菜农民专业合作社	番茄	LB-15-1312278523A	GF621021135367
	873	山丹县佳明果蔬贮藏专业合作社	辣椒	LB-15-1311273871A	GF620725131720
	874	山丹县金丹庄园葡萄专业合作社	红提葡萄	LB-18-1401270178A	GF620725140050
	875	天水市麦积区新民苹果种植专业合作社	花牛苹果	LB-18-1308278504A	GF620501101027
	876	天水市秦州区放牛苹果种植农民专业合作社	花牛苹果	LB-18-1404271022A	GF620502148252
	877	天水市秦州区红鼎苹果种植专业合作社	花牛苹果	LB-18-1312278356A	GF620502135351
	878	天水宇龙果品专业合作社	花牛苹果	LB-18-1310278432A	GF620501101223
	879	文县山里宝核桃种植农民专业合作社	核桃	LB-19-1311277534A	GF620102135140

（续）

地区	序号	生产单位	核准用标产品	绿色食品编号	企业信息码
甘肃	880	张掖市甘州区富民蔬菜专业合作社	西瓜	LB-18-1308272745A	GF620702131215
			胡萝卜	LB-15-1308272746A	
			甜椒	LB-15-1308272747A	
			辣椒	LB-15-1308272748A	
			西兰花	LB-15-1308272749A	
			菜花	LB-15-1308272750A	
	881	张掖市甘州区万通绿色蔬菜专业合作社	草莓	LB-18-1308272756A	GF620702131219
			黄瓜	LB-15-1308272757A	
			辣椒	LB-15-1308272758A	
			芦笋	LB-15-1308272759A	
			茄子	LB-15-1308272760A	
			番茄	LB-15-1308272761A	
宁夏	882	宁夏中卫华荣优质水稻种植专业合作社	宁华荣质数大米	LB-03-1404281276A	GF640502148317
	883	海原县恒兴马铃薯专业合作社	马铃薯	LB-15-1403280888A	GF640522148209
	884	海原县鸿鑫马铃薯专业合作社	马铃薯	LB-15-1405281310A	GF640522148333
	885	海原县永鑫小茴香专业合作社	小茴香	LB-23-1404280893A	GF640522148211
	886	贺兰县圣地农林种植专业合作社	金山西瓜	LB-18-1307281864A	GF640122130827
新疆	887	霍城县绿之源蔬菜专业合作社	聚鲜油桃	LB-18-1407302598A	GF654023140339
	888	玛纳斯县建昌保鲜专业合作社	寒富士苹果	LB-18-1403308138A	GF652324148057
	889	沙雅县洁康枣业农民专业合作社	阿克苏红枣	LB-19-1407302205A	GF652924140243
	890	博乐市贝林乡决肯村庆丰棉农服务专业合作社	黄瓜	LB-15-1402300394A	GF652701148031
			辣椒	LB-15-1402300395A	
			番茄	LB-15-1402300396A	
	891	昌吉市佃坝乡惠福蔬菜专业合作社	西红柿	LB-15-1309303293A	GF652301131448
			辣椒	LB-15-1309303294A	
			黄瓜	LB-15-1309303295A	
			豇豆	LB-15-1309303296A	
	892	阜康市城关镇头工村多文晚熟西红柿专业合作社	番茄	LB-15-1401300071A	GF652302140011
	893	哈密兴泉农产品专业合作社	红提葡萄	LB-18-1309303012A	GF652201131332
			红提葡萄	LB-18-1309303012A	

（续）

地区	序号	生产单位	核准用标产品	绿色食品编号	企业信息码
新疆	894	哈密众鑫葡萄种植专业合作社	红提葡萄	LB-18-1311307340A	GF650100135103
			无核白葡萄	LB-18-1311307338A	
			无核紫葡萄	LB-18-1311307339A	
	895	呼图壁县大丰镇永红辣椒种植农民专业合作社	辣椒	LB-15-1312304056A	GF652323131811
	896	呼图壁县新城蔬菜育苗农民专业合作社	色素辣椒	LB-15-1312304064A	GF652323131816
	897	霍城县西域龙珠葡萄种植专业合作社	红地球葡萄	LB-18-1401308046A	GF654023148020
	898	吉木萨尔县福源绿色农业产业化专业合作社	玉米粉	LB-06-1311303758A	GF652327131666
			玉米糁	LB-06-1311303759A	
	889	库尔勒市金久诚香梨专业合作社	库尔勒香梨	LB-18-1308309919A	GF652801101102
	900	玛纳斯县兰州湾镇金土豆产供销专业合作社	兰州湾·金土豆	LB-15-1311303722A	GF652301131647
	901	奇台县吉布库镇赛俩目农产品加工专业合作社	油葵籽油（压榨）	LB-10-1309303327A	GF652325131462
			红花籽油（压榨）	LB-10-1309303328A	
			油葵籽油（压榨）	LB-10-1309303327A	
			红花籽油（压榨）	LB-10-1309303328A	
	902	塔城市张新生打瓜子加工专业合作社	塔域瓜子（纯正五香）	LB-20-1404301179A	GF654201148298
	903	尉犁县尉农长发果业农民专业合作社	尉犁西瓜	LB-15-1310303612A	GF652823131607
			尉犁甜瓜	LB-15-1310303613A	
大连	904	大连鑫野果品专业合作社	红富士苹果	LB-18-1407062592A	GF210281140335
			黄元帅苹果	LB-18-1407062593A	
			国光苹果	LB-18-1407062594A	
	905	大连叮呱叫水果专业合作社	大樱桃	LB-18-1307061807A	GF210283130805
			葡萄	LB-18-1307061808A	
	906	大连都市农业专业合作社	大樱桃	LB-18-1310067274A	GF210203135082
	907	大连金州合鑫大樱桃专业合作社	大樱桃	LB-18-1403068172A	GF210213148070
	908	大连市露甜果品专业合作社	大樱桃	LB-18-1303060341A	GF210201130142
	909	大连威王树莓专业合作社	红树莓	LB-18-1312068447A	GF210283135355
	910	大连仙缘果业产销专业合作社	大樱桃	LB-18-1309067589A	GF210212101171
青岛	911	青岛市东杨庄果品专业合作社	苹果	LB-18-1407152480A	GF370283140319
	912	青岛曹村草莓专业合作社	草莓	LB-18-1212153841A	GF370214121741

（续）

地区	序号	生产单位	核准用标产品	绿色食品编号	企业信息码
青岛	913	青岛天柱泽山一号葡萄专业合作社	葡萄	LB-18-1402150486A	GF370283148085
宁波	914	慈溪市观海卫杜岙杨梅专业合作社	杜岙鲜杨梅	LB-18-1405111524A	GF330282148389
	915	慈溪市黄潭岗杨梅专业合作社	鲜杨梅	LB-18-1405111522A	GF330282148387
	916	慈溪市甬佳蜜梨专业合作社	翠冠梨	LB-18-1403110839A	GF330282148184
	917	宁波市鄞州绿洲果业专业合作社	翠姑娘葡萄	LB-18-1404111152A	GF330212100839
厦门	918	厦门市翔安区庄家宝蔬菜专业合作社	白菜	LB-15-1401130956A	GF350213110128

资料来源：中国绿色食品发展中心网站（http://www.greenfood.agri.cn/）。

1.3 创新实践

1.3.1 联合评定国家农民合作社示范社

评定示范社是贯彻落实中央关于实行部门联合评定示范社机制、引导农民合作社规范运行要求的具体措施，是全国农民合作社发展部际联席会议的重要职责。按照《国家农民专业合作社示范社评定及监测暂行办法》（农经发〔2013〕10号）的规定，在各地组织推荐的基础上，经审查复核和媒体公示，全国农民合作社发展部际联席会议认定北京利民恒华农产品种植专业合作社等3759家合作社为国家农民合作社示范社，北京密云县蔡家甸东沟农民用水合作社等254家用水组织为全国农民用水合作示范组织。

1.3.2 引导和促进农民合作社规范发展

8月27日，全国农民合作社发展部际联席九部门联合下发了《关于引导和促进农民合作社规范发展的意见》（以下简称《意见》），提出要用5年左右的时间，使70%以上的合作社具有完备的成员账户、实行社务公开并依法进行盈余分配，县级以上示范社超过20万家，合作社发展质量显著提升。

《意见》从章程制定、登记注册、年度报告、产权关系、组织机构、财务管理、成员账户和管理档案、分配收益、公开社务、诚信经营、信用合作、信息化建设12个方面，明确了规范合作社发展的主要任务。《意见》提出要在财税、金融、用地、用水、用电等方面对规范运行的合作社给予政策支持；要深入开展示范社建设行动，积极开展示范社评定，建立示范社名录，实行示范社动态监测。

1.3.3　实施年度报告公示制度

根据国务院发布的《注册资本登记制度改革方案》，企业年度检验制度改为企业年度报告公示制度。8月19日，国家工商总局制定出台《农民专业合作社年度报告公示暂行办法》。

(1) 报告时间。农民专业合作社向工商部门报送年度报告的时间为每年1月1日至6月30日。当年开业（设立）登记的，自下一年起报送。

(2) 管辖分工。农民专业合作社的登记机关负责农民专业合作社的年度报告相关工作。

(3) 报告责任。农民专业合作社对其年度报告内容的真实性、及时性负责。

(4) 报告方式。农民专业合作社应当通过企业信用信息公示系统向工商部门报送年度报告，并向社会公示。

(5) 报告内容。农民专业合作社年度报告内容包括：行政许可取得和变动信息、生产经营信息、开设网站或者从事网络经营的网店信息、联系方式信息、资产状况信息和国家工商总局要求报送的其他信息。

(6) 关于公示。农民专业合作社的年度报告在向工商部门报告的同时向社会公示。

(7) 监督检查。《办法》规定了工商部门对年报信息进行随机抽查。抽查的名单和抽查结果应当通过企业信用信息公示系统公示。

(8) 法律责任。《办法》对农民专业合作社的法律责任作了规定：一是不按规定报送年度报告的；二是在年度报告中隐瞒真实情况、弄虚作假的；三是通过登记的经营场所或经营者住所无法联系到的。

1.3.4　政策性农业保险

为积极推动政策性农业保险工作，为参保农民提供及时有效的灾害补偿，帮助恢复农业生产，维护农村社会和谐稳定，根据《农业保险条例》的有关规定，本着"平等自愿、优势互补"的原则，经充分协商，5月19日，中国人民财产保险股份有限公司与农业部农村合作经济经营管理总站就建立政策性农业保险业务合作关系，在京签署《推进政策性农业保险战略合作协议》。

根据战略框架协议，双方将在政策性农业保险的制度设计、宣传动员、组织投保、保费收取、承包理赔到户和业务培训等方面广泛开展合作。为建立更紧密的合作关系，根据工作需要，双方约定将适时安排高层领导会晤，交流工作进展情况。双方也将建立相关职能部门牵头的定期沟通协商机制，通报有关信息，沟通合作情况，共同研究解决合作中遇到的重大问题。双方将指导人保财险省级分支机构和各省级农村经营管理部门根据农业政策和地方政府的相关规定，结合实际情况，参照本框架协议的精神，在自愿平等的基础上，签订具体合作协议，确定合作内容、权利义务关系等，由人保财险所属分支机构委托基层农村经营管理机构协助开展政策性农业保险工作。

《推进政策性农业保险战略合作协议》的签订，将进一步促进中国人保财险各分支机构和各级农村经营管理系统双方深入合作，发挥保险公司的技术优势和农经部门的组织优势，实现资源共享、优势互补，有助于组织更多农户参保，扩大保险覆盖面，有助于增强风险保障能力，加快建立农业生产灾后补偿制度，更好地发挥政策性农业保险的灾害补偿、社会管理等功能，促进农业稳定发展，农民持续增收，为农村繁荣和谐做出积极贡献。

（来源中国农民专业合作社网 2014 年 5 月 22 日）

1.3.5 各地创新实践

（1）财政资金投进合作社，农民持股分红利。四川省崇州市印发《关于开展财政补助资金投入土地股份合作社形成资产股份量化试点统筹的通知》，提出将国家补助给农村的资产，以股权的形式分摊到参股村民头上，参股村民可以对其进行经营，且经营所得自行分配。

试点率先在青桥村土地股份合作社开展。项目运行之初，合作社算了一笔账：烘储中心全部建好大概要投入 600 多万元，中央、省市划拨的资金是 450 万左右，也就意味合作社要自筹近 200 万元。青桥村土地股份合作社一共有 509 户成员，按 200 万元筹资水平计算，每户平均筹集 1 695 元即可。为尊重村民的自主选择，青桥村在原土地股份合作社之外，又单独成立了育秧烘储股份合作社，让后者在融资等运作上少受限制，更加灵活。罗巡虎表示："想要加入烘储合作社的村民以缴纳的自筹资金来入股。所有财政投入转化成的经营性资产和公益性资产全都从合作社的账户上量化到社员头上，届时社员通过股权证获得分红。股权证可以灵活继承、买卖、赠予。"

（摘自成都日报 2014 年 9 月 25 日）

（2）农业订单质押贷款化解合作社融资难。2013 年以来，富平县以农民专业合作社等组织作为桥梁，一方面与农产品加工企业签订收购合同，一方面通过流转、托管等方式，与家庭农场和种养大户等签订生产订单，为农业生产提供全程服务，组织引导广大农户规模化发展农业产业。但在发展过程中出现的"融资难"问题，影响着从土地流转、田间管理到收储的整个过程，致使一些合作社、农户只能在民间高息借贷。

为解决这一问题，富平县农业局、金融办与邮储银行设计出符合"订单农业"的融资方案。由农业部门负责前期考察筛选，综合评定后向金融机构推荐"龙头企业＋农民专业合作社＋农户"的订单农业生产单位。通过《金融合作协议》《订单农业生产收购合同》《订单农业贷款四方协议》《订单农业贷款反担保双方协议》等信用文件进行约定，邮储银行向订单农业范围内的合作社、家庭农场、种养大户等经营者提供产业发展资金，政府拿出500万元在邮储银行设立担保基金，合作社、农户等结算专户在邮储银行进行封闭运营，银行可以随时监管贷款使用，企业购买农产品的回款将直接扣除用于还贷，而贷款年限则根据农产品生产周期设定，年利率按照政策性贷款给予优惠。

"订单质押的实质是土地经营权的质押，如果合作社或农户出现违约，可通过政府、金融机构采取账户扣除、变更土地经营权等方式制约，加上全面覆盖的农业保险，可以将银行的风险降到最低。"富平县金融办主任冯大鹏说，政府出资的担保金只是起到引导作用，最终将由农产品龙头企业来进行担保，使这个模式完全实现市场化运作。

（摘自农民日报2014年5月14日）

（3）农机合作社融资有了新通道。今年，广西的农户不必为买不起农机而发愁了。由民生银行南宁分行与广西农机龙头企业共同发起的广西农机行业合作社已吸收了20多个会员。未来，"农民买不起农机""农机企业垫资压力大"等问题将通过民生银行的小微贷款得到有效解决。"农户微贷"最吸引人的地方就是消灭了到账时间差。过去，农户全款购机虽然能得到国家补贴的购机款，但是当中长达4个月的等待钱款到账的时间太漫长，导致"等不起"的农户"买不起"农机，从而错过春耕好时机。"农户微贷"通过民生银行的贷款先把钱给农户购机，4个月后，国家的补贴款直接进入银行冲抵农户的贷款，省心、省力，为农户赢得了耕种时机。

（摘自广西日报2014年2月13日）

（4）农村新型股份合作社获发"准生证"。昨天，记者从市农委获悉，市工商局与市农委近日联合发文《关于推行农村新型股份合作社登记的实施意见》，在全省率先提出发展农村新型股份合作社的概念。这标志着，合肥市农村新型股份合作社获准发放"准生证"。同时，这也意味着，合肥市在全面推进农村改革向纵深发展中，又一次以改革创新、敢为人先的精神走在全省前列。

据了解，农村新型股份合作社属于农民专业合作社范畴，是农民以劳务收入、资金、技术、设施设备、生物资产、农村土地承包经营权和林权出资，或者对农村集体资产进行量化确股后组建的新型农民专业合作组织。

发展农村新型股份合作社是以农村土地制度改革为突破，在推进农村经营体制机制创新过程中，农民群众在生产发展实践中的又一创新。它是以股份合作形式流转土地、促进规模经营、推进现代农业发展、加速推进城乡一体化进程的重要途径。

《实施意见》出台后，合肥市将放宽农村新型股份合作社的出资形式，在集体土地所有权不变的情况下，允许合作社成员按照自愿原则，以家庭承包方式获取的农村土地承包经营权入股，也可与货币、实物、知识产权等《农民专业合作社登记管理条例》规定的其他出资形式一并出资，这就意味着，农村新型股份合作社可以登记，其法律地位能得到确认了。同时，合肥市将拓宽农民合作社的业务范围，支持农村新型股份合作社在围绕农业主导产业和特色产业开展经营活动的基础上，不断拓展新的经营领域，从事"农家乐"、特色农产品加工等第二产业和第三产业的生产经营。此外，今后合肥市还将鼓励农村新型股份合作社与其他组织或个人投资组建新的经济实体，投资入股获得收益，拓宽农民收入渠道。

（摘自合肥日报 2014 年 8 月 29 日）

（5）国土局帮助合作社找"新家"。 讷河市国土资源局深入基层、主动上门，积极帮助乡镇、社区、村选址建设农民专业合作社，全力助推地方经济发展。

为加速现代农业进程，推动地方经济发展，讷河市国土资源局结合"转作风、提效率、树形象"活动，充分发挥服务、保障职能作用，抽调规划、利用、地籍、执法等部门工作人员组成专门工作组，深入基层、主动上门，开展"下基层、送服务、解民难"活动，积极帮助乡镇、社区、村选址建设农民专业合作社。自 6 月下旬以来，工作组先后深入到 13 个乡镇 1 个社区 26 个村，为 38 个农民专业合作社选址。工作组与乡镇政府和村委会一道，结合当地实际情况，共同研究合作社建设过程中的涉地问题。针对有的合作社利用原村小学改扩建符合要求，有的合作社选在了一般农田上，有的甚至选在了基本农田上等不同情况，工作组对发现的问题及时纠正，提出合理建议，并结合镇村规划帮助他们重新选址。目前，已有 7 个合作社选址落地，其余也正在按规划设计办理。此项工作，得到了讷河市政府、各乡镇、村委会和广大农民朋友的普遍认可。既规范了审批业务，提高了工作效率，又杜绝了违法占用耕地现象，为下步卫片执法检查工作减轻了压力，奠定了基础。

（摘自齐齐哈尔日报 2014 年 12 月 9 日）

1.4 国际合作

1.4.1 启动实施国际农发基金"亚太地区农民组织中期合作项目（MTCP）"二期

国际农发基金"亚太地区农民组织中期合作项目"二期于 2013 年 11 月开始启动，亚洲农村可持续发展农民协会（AFA）负责项目具体执行和管理，中国项目于 2014 年 4 月 17 日正式签署协议，农业部管理干部学院负责具体执行。

2014 年，通过本项目参与单位的共同努力，建立起了全国农民合作社联系交流平台；举办了 4 期农民合作社能力建设培训班；在组织相关培训活动时加大了现场教学力度和研讨力度；召开了第二届"中国合作经济中青年学者工作坊暨《中国农民合作社》创刊五周年座谈会"；开展了创刊五周年"优秀文章、优秀合作社、优秀合作人物"推介活动（下以简称为"三优"）；赴北京、河北、甘肃、湖北等地进行合作社案例采访和调查；利用网站、期刊、相关培训会议等平台进行合作社宣传，开发了微社区等新媒体平台，提高了全社会对农民合作社的认知和支持程度；通过网络平台帮助农民合作社拓宽了市场销售渠道；建立起了合作社之间交流与合作机制；加强了与国际农发基金中国项目之间的交流与合作；增加了参与本项目的执行单位，收集整理了北京、陕西、湖北、浙江、甘肃 5 省联合会的简介及其成员信息，更新和完善了项目指导委员会成员名单，及时召开指导委员会会议，加强对项目执行的指导和督促；委派代表赴越南、印度参加农发基金的国际项目活动；建立了科学的项目管理机制，安排专人负责项目管理事务，按时提交相关项目进展报告，加强项目成果管理和宣传，严格项目财务管理和审计。

1.4.2　国际合作社联盟第 11 届亚太地区代表大会在印尼开幕

2014 年 9 月 18 日，国际合作社联盟第 11 届亚太地区代表大会开幕式及亚太地区合作社论坛在印度尼西亚巴厘岛国际会议中心隆重召开。来自 25 个国家及国际组织的大约 300 名合作社代表出席会议，国际合作社联盟主席格林女士，总社理事会副主任、联盟亚太地区主席李春生，印尼国家合作社委员会主席哈里德与印尼合作社部副部长伊尔托为开幕式致辞，并共同敲响了地区大会开幕的锣声。

在"合作社建设可持续社会"的大会主题下，论坛分为"合作社推动社会经济环境可持续发展的印迹""数据、研究及创新在可持续发展中的角色"及"可持续问题自由发言"三场专题报告会，分别由联盟主席格林女士、联盟秘书长古尔德及国际劳工组织专家主持。各国合作社领导人与专家轮流上台，分享本组织的研究报告、政策建议与未来展望，并在合作社融资、政府政策支持、合作社社会责任等诸多热点上与参会嘉宾展开了热烈的互动问答及讨论。

印尼合作社部部长哈桑与李春生向出席论坛的各国专家与领导人致感谢辞，并宣布论坛闭幕。在论坛期间，李春生接受印尼当地多家电视台与报纸采访，宣传介绍了亚太地区合作社发展及中国供销合作社的发展与改革情况。

1.4.3　中华全国供销合作总社接待国际合作社联盟经贸访华团组并组织国内外合作社业务对接活动

2014 年 10 月 20～24 日，中华全国供销合作总社国际合作部在上海、浙江接待了来自泰国、菲律宾、印度、尼泊尔、斯里兰卡等亚太地区合作社的经贸访问团组一行。在上海期间,外方与国内来自中国供销集团,中华全国供销合作总社济南果品研究院,供销集团宁波海洋开发有限公司,重庆、山东等地的供销系统有关单位进行了业务对接与洽商。随后,外宾前往浙江省供销社系统访问了宁波海田国际贸易有限公司、浙江春风集团等企业,中外双方进行了业务洽谈。

此次经贸访华团组的对接活动由中华全国供销合作总社国际合作部与国际合作社联盟亚太地区商务办公室共同发起并实施,中外各方就农资、茶叶、食品、服装、小家电等多项品种的进出口贸易和投资达成了意向。

2 举措

2.1 扶持政策

2.1.1 中央及各部委扶持政策

2.1.1.1 中央总体部署

2014 年 1 月，中共中央、国务院印发《关于全面深化农村改革加快推进农业现代化的若干意见》，提出鼓励发展专业合作、股份合作等多种形式的农民合作社，引导规范运行，着力加强能力建设。文件提出了多项支持合作社的政策：允许财政项目资金直接投向符合条件的合作社，允许财政补助形成的资产转交合作社持有和管护，有关部门要建立规范透明的管理制度。推进财政支持农民合作社创新试点，引导发展农民专业合作社联合社。鼓励发展混合所有制农业产业化龙头企业，推动集群发展，密切与农户、农民合作社的利益联结关系。在国家年度建设用地指标中单列一定比例，专门用于新型农业经营主体建设配套辅助设施。鼓励地方政府和民间出资设立融资性担保公司，为新型农业经营主体提供贷款担保服务。加大对新型职业农民和新型农业经营主体领办人的教育培训力度。落实和完善相关税收优惠政策，支持农民合作社发展农产品加工流通。通过政府购买服务等方式，支持具有资质的经营性服务组织从事农业公益性服务。扶持发展农民用水合作组织、防汛抗旱专业队、专业技术协会、农民经纪人队伍。完善农村基层气象防灾减灾组织体系，开展面向新型农业经营主体的直通式气象服务。在管理民主、运行规范、带动力强的农民合作社和供销合作社基础上，培育发展农村合作金融，不断丰富农村地区金融机构类型。坚持社员制、封闭性原则，在不对外吸储放贷、不支付固定回报的前提下，推动社区性农村资金互助组织发展。鼓励开展多种形式的互助合作保险。继续实行种粮农民直接补贴、良种补贴、农资综合补贴等政策，新增补贴向粮食等重要农产品、新型农业经营主体、主产区倾斜。

2014 年 11 月，中共中央办公厅、国务院办公厅印发了《关于引导农村土地经营权有序流转发展农业适度规模经营的意见》，提出积极培育新型经营主体，发展多种形式的适度规模经营。创新规模经营方式，在引导土地资源适度集聚的同时，通过农民的合作与联合、开展社会化服务等多种形式，提升农业规模化经营水平。对从事粮食规模化生产的农民合作社、家庭农场等经营主体，符合申报农机购置补贴条件的，要优先安排。鼓励发展多种形式的农民合作组织，深入推进示范社创建活动，促进农民合作社规范发展。在管理民主、运行规范、带动力强的农民合作社和供销合作社基础上，培育发展农村合作金融。引导发展农民专业合作社联合社，支持农民合作社开展农社对接。鼓励农业产业化龙头企业等涉农企业重点从事农产品加工流通和农业社会化服务，带动农户和农民合作社发展规模经营。支持农业企业与农户、农民合作社建立紧密的利益联结机制，实现合理分工、互利共赢。鼓励地方扩大对家庭农场、专业大户、农民合作社、龙头企业、农业社会化服务组织的扶持资金规模。支持符合条件的新型农业经营主体优先承担涉农项目，新增农业补贴向新型农业经营主体倾斜。加快建立财政项目资金直接投向符合条件的合作社、财政补助形成的资产转交合作社持有和管护的管理制度。各省（自治区、直辖市）根据实际情况，在年度建设用地指标中可单列一定比例专门用于新型农业经营主体建设配套辅助设施，并按规定减免相关税费。综合运用货币和财税政策工具，引导金融机构建立健全针对新型农业经营主体的信贷、保险支持机制，创新金融产品和服务，加大信贷支持力度，分散规模经营风险。鼓励融资担保机构为新型农业经营主体提供融资担保服务，鼓励有条件的地方通过设立融资担保专项资金、担保风险补偿基金等加大扶持力度。落实和完善相关税收优惠政策，支持农民合作社发展农产品加工流通。积极推广既不改变农户承包关系，又保证地有人种的托管服务模式，鼓励种粮大户、农机大户和农机合作社开展全程托管或主要生产环节托管，实现统一耕作，规模化生产。开展政府购买农业公益性服务试点，鼓励向经营性服务组织购买易监管、可量化的公益性服务。加大对专业大户、家庭农场经营者、农民合作社带头人、农业企业经营管理人员、农业社会化服务人员和返乡农民工的培养培训力度。

2.1.1.2　农业部专门部署

农业部《关于切实做好 2014 年农业农村经济工作的意见》指出：推行生产全程控制，加快推进全国农产品质量追溯管理信息平台建设，指导农产品生产企业和合作社建立产地证明准出制度，推行农产品质量标识制度，强化产地准出与市场准入的衔接。推进合作社开展信用合作试点，推动修订《农民专业合作社法》。构建新型农业经营体系。坚持家庭经营在农业中的基础地位，加快构建以农户家庭经营为基础、合作与联合为纽带、社会化服务为支撑的立体式复合型现代农业经营体系。加强对家庭农场的示范引导扶持，建立健全家庭农场管理服务制度。鼓励发展专业合作、股份合作等多种形式的农民合作社，评定国家农民专业合作社示范社，开展农民合作社贷款担保试点，支持合作社开展联合合作，大力发展农社对接等直供直销。落实和完善相关税收优惠政策，支持农民合作社发展农产品加工流通。推进农业产业化龙头企业扶持政策落实，支持龙头企业为农户提供贷款担保、订单收购、保险资助等服务。鼓励发展混合所有制农业产业化龙头企业，加强国家农业产业化示范基地建设，推动龙头企业集群发展，密切与农户、农民合作社的利益联结关系。推进"阳光工程"转型升级，重点培训农民合作社带头人、家庭农场经营者、种养大户、科技示范户和返乡创业的农民工，以及立志务农的大中专毕业生。鼓励和支持农业产业化龙头企业、农业高等院校和农民合作社组建农业生产实训基地，积极培养农业后备人才。加快培育农机大户、农机合作社等新型农机化社会服务组织，加强农机售后培训、维修服务和作业服务，充分发挥农机化对规模经营的带动作用。

农业部《2014年农村经营管理工作要点》指出：

（1）适应构建新型农业经营体系新要求，推动农民负担监管向家庭农场、专业大户、农民合作社等新型农业经营主体延伸，防止乱收费在新的领域滋生蔓延。

（2）扩大农民负担监测范围，修订完善监测指标，构建包括家庭农场、专业大户、农民合作社等新型经营主体的监测指标系统。

（3）组织开展农民合作社示范社会计报表编制、报送和分析工作，研究加强合作社财务管理、会计核算的具体措施。

（4）强化对农民合作社的指导扶持，促进合作社规范发展。加强规范化建设。研究制定加强合作社规范化建设的意见，指导合作社健全规章制度、完善运行机制、强化财务管理，提升合作社管理水平和发展质量。认真贯彻落实《工商总局农业部关于进一步做好农民专业合作社登记与相关管理工作的意见》（工商个字〔2013〕199号），加强与工商登记机关的协作配合，做好农民合作社和联合社登记管理工作，建立定期会商与登记信息共享机制。深入推进示范社建设行动，引导合作社规范发展。认真落实《国家农民专业合作社示范社评定及监测暂行办法》（农经发〔2013〕10号），开展国家示范社申报和评定工作，建立国家示范社名录，为把示范社作为政策扶持的重点提供依据。指导各地开展示范社动态监测，对示范社运行情况进行综合评价，对不合格的示范社取消其资格，推动合作社规范化建设。强化扶持和服务。加强与有关部门沟通协调，积极落实支持合作社发展的政策措施。配合财政部门完善有关政策，推动财政项目资金投向符合条件的合作社，把示范社作为扶持重点。推动财政项目形成的资产转交合作社持有和管护，指导合作社建立健全管护机制，明确管护责任，提高资金使用效率，实现资产保值增值。开展农民合作社贷款担保费补贴试点，探索财政资金撬动金融资本的有效方式。配合财政部、国家税务总局研究制定对农民合作社开展农产品加工流通业务给予所得税优惠政策。配合国土部门认真落实农用地政策，划定一定比例的土地用于支持合作社建设配套辅助设施。加大对农民合作社辅导员、带头人、经营管理人员和骨干成员的培训力度。支持合作社做大做强。支持合作社开展标准化生产和"三品一标"认证，建立产品质量追溯制度，确保广大人民群众"舌尖上的安全"。鼓励合作社注册自有商标，加强品牌建设，提升合作社产品知名度和影响力。支持合作社开展信息化建设，用信息化手段提升经营管理水平。鼓励合作社大力发展农产品加工和流通业务，拉长产业链，缩短营销链。继续开展农社对接试点，扩大试点范围，发展多种形式的产销衔接。支持合作社坚持自愿互利、自下而上原则，以产品和产业为纽带开展合作与联合。鼓励同业合作社或产业密切关联的合作社在自愿前提下，采取兼并、合并等方式进行重组，共同开展加工营销业务，进一步提升合作社带动农户能力、自我发展能力和市场竞争能力。开展农民合作社信用合作试点。会同有关部门研究起草农民合作社信用合作业务规范管理办法。重点围绕粮食、蔬菜、水果、畜禽、花卉苗木等产业，选择一批产业基础牢、经营规模大、带动能力强、信用记录好的合作社，按照限于成员内部、用于产业发展、吸股不吸储、分红不分息、风险可掌控的原则，开展信用合作试点。鼓励专业合作、股份合作等多元化、多类型合作社发展。加强对各种类型合作社的指导，将符合条件的各类农民合作社纳入示范社评选等支持范围。鼓励农民以土地经营权折价入股农民专业合作社。正确引导仅以土地流转中介为目的的农民专业合作社发展，防止出现强制"归大堆"的做法。引导农民发展多种形式的股份合作社，增加农民财产性收入。积极推进农民专业合作社法修订工作。

（5）探索完善"龙头企业＋家庭农场""龙头企业＋合作社＋农户""龙头企业＋农户"等组织模式，建立示范和奖励机制，支持龙头企业为农户提供贷款担保、订单收购农产品、资助农业保险等服务，研究创新财政支持农业产业化发展措施。

（6）创新服务供给机制和实现形式。在充分发挥农业公益性服务机构作用的基础上，按照主体多元、形式多样、竞争充分的原则，大力培育发展专业服务公司、专业服务合作社、专业技术协会、专业服务队等农业经营性服务组织，积极探索增强集体经济组织服务能力的有效形式。

（7）积极推广专业服务公司加合作社加农户、涉农企业加专家加农户等服务模式，引导各类服务组织与生产经营主体形成稳定的利益关系。

2.1.1.3　召开全国农民合作社发展部际联席会议

2014年2月13日上午，全国农民合作社发展部际联席会议第二次全体会议在京召开，听取2013年农民合作社发展情况汇报，部署2014年联席会议重点工作，研究国家农民专业合作社示范社评定方案。

会议指出，2014年是全面深化改革的第一年。党中央、国务院把发展农民合作社作为构建新型农业经营体系和推进农村改革发展的一项重点工作，提出了一系列新要求。各成员单位要密切配合、同心协力、抓好落实。要切实抓好农民合作社规范化建设，把注重质量提升摆在更突出的位置，积极引导农民合作社建立健全章程和规章制度，发挥成员（代表）大会、理事会、监事会的作用，建立有效的运行机制，规范盈余分配，做好社务公开，以示范社评定为抓手引领带动合作社规范发展。要加大政策支持力度，凡是适合合作社承担的涉农项目都要尽量安排合作社实施，落实和完善合作社农产品加工流通税收优惠政策，强化合作社带头人和经营管理人员教育培训，力争使合作社发展一个、规范一个、提升一个，真正成为引领农民参与国内外市场竞争的现代农业经营组织。

会议要求，各成员单位要加强调查研究，着力分析农村改革发展对合作社带来的深刻影响，及时了解合作社发展过程中出现的新情况新问题，认真总结基层和地方的经验做法，有针对性地采取政策措施，强化指导扶持服务，促进合作社健康快速发展。

2014年9月10日，全国农民合作社发展部际联席会议召开联络员会议。会议听取了全国示范社组织申报和审核工作汇报，原则通过了将进行公示的国家示范社和全国用水示范社组织名单，部署了下阶段重点工作。

2.1.1.4　评定国家农民合作社示范社

2014年3月，农业部下发《关于开展国家农民合作社示范社申报工作的通知》，启动国家农民合作社示范社评定工作，采取名额分配、等额推荐、媒体公示、发文认定的方式进行。

2014年9月11日，全国农民合作社发展部际联席会议公布了国家示范社公示名单，4 021家合作社和用水组织进入评定的公示阶段。

2014年11月22日，农业部、发改委等9部门联合印发《关于公布国家农民合作社示范社名单的通知》。《通知》指出，按照《国家农民专业合作社示范社评定及监测暂行办法》（农经发〔2013〕10号）的规定，在各地组织推荐的基础上，经审查复核和媒体公示，全国农民合作社发展部际联席会议认定北京利民恒华农产品种植专业合作社等3 759家合作社为国家农民合作社示范社，北京密云县蔡家甸东沟农民用水合作社等254家用水组织为全国农民用水合作示范组织。

2.1.1.5　引导和促进规范发展

2014年8月，农业部、发改委、财政部等全国农民合作社发展部际联席会议9部门联合下发了《关于引导和促进农民合作社规范发展的意见》（以下简称《意见》），要求各级各有关部门把加强农民合作社规范化建设摆在更加突出的位置，把运行规范的农民合作社作为政策扶持重点。

《意见》提出，要用5年左右的时间，使70%以上的合作社具有完备的成员账户、实行社务公开并依法进行盈余分配，县级以上示范社超过20万家，合作社发展质量显著提升。

《意见》明确了规范合作社发展的主要任务。要求合作社发挥章程的规范作用，依法登记注册，明晰产权关系，完善协调运转的组织机构，健全财务管理制度，建立成员账户和管理档案，公平合理分配收益，定期公开社务，坚持诚信经营，稳妥开展信用合作，推进信息化建设。

《意见》要求充分发挥政策激励和导向作用，进一步完善财政税收金融等支持政策，重点扶持运行规范的合作社。各级财政要增加合作社发展资金，扩大农村土地整理、农业综合开发等涉农（林）项目由合作社承担的规模，允许财政项目资金直接投向符合条件的合作社，允许财政补助形成的资产转交合作社持有和管护。落实和完善合作社税收优惠政策，支持合作社发展农产品生产加工流通。对信用等级较高的合作社在同等条件下实行正向激励措施，提供贷款担保服务，有条件的地方给予贷款贴息，创新适合合作社生产经营特点的保险产品和服务。合作社生产设施用地和附属设施用地按农用地管理，在国家年度建设用地指标中单列一定比例专门用于合作社等新型农业经营主体建设配套辅助设施，合作社从事种植、养殖的用水用电及本社成员农产品初加工用电执行农业生产相关价格。

《意见》强调，要加强组织领导，强化指导服务，健全推进合作社持续健康发展的工作机制。要求全国农民合作社发展部际联席会议成员单位要充分发挥职能作用，各地要建立相应的工作机制，明确和落实各自职责，合力推进合作社规范化建设。加强合作社辅导员队伍建设，建立多层次的指导服务体系。深入开展示范社建设行动，积极开展示范社评定，建立示范社名录，实行示范社动态监测，引导带动合作社规范发展。坚持内部培养与外部引进相结合，加强合作社人才队伍建设。

2.1.1.6　制定年度报告公示制度

2014 年 8 月，国家工商总局发布《农民专业合作社年度报告公示暂行办法》，共 21 条，对立法目的、适用范围、报告时间、管辖分工和报告责任等方面作了规定。根据《办法》，农民专业合作社向工商部门报送年度报告的时间为每年 1 月 1 日至 6 月 30 日。当年开业（设立）登记的，自下一年起报送。农民专业合作社的登记机关负责农民专业合作社的年度报告相关工作。农民专业合作社对其年度报告内容的真实性、及时性负责。

《办法》要求农民专业合作社通过企业信用信息公示系统向工商部门报送年度报告，并向社会公示，有别于个体工商户年度报告可以采用企业信用信息公示系统和纸质书面方式两种报告方式，可以自主选择其年度报告内容是否公示的规定。农民专业合作社年度报告的暂行办法与个体工商户年度报告的暂行办法名称上的区别也来源于此，多了"公示"二字。农民专业合作社的年度报告内容包括：行政许可取得和变动信息、生产经营信息、资产状况信息、开设网站或者从事网络经营的网店信息、联系方式信息和国家工商总局要求报送的其他信息。农民专业合作社年度报告内容比个体工商户年度报告内容多了"资产状况信息"。

《办法》规定，工商部门对农民专业合作社年报公示信息进行随机抽查。抽查工作由省级工商部门参照《企业公示信息抽查暂行办法》所规定的抽查比例、抽查方式和抽查程序组织实施。抽查的名单和抽查结果应当通过企业信用信息公示系统公示。公民、法人或者其他组织发现公示信息隐瞒真实情况、弄虚作假的，可以向工商部门举报。工商部门自收到举报材料之日起 20 个工作日内进行核查，予以处理，处理结果应当书面告知举报人。

《办法》规定了 3 种涉及农民专业合作社的法律责任：一是不按规定报送年度报告的，二是在年度报告中隐瞒真实情况、弄虚作假的，三是通过登记的经营场所或经营者住所无法联系到的。考虑到农民专业合作社成员作为法人组织，相对交易人有了解其信用情况的需求，但同时，由于农民专业合作社以农民为主体，市场地位和主体能力有待提高，仍要以鼓励发展为主。《办法》规定了对农民专业合作社采用经营异常名录的信用管理方式，但没有采用黑名单制度。这样既有利于提醒公众注意交易安全，也有利于促使农民专业合作社履行法定义务。

2.1.1.7 加强金融保险服务

2014 年 2 月，中国人民银行发布《关于做好家庭农场等新型农业经营主体金融服务的指导意见》。要求切实加大对家庭农场等新型农业经营主体的信贷支持力度。各银行业金融机构对经营管理比较规范、主要从事农业生产、有一定生产经营规模、收益相对稳定的家庭农场等新型农业经营主体，应采取灵活方式确定承贷主体，按照"宜场则场、宜户则户、宜企则企、宜社则社"的原则，简化审贷流程，确保其合理信贷需求得到有效满足。重点支持新型农业经营主体购买农业生产资料、购置农机具、受让土地承包经营权、从事农田整理、农田水利、大棚等基础设施建设维修等农业生产用途，发展多种形式规模经营。鼓励银行业金融机构在信用评定基础上对农民合作社示范社开展联合授信，增加农民合作社发展资金，支持农村合作经济发展。

中国银监会连续下发《关于金融支持农业规模化生产和集约化经营的指导意见》和《关于推进基础金融服务"村村通"的指导意见》，要求在继续做好农户服务的基础上，把符合规模化、专业化、标准化要求的联户经营、专业大户、家庭农场、农民合作社等农业规模经营主体作为支持重点。

2014 年 3 月，保监会印发《保险业服务新型城镇化发展的指导意见》，提出研究开发针对家庭农场、农业生产大户、龙头企业、合作组织的保险产品。

2014 年 5 月，中国人民财产保险股份有限公司与农业部农村合作经济经营管理总站就建立政策性农业保险业务合作关系，在京签署《推进政策性农业保险战略合作协议》。根据战略框架协议，双方将在政策性农业保险的制度设计、宣传动员、组织投保、保费收取、承包理赔到户和业务培训等方面广泛开展合作。双方将指导人保财险省级分支机构和各省级农村经营管理部门，根据农业政策和地方政府的相关规定，并结合实际情况、参照本框架协议的精神，在自愿平等的基础上签订具体合作协议，确定合作内容、权利义务关系等，由人保财险所属分支机构委托基层农村经营管理机构协助开展政策性农业保险工作。

2.1.1.8 加强培训工作

2014 年 3 月，教育部办公厅和农业部办公厅联合印发《中等职业学校新型职业农民培养方案试行》，中等职业学校将培养适应现代农业发展和新农村建设要求的新型职业农民，招生重点为专业大户、家庭农场经营者、农民合作社负责人和农村基层干部等。

2014 年 8 月，农业部办公厅、财政部办公厅印发《关于做好 2014 年农民培训工作的通知》，要求大力实施新型职业农民培育工程，构建一支"有文化、懂技术、会经营"的新型职业农民队伍。《通知》指出，新型职业农民分为生产经营型、专业技能型和社会服务型三类。生产经营型主要包括专业大户、家庭农场主、农民合作社骨干等；专业技能型包括长期、稳定在农业企业、农民合作社、家庭农场等新型农业经营主体中从事劳动作业的农业劳动力；社会服务型包括长期从事农业产前、产中、产后服务的农机服务人员、统防统治植保员、村级动物防疫员、农村信息员、农村经纪人、土地仲裁调解员、测土配方施肥员等农业社会化服务人员。《通知》要求，实训基地要加强与国家现代农业示范区、高产创建示范片、农业科技创新与集成示范基地、农民合作社人才培养实训基地、农业企业基地结合。

2.1.1.9 其他相关扶持政策

2014 年，农业部和中国气象局联合开展面向新型农业经营主体的直通式气象服务，以规模化农业种养大户、农机大户及农机、植保、渔业等专业化服务组织和家庭农场、农民合作社、农业企业等新型农业经营主体为服务对象，及时提供农业气象信息服务。

2014 年 8 月，水利部、国家发展改革委、民政部、农业部、工商总局联合发布《关于鼓励和支持农民用水合作组织创新发展的指导意见》，指出创新农民用水合作组织发展是适应农业生产经营方式转变的必然选择，是建立农田水利建设与管理新机制的重要基础。要从完善功能定位、创新发展方式、拓展服务范围、引导大户带头 4 个方面创新农民用水合作组织发展。要从依法登记注册、明确组建方式、完善管理机制 3 个方面规范农民用水合作组织建设。要从安排建设投入、促进全程参与、推进产权改革、落实管护经费、加强能力建设 5 个方面扶持农民用水合作组织发展。

2.1.2 地方扶持政策

2014 年 1 月，重庆市工商局、市农委联合出台《关于开展农民专业（股份）合作社联合社登记工作的意见（试行）》，规定联合社的设立组建和登记管理参照农民专业合作社，并享受相关优惠政策，工商部门和农业部门建立信息沟通和共享机制，共同做好联合社登记管理、跟踪服务与指导工作。

2014年，山东财政筹集资金35.3亿元，支持培育农业新型经营主体，构建完善农业新型经营体系。为了壮大农民专业合作组织，筹集资金3亿元，逐步将具备条件的农业基础设施建设项目交由合作组织承担，允许合作组织申报和实施财政支农项目，允许财政补助形成的资产转向合作社持有管护。为提升农业产业化水平，山东筹集财政资金8.6亿元，大幅度增加农业综合开发产业化经营项目投入，实施农业产业化龙头企业以及远洋渔业、林业贷款贴息项目，支持农民专业合作社兴办农产品加工流通项目。同时规定，农民专业合作社享受国家和省级有关扶持中小企业、民营经济发展和涉农经济活动的优惠政策，农业补贴也将向合作组织倾斜。

2014年7月，甘肃省发布《关于进一步加快农民合作社发展的意见》，将从财政、项目实施、工商、税收、金融、用地、配套用电和农产品运输等方面入手，为农民合作社发展创造条件。

自2014年10月1日起《天津市农民专业合作社促进条例》正式实施，这是我国首部旨在促进农民专业合作社发展的地方性法规，标志着天津市农民合作社进入了依法发展的新阶段。《天津市农民专业合作社促进条例》共有40条，其中涉及对农民专业合作社鼓励、扶持、促进的具体内容就有22条。

2014年6月，江苏省农机部门发布《2014年江苏省农机购置补贴政策新变化》，2014年农机购置补贴政策重点将农民合作社从农业生产经营组织中单列出来，重点补贴。江苏省农机局和中国民生银行开展农机合作社融资贷款试点工作，2014年拟定总授信人民币为1亿元。

2014年，新疆出台《自治区财政扶持农民合作社担保贷款管理办法（试行）》，明确在新疆维吾尔自治区依法登记设立，依照合作社章程进行共同生产、经营、服务活动的农民合作社，均可申请贷款担保。农民合作社担保贷款资金由中央和自治区财政预算安排，专项用于开展农民合作社贷款担保。农民合作社担保贷款金额不低于担保资金余额的5倍。贷款担保支持的范围包括农业生产资料、农机具、大型牲畜的购买及建造棚圈，农产品的销售、加工、运输、贮藏，开展"农社对接""农超对接"，优质品牌培育等方面。单个合作社担保贷款额度控制在10万～300万元，根据合作社实际资金需求及风险承受能力确定。贷款期限最长不超过2年。合作社担保贷款利率实行优惠利率，原则上不高于同期农户贷款平均利率水平。

2014年，安徽省合肥市出台《关于金融支持新型农业经营主体发展的指导意见》，明确提出，对获得市级及市级以上的示范性经营组织，可根据其经营状况、资信水平等因素及时授信。对龙头企业、农民合作社等新型农业经营主体联合设立"联保基金"等贷款风险抵押金的，银行业金融机构可给予5～10倍的授信额度。

2.2 财政项目

2014年，合作社得到了更多"真金白银"：中央财政农民合作社发展资金增加到20亿元，比上年增长7.5%；中央财政现代农业生产发展、小型农田水利建设、农业科技推广、农业综合开发等项目加大了对合作社的支持力度；落实和完善合作社有关税收优惠政策，减免税收约20亿元。

2.2.1 农民合作社贷款担保保费补助试点

2014年，为创新财政资金支农方式，探索解决合作社贷款融资难题，农业部选取农民合作社发展条件较好、有一定农业担保业务基础的北京、吉林、湖北、浙江、重庆等省市，开展农民合作社贷款担保保费补助试点，各选定1个省级或地市级农业担保机构作为项目实施主体，为农民合作社提供低费率担保服务。共安排补贴资金910万元，对农业担保机构担保费率低于银行同期贷款基准利率50%的农民合作社担保业务给予补助，补助比例不超过银行同期贷款基准利率50%与实际担保费率之差。试点工作为124个合作社提供担保贷款160笔，总担保金额为30 326.2万元，平均每社获得担保贷款244.6万元，担保贷款放大比例高达1：33.3。

通过补助农民合作社贷款担保保费，充分发挥了财政资金"四两拨千斤"的杠杆效应，有力撬动了金融资本对合作社的支持，打开了金融机构对合作社的信贷大门，加大了对合作社贷款融资需求的支持力度，缓解了合作社发展资金需求压力，降低了合作社融资成本，增强了合作社自我发展能力，提升了合作社规范化水平，初步探索形成了试点地区政府扶持、金融资本参与的合作社信贷支持体系。

2.2.2 各类产业项目

2014年实施的各类产业项目中明确规定可由农民合作社申报实施的主要有：农业部的粮棉油糖高产创建项目、农业信息化试点项目、农产品产地初加工补助项目、优势农产品重大技术推广项目、农技推广与体系建设专项经费（农机）项目、农产品促销项目、农业标准化实施示范项目、农业产业化项目、渔业政策性保险试点项目、现代农业人才支撑计划项目、农村实用人才带头人培训项目、农业综合开发农业部专项项目、一村一品特色产业项目、养殖小区和联户沼气工程试点项目、全国测土配方施肥补贴项目、农业机械购置补贴项目及园艺作物标准园创建项目；其他部委的包括财政部的国家农业综合开发产业化经营项目、农业综合开发存量资金土地治理项目、农业综合开发林业项目、农业综合开发新型合作示范项目等，国家发改委的奶牛标准化规模养殖小区（场）建设项目、生猪标准化规模养殖场（小区）建设项目，科技部的农业科技成果转化资金项目，供销合作总社的新农村现代流通服务网络工程专项资金，商务部的农产品现代流通综合试点项目、共青团中央的农村青年创业就业行动。

比如，农业部《关于做好 2014 年农产品产地初加工实施工作的通知》指出，补助范围是 2014 年新建的马铃薯贮藏窖、果蔬保鲜库和烘干设施，补助对象是承担项目实施的农民专业合作社和农户，每个专业合作社补助数量不超过 5 座，每个农户补助数量不超过 2 座。中央财政资金对纳入目录的各类设施实行全国统一定额补助，采取"先建后补"方式。按照规定程序申报并获得批准建设完成的初加工设施，经县级农业、财政等部门组织验收合格后，由县级财政部门向实施对象兑现补助资金。

农业部办公厅、国家农业综合开发办公室《关于印发 2014 年农业综合开发农业部专项项目申报指南的通知》中，农民合作经济组织可申报园艺类良种繁育及生产示范基地项目、畜禽良种繁育项目、秸秆养畜联户示范项目，其中园艺类良种繁育及生产示范基地项目同等条件下优先扶持农民专业合作经济组织。

《2014 年国家农业综合开发产业化经营项目申报指南》规定，一般产业化项目扶持范围为农产品、经济林、设施农业种植及畜禽水产养殖等种植养殖基地，农产品加工，储藏保鲜、产地批发市场等流通设施。扶持对象为符合农业综合开发立项条件的农业产业化龙头企业和农民专业合作社。

2014 年，全国各地也加大了对合作社的资金支持。河北拨发 1 700 万专项资金扶持农机合作组织，采取先建后补、集中报账的办法进行，获得农业部农机合作社示范社称号及土地流转达 1 000 亩以上的农机合作社和家庭农场可优先扶持。黑龙江省第一次将农民合作社列入国家粮食仓储设施建设投资计划。江西省安排专项资金扶持农民合作社示范社建设，扶持资金在全省范围内公开申报，申报主体分为省级示范社、联合社两大类；省级示范社要求是生产食用农产品的农民合作社，其产品必须以合作社名义获得"三品"（无公害产品、绿色食品、有机食品）中一项认证，且在有效使用期限内；对已获得 2012 年、2013 年、2014 年中央财政和省财政扶持的农民合作社，此次不可申报；联合社要满足成员社 3 个以上、入社农户总数 450 户以上，且其中一个成员社必须为省级示范社等要求；每个合作社、联合社可申报扶持额度为 15 万元。北京市门头沟区出资 5 000 万元，在全市率先建立了农村发展基金，专门用于帮助农户及合作社解决贷款难等问题；基金通过贷款贴息、担保费补贴、配套资金以及贷款担保等 7 种方式对农户及合作社进行补贴；申请人可申请一种或几种补贴项目，并按时向区发改委提供相应申报资料，所申报的项目经过项目所在镇、区发改委（区农委）、专家评审会、区基金领导小组的 4 轮审查后，就可以拿到补贴。山东省财政积极探索增加农民财产性收入的渠道，将财政补助农业龙头企业形成的资产，30％以上的股份交由农民或农民专业合作社代表农民持有，以此来增加农民财产权利。重庆市推出两项新政改善农民合作社融资难：一是市财政投入 3 000 万元，向社会募集 7 000 万元，依托市农业资产公司设立农民合作社创投基金 1 亿元；二是市财政投入 2 000 万元，供销系统投入 6 000 万元，总投资 8 000 万元，依托供销系统区域性小贷公司开展农民合作社专项小额贷款，先期在涪陵、大足区成立区域性小贷公司。河南省启动实施 2014 年肉牛基础母牛扩群增量项目，尉氏、洛宁、宜阳等 23 个项目县（市）内肉牛基础母牛存栏 10 头以上（含 10 头）的饲养场户、合作社，以及全省肉牛基础母牛存栏 500 头以上的饲养场户，均可在自愿申报的基础上，享受到河南省肉牛基础母牛扩群增量项目补贴。

2.3 宣传指导

随着合作社不断发展壮大，全社会对农民合作社的认知度不断提高，合作社及其产品的知名度不断攀高，合作社的宣传指导工作也呈现出了一些新特色。

2.3.1 通过新媒体平台扩大宣传力度

2014 年，《中国农民合作社》开发上线运行期刊读者会网站，接驳"中国农民合作社微信公众号""中国农民合作社微博""中国农民合作社博客""中国农民合作社 QQ 群"等新媒体客户端，实现了线上线下资源整合、互促互动融合发展。微信公众号、官方微博关注人数均达到 15 000 人，微社区累计访问量突破 10 万人次。陕西省农民专业合作社联合会创建并运营陕农联微信公众平台，搭建陕农联电子商务平台。

2.3.2 通过组织主题活动营造良好氛围

农业部管理干部学院组织开展"农合之星"暨三优推介活动，通过推优评先树立发展典范，提升社会认知，营造积极氛围。《中国农民合作社》以创刊五周年为契机，举办"我与《中国农民合作社》期刊共成长"征文活动、"中国合作经济中青年学者工作坊暨《中国农民合作社》创刊五周年"座谈会等，引发社会大众和学者对合作社发展的更多关注。四川省绵阳市联合《绵阳日报》《绵阳晚报》等媒体对农民合作社发展典型经验进行系列专访，提升合作社影响力。

2.3.3 通过联合社主体加大宣传指导力度

越来越多的联合社在宣传指导合作社发展方面开始发挥积极作用。北京市农民专业合作社联合会成立，为 200 多家成员社开发个性化网站，先后与 10 多家涉农社会组织和企业对接建立合作关系，组织合作社参加各类产品交易会和展览会。吉林省农民专业合作社联合会为多有成员社免费订阅《中国农民合作社》期刊，在吉林省农民合作社信息网为 200 多家会员单位建立网上产品展厅，推荐 50 多家会员产品进入城市社区。贵州省农民专业合作社联合会在北京开设运营 20 多家贵州特产连锁店，在农展馆全国特色农产品精品馆开设了多彩贵州馆。

2.4　教育培训

2.4.1　中央政府部门加大培训力度

农业部 2014 年全年举办合作社专题培训班 19 期，累计培训理事长和辅导员 2 208 人次。作为培训具体组织实施部门，农业部管理干部学院秉承"宣传合作社、服务合作社"的宗旨，培训工作呈现出新特点。一是围绕中心工作加大政策宣贯和成果转化力度。紧紧围绕中央和部党组关于推进农村改革、现代农业建设和合作社发展的精神和部署，设置土地承包经营权流转、培育新型农业经营主体、发展规模经营、合作社规范化建设与扶持政策等政策宣贯课程。组织编写《农民合作社热点问题面对面》《农民专业合作社辅导员百问百答》等培训教材，充分发挥研究对培训的支撑作用。二是加大"走下去、请上来"的培训力度。相继赴四川、甘肃、铁岭、密云等地，为当地农民合作社理事长和辅导员举办专题培训班，提高他们发展合作社、服务合作社的能力水平。聘请经验丰富的理事长、辅导员和企业家等一线工作者进课堂，讲述创业故事和管理经验，学员听得亲切，学得明白，引起强烈反响。三是重点提升示范社的规范运行和市场竞争能力。面向国家级、省级、市级、县级示范社，重点讲授规范化建设、财务管理、产品营销、品牌建设等内容，提升合作社自我发展水平和示范带动能力。四是引入参与式培训调动学员主动性。采用课程回顾、结构式研讨、学员沙龙、训后评估、跟踪服务等形式，让学员重温学习内容，交流学习心得，增进感情友谊，加强学以致用，使学员由"配角"变为"主角"。

一年来，合作社培训工作取得了显著成效，合作社理事长和辅导员通过专业和系统培训，实战工作能力有了大幅度提升。

2.4.2　地方政府创新培训方式

按照中央有关工作部署，配合农业部具体工作要求，各地在服务合作社人才建设方面也不断推出新举措。河南省按照"分类指导、分级负责、注重实效、方法灵活"的原则，组织合作社辅导员、理事长及财务人员等进行业务专题培训，提高合作社各类管理人员的素质，2014年全省累计培训合作社人才5万人次。强化对市、县两级合作社辅导员的培训，重点构建市县两级辅导员队伍体系建设。北京市在密云县试点开设高等教育自学考试现代农村经济管理专业（合作社方向）（专科），第一期学历班共有95名学员参加。北京市农职院和密云县农合中心共同开展了自学考试辅导班，全年共开设5个科目（合作社会计、合作社建设与管理、农村合作社金融与保险、合作社项目申报与管理和农村人力资源开发与管理），每年组织两次专场考试。江苏省与台湾新竹县农会签订交流合作协议，每年组织2批农民合作社辅导员、理事长赴台专题培训学习，学习农会经营理念和运作模式。编印出版《江苏农民专业合作社案例评析》，为合作社发展提供鲜活的"接地气"的范本。湖北每年对全省辅导员、合作社重点人才实行全覆盖轮训，组织近200名合作社理事长和辅导员赴台学习农民合作社管理经验。

通过课堂＋实地、国内＋国外等各种方式，地方合作社人才队伍建设出现了可喜局面，理事长综合能力和水平得到显著提高。

2.5 产销对接

2.5.1 展示展销

第十二届中国国际农产品交易会暨第三届中国山东国际农产品交易会经过4天的展示交易，10月28日在青岛落下帷幕。农交会组委会秘书长、农业部市场与经济信息司司长张合成作大会总结介绍，本届农交会各展团组织和举办的现场推介和对接活动达27场，现场贸易额达467.03亿元、现场销售额达3.3亿元。本届农交会主题鲜明、内容丰富、亮点突出。一是省级展团参展规模创历届之最，山东、浙江、黑龙江等12个省区的参展面积都超过1000平方米。二是展会功能更加完善，首次将现场销售、贸易洽谈和产品展示三项功能融为一体，统一设计，合理布局。三是交流活动专业性强、档次高、影响大，将中国兽医大会、农业信息化高峰论坛首次纳入农交会重大活动，和风险管理与农业发展研讨会等同期活动一起成为行业内的顶级盛会，吸引了国内外专家学者及相关企业代表踊跃参加。四是展会服务更加专业化、规范化，开设了采购商和专业观众专场，提供了宣传推介、洽谈服务、登录注册等现场设施，实施了个性化的物流仓储服务，提升了展会服务能力和品质。

8月30日上午，2014中国安徽（合肥）农业产业化交易会在安徽国际会展中心开幕，省委书记张宝顺、省长王学军，农业部副部长陈晓华，省委副书记李锦斌等领导巡视农交会展馆。本次展会从8月30日到9月1日持续3天，1000多家省内外企业参展，参展绿色、有机食品 1 200 余种。展馆设室内、室外展厅。室内展厅 2.4 万平方米，设省内 16 个地市的展区，上海、河北等省外龙头企业展区，大型国家级龙头企业展厅，行业展区，台湾展区等，重点展示安徽农业产业化发展成就和全国名优农产品，同时展示台湾特色农产品以及开展物联网技术、电子商务演示和体验，室外广场区 1 万平方米设奇瑞农机展区。安庆展区的岳西华之慧公司推出的新研发的红心猕猴桃，在展会开始不到 1 个小时时就被抢购一空。参展企业与采购商互通了联系方式，并很快要再运送产品，满足农交会的需求。企业的工作人员告诉记者，通过龙头企业与合作社合作生产加工产品，现在公司年产值 1 个亿。

2.5.2　农超对接

根据甘肃省商务厅、甘肃省财政厅《关于印发 2014 年甘肃省农超对接试点工作实施方案的通知》，2014 年，甘肃省决定在张掖、平凉、陇南、兰州 4 市开展省级"农超对接"试点工作，每个试点城市选择 1 家大型连锁超市或农产品流通企业，促进企业与农产品种植基地、农民专业合作社实现对接。为了做好省"农超对接"试点项目实施企业的申报、遴选和推荐工作，保证项目有效实施，兰州市商务局开始进行项目申报工作。省财政厅于 6 月底拨付项目补贴资金 60%，9 月底前所有资金拨付到位。市商务局、财政局根据补贴资金到位情况并结合项目验收结果，及时将补贴资金拨付项目实施主体。

2.5.3　农社对接

湖北省申请了全省农民合作社产品公共品牌——"楚合"商标，将全省开展"农社对接"的合作社纳入到"楚合商城"销售平台，设计标志，统一门店形象，实现品牌、门店、人才等资源大整合，建立工商、税务、卫生、电力、城管、街道等部门协调机制，解决合作社在销售过程中遇到的各种困难。"楚合商城"网店已经有 447 家合作社入驻，产品 971 个。线下已建有 1 898 家"楚合商城"实体连锁店，面积达到 10 万平米，覆盖 1 721 个城镇社区，消费者达到 536 万人，累计销售额已超过 10 亿元。此外，省农业厅与中国电信合作，开发楚合商城手机 APP，让"楚合商城"得到更多消费者的青睐和信赖。

江西省为合作社农产品进城市社区搭建平台，省农业厅积极开展"农社对接"，引导合作社农产品进入城市社区。该省已有 1 504 家合作社在城市社区建立了 1 960 个直销店，覆盖社区数 1 812 个，覆盖消费人群数 2 357 万人。

2.5.4　农校对接

湖北省黄冈市是农产品资源丰富的农业大市，武汉高校拥有 150 多万在校师生的消费大市场。资源互补，合作共赢。5 月 29 日，黄冈·武汉高校农产品产销洽谈会在黄州举行，开启黄冈与武汉高校农校对接"快车道"。黄冈市农产品资源丰富，粮食、油料、茶叶、生猪、家禽、中药材等农产品总量均居全省前三位，45 个国家地理标志保护农产品居全国地级市之首，长期以来一直是武汉高校农产品的优质货源地。黄岗市已有 7 家企业常年向武汉 13 所高校院所供应农产品 1.5 万吨，包括蔬菜、大米、食用油和畜产品，服务高校师生达 51.5 万人。武汉大学、华中科技大学等武汉 20 所高校参加洽谈会。会上，华中科技大学、武汉大学、武汉科技大学、武汉生物工程学院分别与黄冈东坡粮油集团有限公司、黄冈市泽阳商贸有限公司、中粮粮油工业（黄冈）有限公司签订了协议。

2.5.5　农餐对接

广东省商务厅、省农业厅于 9 月 26 日联合在广州市中国进出口商品交易会琶洲展馆举办"2014 广东省农超农餐对接会"。本次对接大会借助第四届中国餐饮业联合采购大会平台举办，其中农超对接会特装展区面积约 300 平方米，50 家农业合作社和农业龙头企业，20 家大中型连锁超市，20 家餐饮龙头企业，10 家团餐配送龙头企业，以及 21 个地级以上市、顺德区商务主管部门和农业局代表，共约 200 人参加了对接会。据统计，本次第四届中国餐饮业联合采购大会现场成交额为 1 023 万元，面谈客户 9 163 家。其中，农超农餐对接区成交额为 285.6 万元，占全场成交总额的 28%，面谈客户 1 978 家。由广东省农民专业合作推广中心创建了"省农民合作社农产品展示直销中心"。直销中心的创建以成立广东省农民专业合作社联合社为载体，以"政府部门搭台、经营主体唱戏、市场机制运作"为建设原则，拟建立优质农产品直销、电子商务等现代经营项目。

3 区域

ZHONGGUO NONGMIN ZHUANYE HEZUOSHE FAZHAN BAOGAO （2014）

北京：创新思路　提升农民合作社水平

截至 2014 年年底，北京市工商登记注册的农民专业合作社达到 6 450 个，其中：种植业 3 924 个，养殖业 1 393 个，其他 1 133 个。正式登记注册的合作社成员 17 万个，辐射带动农户 46 万户，占全市从事一产农户总数的近 3/4，合作社成员出资总额达到 85.4 亿元。

开展农民专业合作社市级示范社监测考核和动态管理。按照《关于对本市农民专业合作社市级示范社实行监测考核及动态管理的通知》（京政农发〔2013〕26 号）的要求，北京市从 2014 年起对 150 家市级农民专业合作社示范社进行监测考核及动态管理。经过监测考评、确定了有 141 家合作社监测考核合格，继续保留北京市农民专业合作社市级示范社称号。

开展农民合作社贷款担保补助费试点。2014 年，北京市委与北京市农担公司承担了农民专业合作社贷款担保费补贴试点任务。2014 年，北京农担公司累计为 36 家（次）合作社、102 户合作社成员提供了贷款担保，总担保放款金额 11 076.8 万元，其中：以合作社为申请人的担保项目金额共计 6 398.4 万元，占 2014 年农民专业合作社及社员贷款担保项目总金额的 58%；以合作社社员作为申请人的担保项目金额共计 4 678.4 万元，占比 42%。

开展农民专业合作社带头人专科学历教育试点。经全国高等教育自学考试指导委员会办公室批复，北京市农委、北京市教育考试院决定在北京合作开考高等教育自学考试现代农村经济管理专业（合作社方向）（专科）。试点范围选定密云县，主考院校为北京市农业职业学院。2013 年 12 月，北京市农委和北京教育考试院联合下发了《关于合作开考高等教育自学考试现代农村经济管理专业（合作社方向）（专科）的通知》（京政农发〔2013〕25 号），公布了考试计划和 2014 年课程考试时间安排。经密云县农合中心组织报名，第一期学历班共有 95 名学员参加，由密云县农合中心负责将所有报考学员的详细信息录入到了全国自考网。

成立北京市农民专业合作社联合会。北京市农民专业合作社联合会于 2014 年 3 月 29 日正式成立。第一批加入联合会的 200 家合作社选自 10 个远郊区的 150 家市级示范社、12 家区县联合社和 38 家区县级示范社。北京市农民专业合作社联合会于 2014 年 3 月 29 日正式成立。第一批加入联合会的 200 家合作社选自 10 个远郊区的 150 家市级示范社、12 家区县联合社和 38 家区县级示范社。联合会从三个方面实现了对郊区合作社的服务创新。一是负责北京市农民专业合作社以及涉农领域社会组织的联络、协调和管理工作，成为全市涉农社会组织的牵头单位。二是大力加强信息化建设，在联合会开发的官方网站中，为200家会员合作社建立了门户网站群，集中向社会展示合作社建设成果和优质特色农产品。三是建立了网上专家辅导员、志愿者服务团队，对合作社互联网群和运营管理实行统一托管和定制化服务。

天津：多措并举促进合作社提质增效

截至2014年年底，全市工商登记注册的农民合作社达到6 694家，比2013年年末新增1 500多家。

深入开展合作社示范社创建行动。和市财政局联合下发了《关于评选2014年度市级和市级示范农民合作社的通知》，指导合作社完善章程制度、明晰资产权属、规范财务核算和利益分配关系。加大资金扶持力度。加强人员培训。编印《津郊农民合作社风采》。收集了25家农民合作社典型资料，编撰完成《2014年津郊合作社风采》，树立了一批可学、可看、可比的典型合作社。引导发展土地股份合作社。累计发展整村建制土地股份合作社37家，累计入股土地11万多亩，入社农户1.4万余户。探索组建区县销售联合社。组织西青区、宝坻区、武清区、静海县有关同志考察江苏省苏合联合社和安徽省徽润联合社建设情况，引导有积极性的区县依托市级示范社组建农产品销售联合社。起草了《天津市农民专业合作社促进条例》。经第十六届人民代表大会常务委员会第十一次会议审议通过，于2014年10月1日施行。

河北：把握"五个坚持" 确保农民合作社健康有序快速发展

截至2014年12月底，全省依法登记的农民合作社达到81 581家，实有入社成员546.1万户，加入农户占全省总农户的35.2%，已覆盖到全省94%的行政村。

一是坚持把发挥农民主体作用作为加快合作社发展的坚实基础。二是坚持把政府支持作为加快合作社发展的基本前提，出台了《关于促进和支持农民合作社发展的若干意见》《关于鼓励和支持农民专业合作经济组织加快发展的若干意见》等文件，在财政、金融、税收等方面制定出台了20条扶持政策。三是坚持把典型示范作为加快合作社发展的主要方法。各地把扶持典型、树立样板，充分发挥典型的示范带动作用，作为指导工作的有效方法和突破口。先后于 2008 年、2010 年和 2014 年组织开展农民合作社示范社建设行动，共评选出国家级示范社 170 家、省级示范社 683 家、市级示范社 1 200 多家。示范社领着农民干，做给农民看，通过典型示范、抓点带面，有效激活了全局。四是坚持把龙头企业作为加快合作社发展的重要带动力量。通过鼓励和引导龙头企业开展合作服务，可以从根本上解决合作社的市场开拓难题和龙头企业原材料供应问题，把分散经营的农户导入农业产业化经营链条，真正形成产加销一体化的利益共同体。五是坚持把规范运作作为加快合作社发展的根本动力。出台了《河北省农民合作社规范化管理意见》，突出抓好五项基本制度建设，即民主管理制度、财务管理制度、成员管理制度、农产品生产记录制度和信用管理制度，引导农民合作社率先成为遵守法律和行政法规、遵守社会公德和商业道德、诚实守信开展生产经营活动的典范，增强他们可持续发展的市场竞争力。

江苏：创新发展农民合作社

截至 2014 年，全省农民合作社总数 7.01 万家，入社农户总数 1 037 万户，农户入社比例达到 72.2%。

借鉴典型，拓宽农民合作社发展理念。 一是学习借鉴台湾农会发展经验。采取走出去、引进来的方式，不断创新示范引导。2013 年，与台湾新竹县农会签订交流合作协议，每年组织 2 批农民合作社辅导员、理事长赴台专题培训学习，学习农会经营理念和运作模式。开展综合社试点，探索集生产、加工、销售、信贷、保险、信息、科技等功能于一体的农民合作社综合体。2014 年，选择 3 个合作社作为试点单位，将区域内农产品生产者组织起来，引导合作社由单一的合作服务向多方面的合作服务转变。开展综合社试点写进省委省政府 1 号文件。二是推介一批本地发展模式。剖析发展典型，让合作社比学对照。从 2012 年开始，选择 60 多个不同类型、有代表性的农民合作社，集中专题调研，逐一分析解剖，既总结办社特点经验，也列举种种不足。历时 2 年多，编印出版了《江苏农民专业合作社案例评析》。

尊重实践，创新农民合作社发展形式。 一是大力发展农村"三大合作"。在《江苏省农民专业合作社条例》中赋予农村社区股份合作社、农地股份合作社法人地位。积极推广自主经营型的农地股份合作社发展模式，要求农地入股必须实行保底收益，有盈余必须实行二次分配。引导有经营性净资产的村居成立农村社区股份合作社，从事资产经营、管理和投资，探索集体经济新的实现形式。全省纳入政府优先扶持名录的农地股份合作社、农村社区股份合作社分别为 1 225 家、436 家，农户入股土地面积 470 万亩，量化净资产总额431亿元。二是鼓励发展多种形态的农民合作社。苏南等地区先后探索发展了劳务合作、富民合作、旅游合作、农民合作社联社等多形式的增收致富的农民合作社。无锡市新区实施"房权换股权"富民政策，组建富民合作社，将被拆迁农民多余、分散的安置房集中入股到富民合作社，由富民合作社集中进行投资、经营和管理，年底按股分红。截至2014年年底，全省有劳务合作社611家、富民合作社517家、农民专业合作联社824家。

双轮驱动，增强农民合作社发展实力。一是推进产销衔接。引导发展"苏合"农产品销售联社，支持合作社在市区开设直销店、直销窗口或自营超市。省统一注册了"苏合"销售联社商标，建立"苏合"销售联社理事长联席会议制度，定期交流活动。连续8年举办江苏省农民合作社产品展销会，每届展会现场销售额1 500万元左右、签订购销协议1.5亿元以上。引导合作社开展网销，宿迁市率先在全省实施"一村一社一网店"建设行动。目前，全省有"苏合"销售联社85家，开设直销店225个，年销售额18亿元以上。二是推进融资改革。针对部分农民合作社贷款难、贷款贵问题，设立财政担保基金，开展农民合作社融资改革试点，撬动金融资本投向合作社。目前，合作银行由2家增加到4家，财政担保基金总额由4 000万元增加到8 500万元，贷款业务覆盖全省各县（市、区）。

安徽：合作社带领成员闯市场　凸显服务效应

截至2014年年底，全省经工商部门注册登记的农民合作社52 508家，较上年增长25.6%。实有入社成员占全省总农户的28%，较上年提高3个百分点。据统计，2014年全省农民合作社经营总收入248.3亿元，盈余总额45.7亿元，同比分别增长25.8%和17.6%。

加大扶持，激发发展动力。设立了支持农民专业合作社发展专项资金，省农发、扶贫项目也给予倾斜扶持。2014年，省财政专项扶持农民专业合作社的资金超亿元。通过调整农村土地适度规模流转补贴政策，让农村土地更多的流向新型农业经营主体，2014年，全省农村承包耕地流转面积2 541.7万亩，其中，农民专业合作社、家庭农场流转土地面积占81.9%。

示范引导，提升发展水平。一是开展农民专业合作社示范社建设行动。每年评定100个省级农民专业合作社示范社，建立了全省国家级、省级、市级农民专业合作社示范社名录。二是开展农民专业合作社示范县创建。在全省选择10个县（市区）开展农民合作社示范县创建活动，发挥县域培育新型农业经营主体的政策集成优势，探索开展融资担保、联合发展、全程社会化服务、股份合作、合作社内部资金互助等。2013 年、2014 两年已对其中 6 个示范县给予每县 600 万元专项财政支持。

聚集要素，增强发展合力。一是引导农民专业合作社成立联合社。2014 年我省出台了《农民专业合作社联合社登记管理暂行办法》，目前全省联合社已达 160 个。二是引导发展产业联合体。总结宿州市经验，在全省开展调研并研究制定扶持办法，引导培育以龙头企业为核心、专业合作社为纽带、家庭农场为基础的农业产业化联合体。三是积极推进股份合作。合肥市在全省率先出台了农村股份合作合作社登记指导意见。目前全省有土地股份合作社 93 家，入社农户 14 097 户，入股土地 95 330 万亩。在 90 个村开展了农村集体产权股份合作制改革试点，量化集体资产达 6.5 亿元。

完善服务，强化发展支撑。一是加强乡镇公益性为农服务能力建设。推进乡镇农技推广综合服务中心建设，为家庭农场、农民专业合作社发展提供农业技术推广、动植物疫病防控和农产品质量安全等农技服务；指导推进乡镇土地流转服务中心建设，初步构建土地承包纠纷调解仲裁体系，为各类新型农业经营主体按照市场化机制流转获得农村土地搭建平台。二是大力培育农业经营性服务组织。采取政府订购、定向委托、奖励补助等方式，引导农业龙头企业、农民合作组织、农业行业协会等服务组织参与农业生产经营服务，在全省各地开展粮食生产三大行动和粮棉油高产创建，把开展全程社会化服务作为项目实施的重要内容。三是提高农村金融服务水平。探索土地承包经营权抵押担保、农业订单融资等担保方式。积极开展农业保险提标扩面试点。稳妥推进农民专业合作社内部资金互助试点，目前，全省开展信用合作（资金互助）试点的农民专业合作社有 93 家，参与资金互助的内部成员 15 617 人，资金互助总额 43 883.81 万元，成员借款 19 184 人次，成员借款总额 37 959.73 万元。

江西：多措并举　推进农民合作社规范发展

截至 2014 年年底，江西省农民合作社 3.22 万家，比去年底新增 0.53 万家，增幅 19.7%；实有社员 153.9 万户，比去年底新增 25.67 万户，增幅 20.6%。

接地气，开展培训送服务。成立了厅农经宣讲小分队分别到萍乡、新余市开展 2014 年春季农业送科技下乡农村政策宣讲，并实行免费送优良种子、送政策资料、送培训服务等"三送服务"；全年共举办 3 期培训班，免费赠送《2014 年春季农业送科技下乡政策宣讲手册》《当代农村集体经济组织财务会计实务》和《当代农村经济管理实务教程》等资料 1 500 册和《农民专业合作社财务会计教程》的光盘 1 600 余张。

抓调度，定期掌握数据情况。为更好地了解全省合作社发展情况，定期要求各地及时上报合作社发展情况表。1月，省工商局与我厅联合印发了《转发〈工商总局、农业部关于进一步做好农民专业合作社登记与相关管理工作的意见〉的通知》，明确规定要进一步促进合作社快速健康发展，积极规范合作社联合社登记，落实建立合作社年报制度等。

促规范，开展示范社建设行动。按照《农业部关于开展国家农民合作社示范社申报工作的通知》要求，省农业厅与省水利厅、省林业厅、省供销社等单位会商有关事宜，联合推荐了南昌县幽兰马游果蔬种植专业合作社等138家作为申报国家农民合作社示范社和推荐新余市孔目江区欧里镇白梅村委农民用水户协会等46家作为全国农民用水合作组织示范组织。

搭平台，推进"农社对接"活动。目前，我省有1 504家合作社在城市社区建立了1 960个直销店，覆盖社区数1 812个，覆盖消费人群数2 357万人。通过开展"农社对接"，合作社配送品种多达619类，销售金额达15.7亿元。

河南：创新方式 破解农民合作社融资难题

截至2014年年底，在工商部门登记注册的合作社近10万家，入社农户480多万户，占农户总数的28.6%，其中：从事粮食生产的31 370家，经营耕地面积600多万亩；农产品销售、加工、运输、储藏的16 751家，与农业生产经营有关的技术、信息等服务20 677家。

加强组织领导。建立河南省农民合作社发展部门联席会议（以下简称"联席会议"）制度。联席会议由省农业厅、省发展改革委、省财政厅、省水利厅、省林业厅、省地税局、省工商局、省供销社、省国税局、河南银监局、省畜牧局、省农机局等部门和单位组成，省农业厅为牵头部门，办公室设在省农业厅农经处。二是将稳步推进财政支持合作社创新试点、完善财政支农项目与农民合作组织对接的政策机制等改革事项纳入了2014省委改革办第一批重点改革事项。

加强制度建设。一是省农业厅会同省发展改革委、省财政厅、省水利厅、省林业厅、省地税局、省工商局、省供销社、省国税局、河南银监局联合制定下发了《河南省农民合作社示范社评定及监测暂行办法》；二是推动合作社立法工作，2015年《河南省实施〈农民专业合作社法〉办法》列入立法调研计划。

做好融资服务。一是加强与国家开发银行河南分行、中国银行河南分行等金融部门的对接，积极做好农民合作社、家庭农场融资服务工作；二是稳妥开展信用合作。指导各地选择一批产业基础牢、经营规模大、带动能力强、信用记录好的合作社开展信用合作试点；对我省合作社信用合作开展风险排查，制定了《河南省防范农民合作社非法集资暂行办法》，随后将以省政府办公厅名义下发。三是探索开展农村土地经营权抵押贷款融资试点工作。联合人行郑州支行、省委农办、省政府金融办、省银监局等部门，制定下发了《河南省农村土地承包经营权抵押贷款暂行办法》。在此基础上，与人行郑州支行等部门研究制定了《关于开展河南省农村土地承包经营权抵押贷款试点工作的指导意见》，目前已完成了会签，近期下发。根据《意见》安排，今年各地将按照自愿原则进行试点申报，省里将选择地方政府积极性高、土地流转比较规范的市、县开展试点。

湖北：金融营销创新　推进农民合作社又好又快发展

截至 2014 年年底，依法登记的农民合作社达到 50 426 家，是《农民专业合作社法》实施时的 50 多倍，农户入社率超过 40%，社员收入普遍比当地农民人均纯收入高出 20%。

金融创新，大胆探索农村合作金融。总结出"四个类型"，有力地促进了农村金融有效供给。一是"政府主导型"：以农民合作社等新型经营主体为核心，政府引导组建区域性农民合作社联合会，政府出资设立担保基金，试点银行提供贷款。今年年初，选择枝江市作为农村合作金融创新试点，成立了以省委副书记为组长，分管金融和农业的两位副省长为副组长的高规格试点工作领导小组，制订了试点方案，省财政出资 3 000 万、县市财政配套 2 000 万设立担保基金，探索农村合作金融模式。10 月份，全省将在 10 个县市扩大试点，并逐步在全省推开。二是"担保公司主导型"：2014 年，我们在襄阳开展担保公司为农民合作社贷款担保试点，当年就有 60 多家农民合作社及社员获得 1.2 亿元的贷款担保，今年我们将此类型在全省推广。三是"合作社＋银行型"：我省宜城市楚梦园农民粮油合作社联社与民生银行合作，联社通过募集担保基金，银行按照一定比例放大为联社社员提供贷款。自 2013 年以来，联合社及其成员每年可以获得民生银行 2 亿元的贷款额度。四是"信用合作型"：宜昌市晓曦红柑橘专业合作社 2013 年在区政府指导下，成立信用合作部，将成员闲散资金募集起来，为临时困难的成员提供生产周转资金，实行专款专账，既解决了社员生产资金问题，又增加了社员财产性收入。在此基础上，我厅还与人民银行联合建立了扶持农村新型经营主体主办行制度。通过多年探索，拓宽了农民合作社等新型农业经营主体贷款渠道。

营销创新，打造"楚合商城"销售平台。2012 年，我省结合湖北实际，大胆创新，开始倾力打造"楚合商城"销售平台，建立网上和实体连锁店相结合的销售渠道。申请了全省农民合作社产品公共品牌——"楚合"商标，将全省开展"农社对接"的合作社纳入"楚合商城"销售平台，设计标志，统一门店形象，实现品牌、门店、人才等资源大整合，建立工商、税务、卫生、电力、城管、街道等部门协调机制，解决合作社在销售过程中遇到的各种困难。目前"楚合商城"网店已经有447家合作社入驻，产品971个。线下已建有1 898家"楚合商城"实体连锁店，面积达到10万平方米，覆盖1 721个城镇社区，消费者达到536万人，累计销售额已超过10亿元。目前，我厅正在和中国电信合作，开发楚合商城手机APP，让"楚合商城"得到更多消费者的青睐和信赖。

湖南：落在实处　切实为农民合作社提供指导服务

截至2014年年底，全省农民合作社总数达到36 315个，是2008年年末数的11.2倍；全省累计有合作社成员195.6万户，占全省农户总数的14.1%。

办党组高度重视示范社建设。和省财政联合下发了《关于做好2014年省委、省政府为民办实事农民合作社省级示范社建设实施工作的通知》（湘政农办〔2014〕5号），对省级示范社建设作出了具体部署。各市州和示范社所在县市区，狠抓示范社的实施工作。长沙、湘潭、衡阳、常德、岳阳、郴州、娄底和自治州等市（州）党委、政府高度重视，层层签订责任状，细化责任，明确职责，推进工作力度很大，到10月底完成了办实事任务的97%。省级示范社的示范带动作用，推动了全省农民合作社的快速发展。

积极组织合作社参加农产品交易洽谈会。9月初，组织保靖茗旺黄金茶产销专业合作社等全省10家规模大、管理好、产品优的农民合作社，近40个品种的农产品，单独设立湖南省农民合作社展区参加2014年中国农产品加工投资贸易洽谈会。

圆满完成人大建议和政协提案办理工作。配合法规处完成了6件涉及农民合作社建设的建议和提案，其中有1件是重点督办提案。办理过程中，承办人员积极与代表、委员们沟通，准确、全面地领会人大代表、政协委员们所提建议和意见的意图，有针对性地做好了答复办理工作，人大代表、政协委员对办理工作满意率100%，并及时将办理意见反馈给省农民专业合作组织领导小组成员单位予以落实。

广东：逐步规范　提升素质　大力推进
农民合作社加快发展

截至2014年年底，全省农民合作社已发展到31 940家，比上年年底增长20%。其中，拥有超百户成员的合作社达1 327家，超千户成员的有20家。

改进管理，合作社发展主体取得新突破。原省扶持发展农民专业合作社联席会议制度更名为"省扶持发展农民合作社联席会议制度"，组成单位由原来的15家增加到17家，形成了多部门协调统一的合作环境。4月份，农业厅与联席会议组成单位之一的省工商局联合贯彻落实工商总局、农业部《关于进一步做好农民专业合作社登记与相关管理工作的意见》，使农民合作社的发展取得"四个突破"：一是突破联合社建设条件。首次明确3个以上农民合作社可注册成立联合社；二是突破出资方式和领域。允许农民合作社成员以农村土地承包经营权、林地承包经营权、农艺技术等可依法转让的非货币财产作价出资；三是突破成员条件限制。放宽合作社及联合社业务范围及农民成员范围，把已迁入城镇居住但仍保留土地承包经营权的居民、国有农（牧、渔、林）场等企业、事业单位中实行承包经营、从事农产品生产经营或农业生产经营服务的职工在注册登记时可视同农民建立农民合作社；四是突破部门框框。建立起农业与工商部门的工作协调机制，形成合力推动合作社发展。

抓实抓紧，合作社三大示范工程建设取得新成果。2011—2013年，共投入1.3亿元建成了15个示范县、100个示范社和55个产地冷库。

推动流通，合作社农产品产销空间取得新拓展。一是推进产销对接；二是谋划直销平台构建。由农经组织处合同省农民专业合作推广中心就创建"省农民合作社农产品展示直销中心"形成工作方案，并已发动30多家实力较强的农民合作社筹资合股参加；三是积极建立直销示范店。

积极探索，"试水""政银保"在摸索中取得新进步。"政银保"是近年农业厅开展的金融支持合作社发展的新探索，省级财政投入5 000万元开展"试水"工作。今年1月份，我厅与省农信联社、省人保公司举行了项目合作启动仪式并签订三方协议；3月份，我厅即与财政厅联合发布项目申报指南和实施方案，为各地工作开展提供指引。首期共有16个地级市，16个财政直管县共211家合作社申报项目立项。到年底，已完成第一批19家合作社贷款"落地"，共发放贷款3 600万元。下一批33家合作社共放贷7 827万元正在按程序加紧办理。

海南：全面深化改革　促进农民合作社更好发展

为落实十八届三中全会精神，2014年1月9日，中共海南省委第六届委员会第五次全体会议通过《中共海南省委关于贯彻落实党的十八届三中全会精神推动海南全面深化改革的实施意见》，提出创新现代农业经营体制。加快构建以农户家庭经营为基础、合作与联合为纽带、社会化服务为支撑的立体式复合型现代农业经营体系。推进农业经营方式创新，培育和发展专业大户、家庭农场、农民合作社、农业企业等新型农业生产经营主体，推动热带特色农业向标准化、品牌化、产业化的现代农业转型。允许财政项目资金直接投向符合条件的合作社，允许财政补助形成的资产转交合作社持有和管护，允许合作社开展信用合作。鼓励和引导工商资本到农村发展适合企业化经营的现代种养业，向农业输入现代生产要素和经营模式。以信息化建设为牵引，完善农业社会化服务体系和农产品流通体系，构建稳定安全的农产品产供销渠道。健全农产品质量检测、质量追溯、市场准入制度，建立品牌成长、发展和保护机制。"

2014 年 5 月，省农民合作社发展厅际联席会议召开会议，认真学习了十八届三中全会精神，讨论和部署了落实十八届三中全会精神，促进合作社发展的具体工作。省农业厅转发了农业部等 9 部委《关于引导和促进农民合作社规范发展的意见》。省农业厅和省工商局、省地税局、省国税局联合印发了《海南省农民专业合作社规范化管理暂行办法》，省农民合作社发展厅际联席会议成员单位联合印发了《海南省农民专业合作社示范社监测认定暂行办法》。2013 年年底，省政府出台了《关于加快推进品牌农业发展的意见》，强调"加快引导涉农企业、农民合作社、家庭农场等市场主体创建品牌。做大做强农业产业化龙头企业，制定扶持龙头企业发展的财政税收、金融信贷、用地水电、基础设施建设、人才培养等方面的优惠政策，力争 5 年培育具有较强实力和自主创新能力、年产值千万元以上的品牌农业企业 100 家。积极创建农民合作社示范社，发展合作社联社，建立农民合作社联席会议制度，按照"宽进严管"的原则加强合作社规范化管理，力争 2016 年国家级、省级、市县级农民合作社示范社达到 500 家。"鼓励合作社开展信用合作，目前海南有 3 家经中国银监会批准的以合作社成员为主的农村资金互助社。

四川：发展与规范并举　推进农民
合作社持续健康发展

截至 2014 年年底，全省经工商登记的农民合作社 47 329 家，比去年同期增加 11 726 家，增长 32.9%。农民合作社现有入社成员 287.6 万户，比去年同期增加 38.6 万户，增长 15.5%，社均成员数达到 60 户。

大力开展示范社建设。深入开展示范社建设行动，重新修订了《四川省农民专业合作社省级示范社评定及监测暂行办法》，严格按照国家农民合作社示范社评定标准和省级示范社评选条件，培育国家示范社 175 家，评选命名省级示范社 200 家。

不断加大扶持力度。2014 年，各级财政加大了财政资金扶持力度，全省 1 429 家农民合作社获得财政资金扶持，比上年增长 38.7％，扶持资金总额达到 3.3 亿元，比上年增长 18.8％；有 134 家农民合作社承担国家涉农项目，比上年增长 10.7％。

继续强化人才培养。举办省级示范社理事长和财会人员及各种专题培训 1 000 余人次，各级农业行政主管部门开展业务辅导员、农民专业合作社理事长和财会人员培训 1 万余人次。

积极搭建营销平台。2014 年，全省有 1 010 家合作社实现"农超、农社、农商对接"，向超市、社区和农产品经销商提供农产品 17.7 亿元，比上年增长 47.5％；第五届合作社优质农产品迎春大联展现场销售金额 669 万元，签订购销合同或意向协议 1.29 亿元。

云南：创新合作社发展方式　实行专业联合与合作

截至 2014 年年底，全省依法在工商部门登记的合作社达 29 817 个，比上年底增了 8 098 个增 37.29％；注册入社成员 62.44 万户，比上年底增长 16.99 万户增 32.93％。

一是创新发展主体。引导和支持农村能人、返乡农民工、基层经营性农技组织和供销社、龙头企业等领办合作社。在农业产业化过程中，龙头企业是引导农民走向市场的重要的组织载体。但是由于它面对的是分散的众多的农户，所以市场交易成本较高；而农户在与龙头企业交易时，往往又因为势力薄而失去了一些应得利益。而符合农业产业化需要并且能够补龙头企业与农户之间"断层"的农民专业合作社，能够成为双方企盼的中介组织。

二是创新发展模式。着力引导推进农民专业合作社联合社，实行按产业组建联社，把联合社建成带动产业发展的龙头社；以县为基础建立合作社联合会，协助政府和职能部门做好合作社的指导服务工作，协调合作社间发展的组织工作；推进土地股权合作、内部要素合作和股份合作，探索农民以承包经营权作价出资合作等发展模式。

三是创新经营机制。首先，从劳动要素、土地要素、资本要素集聚入手，创新规模化经营机制：创新成员发展机制，提升生产者成员规模；创新土地集聚机制，提升土地经营规模；创新资本集聚机制，提升合作社资产规模。其次，从产前服务、产中服务、产后服务提升入手，创新一条龙服务机制：创新产前服务机制，服务成员生产准备，从成员需求较强烈的农资采购供应、土地租赁流转、资金周转服务 3 个方面抓好服务；创新产中服务机制，服务成员生产作业，从成员和农户生产各作业环节的细分服务入手，抓好全程专业服务；创新产后服务机制，服务成员收益实现，以服务成员生产劳动价值实现为目的，建立健全收购销售及相关配套机制。最后，从组织规范、生产规范、管理规范提升入手，创新规范化运行机制：推进组织规范化，彰显合作制属性，合作社要在依法设立和运作基础上，针对成员联结松散，有"合作之名"、少或无"合作之实"的现象，着重创新和改进成员对合作社的产品交售和服务使用机制，提高成员产品统一交售率，提高成员对合作社提供服务的使用率，增强合作社与成员之间生产经营行为和利益联结紧密度，彰显合作之实；推进生产规范化，顺应标准化潮流，建立健全覆盖生产作业各环节、全过程的操作规程和衡量标准，推行"环境有监测、操作有规程、生产有记录、产品有检验、包装有标识、质量可追溯"的全程标准化生产；推进管理规范化，确保制度化发展。

西藏：规范提升农牧民专业合作社提高农牧民组织化程度

截至 2014 年年底，全区共有农牧民专业合作社 2 937 家，注册资金 20.46 亿元，同比增长 54.98%。

各级党委、政府采取有力措施，立足西藏资源优势，围绕肉、蛋、奶、青稞、果蔬、林下资源产品等主导产业，加快农畜产品生产基地建设，以完善利益联结机制为核心，培育壮大龙头企业，规范提升农牧民专业合作社，提高农牧民组织化程度；适应市场需求，强化科技创新，集中力量打造的原特色知名品牌，增强市场竞争力。

规范发展专业合作社。 一是要深入贯彻执行《中华人民共和国农民专业合作社法》组织引导各类合作社依法设立理事会、监事会、建立健全财务等管理制度，优化内部治理结构；二是开展农牧民专业合作社示范社创建活动，着手研究制定农牧民合作社示范社认定管理办法，为全区农牧民专业合作社提供示范和样板；三是要利益联结紧密，让农牧民在合作社发展中真正受益。

明确目标任务。 要采取有力措施，争取到 2020 年，自治区级农牧民示范社达到 100 家，农牧民入社率 60% 以上。

标准化生产步伐加快。 随着农畜产品的质量安全越来越成为人门关注的焦点，对农畜产品的需求也越来越多、要求也越来越高，为此专业合作组织凭借其特点、载体优势，加强与企业联营，对内有效加强对农畜产品的质量，并组织实施标准化、无公害生产，进行有效的三品认证，通过统一供种，统一销售，降低了生产成本费用，对外统一产品质量标准、价格和包装，实现了提高农畜产品的附加值和市场竞争力，保护了广大农牧民群众的切身利益。

专业化规模化发展。 专业合作组织以优势产业为依托，向专业化、规模化迈步，大力发展养殖业、种植业、农畜产品加工业，不断调整农牧业结构和提高农牧民收入，为推广先进实用技术奠定了基础。促进了农副产品加工流通。使农副产品的销售由过去的被动等待变成现在的主动走出去引进来，使产品由粗加工向精、良、优方向转变，产品也逐步实现了向区内、区外销售，提高了产品附加值，使农牧民群众充分享受到了合作组织带来的实惠。

培育了现代新型农牧民。农民专业合作组织积极开展对农牧民的各类培训，通过专家、技术人员的现场指导、示范带动，使农牧民在参与生产、销售、管理各个环节的实践中增长了知识和能力，培养了一大批包括种种植大户、养殖大户、销售能人等在内的新型农牧民。

青海：四个结合　五项措施　推动合作社更好更快发展

截至 2014 年年底，在农牧部门备案的农牧民专业合作社达到 5 591 家，成员总数 33 万人，带动非成员农牧户 25 万户，合作社数量比 2008 年的 516 家增加了 5 070 家，入社成员增加了 21.2 万人，参与合作社的农牧户占总户数的 1/3。

工作中做到"四个结合"。一是农牧民专业合作社要与推进特色产业发展相结合；二是农牧民专业合作社要与推进农牧业产业化经营相结合；三是农牧民专业合作社要与推进农牧业标准化生产相结合；四是农牧民专业合作社要与推进农牧业科技推广应用相结合。

重点强化的五项措施。第一，大力推进规范化建设，提升合作社规范水平。一要开展示范社创建活动，二要完善名录制度，三要落实合作社财务会计制度；第二，强化项目资金扶持，增强合作社发展能力；第三，加强人才支持，提高合作社管理水平；第四，加大宣传力度，营造合作社发展良好氛围；第五，加强部门协作，形成支持合作社发展的合力。

宁夏：多种措施合力助推农民合作社规范化建设

截至 2014 年年底，全区共有农民合作社 4 187 个，入社成员 24.5 万户，带动非成员农户 54.7 万户；分别占农户总数的 21.3% 和 47.5%。2014 年农民合作社统一组织销售农产品总值达 49.7 亿元，同比增加 4.5 亿元，增长 10.8%。

以财政支农项目扶持农民合作社规范化建设。2014 年农民合作组织发展资金达

2 440万元。各市（县、区）多渠道积极争取各级农民合作社发展项目，如：2002—2014年吴忠市实施农民合作社建设项目594个，项目资金总额达3 779万元。

以示范社创建带动农民合作社规范化建设。2014年根据农业部《关于开展国家农民合作社示范社申报工作的通知》（农经发〔2014〕2号）和《国家农民专业合作社示范社评定及监测暂行办法》（农经发〔2013〕10号）的规定，自治区制定了示范社管理办法。一是建立部门联合评定机制；二是实施差额评报，确保申报质量；三是建立分级评定上报制度。

以专业培训强化农民合作社规范化建设。连续3年在区外培训300多人次。

拓宽农民合作社担保贷款融资渠道。自治区农牧厅同中国人民银行银川中心支行联合出台了《关于金融支持宁夏新型农业经营主体加快发展的意见》。在2013年宁夏银川市农牧局与宁夏泰信农村资金管理公司签订《拓宽农村经营实体融资渠道合作协议》的基础上，2014年银川市财政又注入政府担保资金500万元，累计担保资金达1 000万元，泰信公司按1∶4比例放大贷款，2014年放款额度达4 000万元。固原市农牧局与固原市中小企业信用担保有限责任公司签署合作协议，成立了固原市肉牛养殖融资担保基金，按照"政府＋担保＋企业（合作社）"的形式，既政府出资400万元，担保公司出资500万元，借款户出资100万元，设立固原市肉牛养殖融资担保基金1 000万元，由固原市中小企业信用担保有限责任公司承担担保责任，按不低于1∶5的比例引导撬动5 000万元以上的信用资金用于支持肉牛产业的发展，2014年，累计为农民合作社担保贷款1 920万元。

加强农村资金互助合作社建设。2009年根据银川市发改委《关于银川市金凤区潘杨锦旺蔬菜专业合作社开展生产发展互助资金试点工作的批复》（银发改发〔2009〕167号）的文件，金凤区成立了银川市潘杨锦旺蔬菜专业合作社生产发展互助资金合作社，合作社入股农户283户，入股资金581.9万元，累计为272户农户发放互助资金借款2 036万元。

引导农民合作社入股及担保贷款融资。农民合作社成员出面担保，农民合作社提供还贷承诺，降低了银行风险，建起了农民贷款的"绿色通道"。农民合作社基本以实物担保、社员5户联保贷款融资为主。农民合作社在担保贷款中诚实守信，被信用社和邮政储蓄银行评为信用合作社、诚信客户，解决了农民合作社社员发展生产资金不足的困难。

青岛：四个"抓好" 提升合作社规范化管理水平和自我发展能力

截至2014年年底，全市登记注册农民专业合作社约8 100家，比去年增长8.4％；

有成员 69.4 万人，比去年翻了近一番。

抓好规范提升。一是抓示范社培育。2014 年，继续在全市组织开展生产标准化、产品品牌化、经营规模化、管理规范化"四化"创建活动，培育了 200 家符合"四化"标准的示范合作社。二是抓人才队伍建设。市政府安排专项资金，依托青岛农业大学合作社学院平台，组织开展合作社人才队伍的培训教育，累计培训合作社理事长、基层经管人员 2 000 多人次。三是抓技术服务。组织实施科技联户、千村万户科技行等活动，深入田间地头，全市各级农技技术人员共深入 500 余家合作社，解决生产经营中遇到的实际问题。

抓好资金瓶颈突破。一是抓资金扶持。2014 年，市财政安排 1 550 万元专项资金专门共扶持 70 家星级示范社进行生产经营设施、市场营销、产品品牌等方面的建设。二是抓金融扶持。与人民银行青岛中心支行签订金融支持现代农业发展合作框架协议，联合出台金融支持现代农业发展意见。以市政府名义出台《关于开展土地承包经营权等担保融资工作的意见》，允许农民专业合作社以农村土地承包经营权、集体建设用地使用权、居民房屋所有权和林权进行担保融资。截止到 2014 年年底，全市累计办理"四权"担保融资近亿元。三是抓信用合作。选取了 1 家合作社进行了试点，摸索经验。

抓好联合与合作。一是推动合作社之间的联合。目前，我市已有两个县级市成立了农民专业合作社联合会。引导同区域同行业或业务密切相关的合作社成立联合社，实现抱团发展。2014 年我市成立镇级合作社联合社 8 家。二是引导进行土地股份合作。引导合作社成员以土地入股，由合作社统一经营，实行收入保底加分红的土地股份合作。到 2014 年年底，全市共成立这种类型的专业合作社 41 个，流转土地面积 3.5 万亩。

抓好市场营销。积极搭建服务平台，依托山东国际农产品交易中心和青岛农业信息网，搭建起了合作社推介、展示、交易的实体平台和网上平台。积极开展"农超对接"，先后组织了 3 次"农超对接"推介洽谈会，实现了 50 多家合作社与超市对接，年交易额达到 9 000 多万元。

4 大事

1月9日，国务院副总理汪洋在青海调研扶贫工作时强调，要因地制宜，多方面采取措施，积极发展农民专业合作、股份合作，吸纳贫困户参与，带动贫困户脱贫致富。

1月19日，中共中央、国务院印发《关于全面深化农村改革加快推进农业现代化的若干意见》，提出要构建新型农业经营体系，扶持发展新型农业经营主体，鼓励发展专业合作、股份合作等多种形式的农民合作社。

1月21日，农业部办公厅印发《关于切实做好2014年农业农村经济工作的意见》，明确坚持家庭经营在农业中的基础地位，加快构建以农户家庭经营为基础、合作与联合为纽带、社会化服务为支撑的立体式复合型现代农业经营体系。鼓励发展专业合作、股份合作等多种形式的农民合作社，评定国家农民专业合作社示范社，开展农民合作社贷款担保试点，支持合作社开展联合合作，大力发展农社对接等直供直销。

1月22日，农业部办公厅印发《2014年农村经营管理工作要点》，强调要支持合作社做大做强，开展农民合作社信用合作试点，鼓励专业合作、股份合作等多元化、多类型合作社发展。

1月24日，农业部办公厅印发《关于贯彻落实2014年农业农村经济工作重要举措分工的通知》，提出了35项需重点落实的工作任务，要求各司局、各单位高度重视，按照分工意见，精心组织、周密安排、落实到位。

2月11日，农业部办公厅、财政部办公厅联合印发了《2014年农业机械购置补贴实施指导意见》。

2月13日，中国人民银行印发《关于做好家庭农场等新型农业经营主体金融服务的指导意见》（简称《意见》）。《意见》指出要充分认识新形势下做好新型农业经营主体金融服务的重要意义，切实加大对新型农业经营主体的信贷支持力度，合理确定贷款利率水平，适当延长贷款期限，满足农业生产周期实际需求。其中，重点支持新型农业经营主体购买农业生产资料、购置农机具、受让土地承包经营权、从事农田整理、农田水平、大棚等基础设施建设维修等农业生产用途，发展多种形式规模经营。

2月13日，全国农民合作社发展部际联席会议第二次全体会议在京召开，听取2013年农民合作社发展情况汇报，部署2014年联席会议重点工作，研究国家农民专业合作社示范社评定方案。

2月24日，农业部在江苏南京召开全国农村经营管理工作会议，深入贯彻党的十八届三中全会、中央农村工作会议和全国农业工作会议精神，总结交流2013年工作情况，部署2014年和今后一个时期的农村经营管理工作。农业部副部长陈晓华出席会议并讲话，强调要加强农民合作社规范化建设，加快推进农业产业化经营，着力培育农业经营性服务组织，加快构建立体式复合型现代农业经营体系。

3月5日上午，国务院总理李克强在十二届全国人民代表大会第二次会议上作政府工作报告。报告中提出，要积极推进农村改革。坚持家庭经营基础性地位，培育专业大户、家庭农场、农民合作社、农业企业等新型农业经营主体，发展多种形式适度规模经营。

3月5日下午，十二届全国人大二次会议安徽代表团举行全体会议，审议政府工作报告，国务院副总理汪洋参加并发言，指出了农村改革的三项具体工作：要培育新型经营主体，要培育规模化服务主体，要培育市场化经营环境。

3月6日上午，十二届全国人大二次会议举行"扎实深化农村改革，加快发展现代农业"专题记者会。农业部部长韩长赋指出，三中全会提出来要改革和完善农业补贴，下一步政府财政还会增加补贴，新增的部分增量要进行调整，向新型农业经营主体倾斜，向种粮大户倾斜，向规模经营倾斜。

3月13日，农业部办公厅、中国气象局办公室联合印发《关于开展面向新型农业经营主体直通式气象服务的通知》，拟联合开展面向新型农业经营主体的直通式气象服务，进一步强化气象为农服务工作，提升农业生产科技支撑能力。

3月17日，农业部印发《关于开展国家农民合作社示范社申报工作的通知》，启动国家农民合作社示范社评定工作，采取名额分配、等额推荐、媒体公示、发文认定的方式进行。

3月25日，保监会印发了《保险业服务新型城镇化发展的指导意见》，提出要健全农业保险服务体系，研究开发针对家庭农场、农业生产大户、龙头企业、合作组织的保险产品，促进农业规模化生产。

4月18日，农业部办公厅、财政部办公厅联合印发《关于做好2014年农产品产地初加工实施工作的通知》，明确今年政策的实施原则、实施内容和实施范围，提出组织管理和监管要求。坚持农民自主建设、先审批后建设和两次公示制度，加强信息化管理，采取公开、公平、公正方式确定补助对象，严禁各级管理部门采取包办代替方式为合作社和农户采购、代建有关的设施设备。

5月2日，五四青年节前夕，共青团中央、全国青联授予30名同志第十八届"中国青年五四奖章"，合作社理事长在其中占有3席，分别为河南省尉氏县红兵禽业专业合作社理事长王红兵、安徽省利辛县新农民养猪专业合作社理事长高亚飞和湖南省泸溪县红山柑橘专业合作社理事长谭永峰。

6月，我国第一份面向农民合作社的专门期刊《中国农民合作社》创刊五周年。

7月5日，7月的第一个星期六，是第20届联合国国际合作社日暨国际合作社联盟第92届国际合作社日。本次国际合作社日的主题是"合作社帮助所有人实现可持续发展"。联合国秘书长潘基文和国际劳工组织总干事莱德分别致辞肯定合作社所发挥的重要作用。

7月15日，国家发展改革委下达黑龙江省2014年粮食仓储设施项目建设中央预算内投资计划，建设规模为17亿斤，补助投资近3亿元，首次将农民合作社列入国家粮食仓储设施建设投资计划。

7月31日，中国银监会围绕国务院办公厅《关于金融服务"三农"发展的若干意见》的要求，连续下发《关于金融支持农业规模化生产和集约化经营的指导意见》和《关于推进基础金融服务"村村通"的指导意见》，要求将农业规模经营主体作为金融扶持重点，进一步推动基础金融服务向行政村延伸，力争3～5年总体实现行政村基础金融服务"村村通"。

8月1日，水利部会同国家发展和改革委员会、民政部、农业部和国家工商行政管理总局联合发布《关于鼓励和支持农民用水合作组织创新发展的指导意见》（简称《意见》）。《意见》指出，创新农民用水合作组织发展是适应农业生产经营方式转变的必然选择，是建立农田水利建设与管理新机制的重要基础。要从完善功能定位、创新发展方式、拓展服务范围、引导大户带头4个方面创新农民用水合作组织发展。要从依法登记注册、明确组建方式、完善管理机制3个方面规范农民用水合作组织建设。要从安排建设投入、促进全程参与、推进产权改革、落实管护经费、加强能力建设5个方面扶持农民用水合作组织发展。

8月1日，农业部办公厅、财政部办公厅联合印发《关于做好2014年农民培训工作的通知》，要求大力实施新型职业农民培育工程，构建一支"有文化、懂技术、会经营"的新型职业农民队伍。

8月19日，国家工商行政管理总局颁布第70号令《农民专业合作社年度报告公示暂行办法》（简称《办法》）。根据《办法》，农民专业合作社向工商部门报送年度报告的时间为每年1月1日至6月30日。当年开业（设立）登记的，自下一年起报送。农民专业合作社的登记机关负责农民专业合作社的年度报告相关工作。农民专业合作社对其年度报告内容的真实性、及时性负责。

8月27日，农业部、发改委、财政部等全国农民合作社发展部际联席9部门联合下发了《关于引导和促进农民合作社规范发展的意见》，要求各级各有关部门把加强农民合作社规范化建设摆在更加突出的位置，把运行规范的农民合作社作为政策扶持重点。

11月20日，中共中央办公厅、国务院办公厅印发《关于引导农村土地经营权有序流转发展农业适度规模经营的意见》（简称《意见》）。《意见》共5部分，分别为：总体要求，稳定完善农村土地承包关系，规范引导农村土地经营权有序流转，加快培育新型农业经营主体，建立健全农业社会化服务体系。

11月22日，农业部、发改委等九部门联合印发《关于公布国家农民合作社示范社名单的通知》，认定北京利民恒华农产品种植专业合作社等3 759家合作社为国家农民合作社示范社，北京密云县蔡家甸东沟农民用水合作社等254家用水组织为全国农民用水合作示范组织。

12月1日，《河北省农民合作社条例》颁布施行，共7章44条，主要就农民合作社的设立和运行、财务管理、指导与服务、扶持与促进政策、法律责任等方面进行了规范。其中，明确规定农民合作社可以依照国家有关规定在本社成员内部开展信用合作，不得改变信用合作资金的农业生产经营用途，不得吸收存款、发放贷款。

12月9日，经组织申报、形式审查、初选、公示和公众投票、评选等环节，产生了10名"全国十佳农民"2014年度资助项目人选，其中合作社理事长占了8席。这8位理事长为：张秀霞（天津市宝坻区民盛种养殖专业合作社理事长）、李凤玉（黑龙江省克山县仁发现代农业农机专业合作社理事长）、徐淙祥（安徽省太和县淙祥现代农业种植专业合作社理事长）、陈建坤（福建省漳浦县南坤海鳗养殖专业合作社理事长）、唐全合（河南省鹤壁市聚喜来农机专业合作社理事长）、阳岳球（湖南省岳阳市惠众粮油专业合作社理事长）、孙泽富（四川省金堂县金溪水果专业合作社理事长）、益西卓嘎（西藏自治区山南乃东县贡桑禽类养殖专业合作社理事长）。

5 附 录

ZHONGGUO NONGMIN ZHUANYE HEZUOSHE FAZHAN BAOGAO （2014）

中国人民银行关于做好家庭农场等新型
农业经营主体金融服务的指导意见

中国人民银行上海总部，各分行、营业管理部，各省会（首府）城市中心支行，各副省级城市中心支行；国家开发银行、各政策性银行、国有商业银行、股份制商业银行、中国邮政储蓄银行；交易商协会：

为贯彻落实党的十八届三中全会、中央经济工作会议、中央农村工作会议和《中共中央国务院关于全面深化农村改革加快推进农业现代化的若干意见》（中发〔2014〕1号）精神，扎实做好家庭农场等新型农业经营主体金融服务，现提出如下意见：

一、充分认识新形势下做好家庭农场等新型农业经营主体金融服务的重要意义。家庭农场、专业大户、农民合作社、产业化龙头企业等新型农业经营主体是当前实现农村农户经营制度基本稳定和农业适度规模经营有效结合的重要载体。培育发展家庭农场等新型农业经营主体，加大对新型农业经营主体的金融支持，对于加快推进农业现代化、促进城乡统筹发展和实现"四化同步"目标具有重要意义。人民银行各分支机构、各银行业金融机构要充分认识农业现代化发展的必然趋势和家庭农场等新型农业经营主体的历史地位，积极推动金融产品、利率、期限、额度、流程、风险控制等方面创新，合理调配信贷资源，扎实做好新型农业经营主体各项金融服务工作，支持和促进农民增收致富和现代农业加快发展。

二、切实加大对家庭农场等新型农业经营主体的信贷支持力度。各银行业金融机构对经营管理比较规范、主要从事农业生产、有一定生产经营规模、收益相对稳定的家庭农场等新型农业经营主体，应采取灵活方式确定承贷主体，按照"宜场则场、宜户则户、宜企则企、宜社则社"的原则，简化审贷流程，确保其合理信贷需求得到有效满足。重点支持新型农业经营主体购买农业生产资料、购置农机具、受让土地承包经营权、从事农田整理、农田水利、大棚等基础设施建设维修等农业生产用途，发展多种形式规模经营。

三、合理确定贷款利率水平，有效降低新型农业经营主体的融资成本。对于符合条件的家庭农场等新型农业经营主体贷款，各银行业金融机构应从服务现代农业发展的大局出发，根据市场化原则，综合调配信贷资源，合理确定利率水平。对于地方政府出台了财政贴息和风险补偿政策以及通过抵质押或引入保险、担保机制等符合条件的新型农业经营主体贷款，利率原则上应低于本机构同类同档次贷款利率平均水平。各银行业金融机构在贷款利率之外不应附加收费，不得搭售理财产品或附加其他变相提高融资成本的条件，切实降低新型农业经营主体融资成本。

四、适当延长贷款期限，满足农业生产周期实际需求。对日常生产经营和农业机械购买需求，提供1年期以内短期流动资金贷款和1至3年期中长期流动资金贷款支持；对于受让土地承包经营权、农田整理、农田水利、农业科技、农业社会化服务体系建设等，可以提供3年期以上农业项目贷款支持；对于从事林木、果业、茶叶及林下经济等生长周期较长作物种植的，贷款期限最长可为10年，具体期限由金融机构与借款人根据实际情况协商确定。在贷款利率和期限确定的前提下，可适当延长本息的偿付周期，提高信贷资金的使用效率。对于林果种植等生产周期较长的贷款，各银行业金融机构可在风险可控的前提下，允许贷款到期后适当展期。

五、合理确定贷款额度，满足农业现代化经营资金需求。各银行业金融机构要根据借款人生产经营状况、偿债能力、还款来源、贷款真实需求、信用状况、担保方式等因素，合理确定新型农业经营主体贷款的最高额度。

原则上，从事种植业的专业大户和家庭农场贷款金额最高可以为借款人农业生产经营所需投入资金的70%，其他专业大户和家庭农场贷款金额最高可以为借款人农业生产经营所需投入资金的60%。家庭农场单户贷款原则上最高可达1 000万元。鼓励银行业金融机构在信用评定基础上对农民合作社示范社开展联合授信，增加农民合作社发展资金，支持农村合作经济发展。

六、加快农村金融产品和服务方式创新，积极拓宽新型农业经营主体抵质押担保物范围。各银行业金融机构要加大农村金融产品和服务方式创新力度，针对不同类型、不同经营规模家庭农场等新型农业经营主体的差异化资金需求，提供多样化的融资方案。对于种植粮食类新型农业经营主体，应重点开展农机具抵押、存货抵押、大额订单质押、涉农直补资金担保、土地流转收益保证贷款等业务，探索开展粮食生产规模经营主体营销贷款创新产品；对于种植经济作物类新型农业经营主体，要探索蔬菜大棚抵押、现金流抵押、林权抵押、应收账款质押贷款等金融产品；对于畜禽养殖类新型农业经营主体，要重点创新厂房抵押、畜禽产品抵押、水域滩涂使用权抵押贷款业务；对产业化程度高的新型农业经营主体，要开展"新型农业经营主体＋农户"等供应链金融服务；对资信情况良好、资金周转量大的新型农业经营主体要积极发放信用贷款。人民银行各分支机构要根据中央统一部署，主动参与制定辖区试点实施方案，因地制宜，统筹规划，积极稳妥推动辖内农村土地承包经营权抵押贷款试点工作，鼓励金融机构推出专门的农村土地承包经营权抵押贷款产品，配置足够的信贷资源，创新开展农村土地承包经营权抵押贷款业务。

七、加强农村金融基础设施建设，努力提升新型农业经营主体综合金融服务水平。进一步改善农村支付环境，鼓励各商业银行大力开展农村支付业务创新，推广POS机、网上银行、电话银行等新型支付业务，多渠道为家庭农场提供便捷的支付结算服务。支持农村粮食、蔬菜、农产品、农业生产资料等各类专业市场使用银行卡、电子汇划等非现金支付方式。探索依托超市、农资站等组建村组金融服务联系点，深化银行卡助农取款服务和农民工银行卡特色服务，进一步丰富村组的基础性金融服务种类。完善农村支付服务政策扶持体系。持续推进农村信用体系建设，建立健全对家庭农场、专业大户、农民合作社的信用采集和评价制度，鼓励金融机构将新型农业经营主体的信用评价与信贷投放相结合，探索将家庭农场纳入征信系统管理，将家庭农场主要成员一并纳入管理，支持守信家庭农场融资。

八、切实发挥涉农金融机构在支持新型农业经营主体发展中的作用。农村信用社（包括农村商业银行、农村合作银行）要增强支农服务功能，加大对新型农业经营主体的信贷投入；农业发展银行要围绕粮棉油等主要农产品的生产、收购、加工、销售，通过"产业化龙头企业＋家庭农场"等模式促进新型农业经营主体做大做强。积极支持农村土地整治开发、高标准农田建设、农田水利等农村基础设施建设，改善农业生产条件；农业银行要充分利用作为国有商业银行"面向三农"的市场定位和"三农金融事业部"改革的特殊优势，创新完善针对新型农业经营主体的贷款产品，探索服务家庭农场的新模式；邮政储蓄银行要加大对"三农"金融业务的资源配置，进一步强化县以下机构网点功能，不断丰富针对家庭农场等新型农业经营主体的信贷产品。农业发展银行、农业银行、邮政储蓄银行和农村信用社等涉农金融机构要积极探索支持新型农业经营主体的有效形式，可选择部分农业生产重点省份的县（市），提供"一对一服务"，重点支持一批家庭农场等新型农业经营主体发展现代农业。其他涉农银行业金融机构及小额贷款公司，也要在风险可控前提下，创新信贷管理体制，优化信贷管理流程，积极支持新型农业经营主体发展。

九、综合运用多种货币政策工具，支持涉农金融机构加大对家庭农场等新型农业经营主体的信贷投入。人民银行各分支机构要综合考虑差别准备金动态调整机制有关参数，引导地方法人金融机构增加县域资金投入，加大对家庭农场等新型农业经营主体的信贷支持。对于支持新型农业经营主体信贷投放较多的金融机构，要在发放支农再贷款、办理再贴现时给予优先支持。通过支农再贷款额度在地区间的调剂，不断加大对粮食主产区的倾斜，引导金融机构增加对粮食主产区新型农业经营主体的信贷支持。

十、创新信贷政策实施方式。人民银行各分支机构要将新型农业经营主体金融服务工作与农村金融产品和服务方式创新、农村金融产品创新示范县创建工作有机结合，推动涉农信贷政策产品化，力争做到"一行一品"，确保政策落到实处。充分发挥县域法人金融机构新增存款一定比例用于当地贷款考核政策的引导作用，提高县域法人金融机构支持新型农业经营主体的意愿和能力。深入开展涉农信贷政策导向效果评估，将对新型农业经营主体的信贷投放情况纳入信贷政策导向效果评估，以评估引导带动金融机构支持新型农业经营主体发展。

十一、拓宽家庭农场等新型农业经营主体多元化融资渠道。对经工商注册为有限责任公司、达到企业化经营标准、满足规范化信息披露要求且符合债务融资工具市场发行条件的新型家庭农场，可在银行间市场建立绿色通道，探索公开或私募发债融资。支持符合条件的银行发行金融债券专项用于"三农"贷款，加强对募集资金用途的后续监督管理，有效增加新型农业经营主体信贷资金来源。鼓励支持金融机构选择涉农贷款开展信贷资产证券化试点，盘活存量资金，支持家庭农场等新型农业经营主体发展。

十二、加大政策资源整合力度。人民银行各分支机构要积极推动当地政府出台对家庭农场等新型农业经营主体贷款的风险奖补政策，切实降低新型农业经营主体融资成本。鼓励有条件的地区由政府出资设立融资性担保公司或在现有融资性担保公司中拿出专项额度，为新型农业经营主体提供贷款担保服务。各银行业金融机构要加强与办理新型农业经营主体担保业务的担保机构的合作，适当扩大保证金的放大倍数，推广"贷款＋保险"的融资模式，满足新型农业经营主体的资金需求。推动地方政府建立农村产权交易市场，探索农村集体资产有序流转的风险防范和保障制度。

十三、加强组织协调和统计监测工作。人民银行各分支机构要加强与地方政府有关部门和监管部门的沟通协调，建立信息共享和工作协调机制，确保对家庭农场等新型农业经营主体的金融服务政策落到实处。要积极开展对辖区内各经办银行的业务指导和统计分析，按户、按金融机构做好家庭农场等新型农业经营主体金融服务的季度统计报告，动态跟踪辖区内新型农业经营主体金融服务工作进展情况。同时要密切关注主要农产品生产经营形势、供需情况、市场价格变化，防范新型农业经营主体信贷风险。

请人民银行各分支机构将本通知转发至辖区内相关金融机构，并做好贯彻落实工作，有关落实情况和问题要及时上报总行。

中国人民银行

2014 年 2 月 13 日

商务部等 13 部门关于进一步加强农产品
市场体系建设的指导意见

各省、自治区、直辖市、计划单列市及新疆生产建设兵团商务、发展改革、财政、国土资源、住房城乡建设、交通运输、农业、人民银行、国资、银监、保监、质监部门：

近年来，我国农产品市场体系建设取得长足发展，在服务"三农"、保障和改善民生方面发挥了重要作用。但总体上看，我国农产品市场体系依然薄弱，流通成本高、流通效率低的问题仍然突出。为加快建设高效畅通、安全规范、竞争有序的农产品市场体系，现提出如下意见：

一、指导思想、基本原则和发展目标

（一）指导思想。 深入贯彻党的十八届三中全会和中央农村工作会议精神，落实中央 1 号文件部署，处理好政府和市场的关系，厘清中央与地方事权。把增强公益性、高效性和稳定性作为农产品市场体系建设的主线，加快完善促进市场公平交易和提高流通效率的制度建设，着力健全符合统一大市场要求的体系架构和内在机制，集成流通科技进步的新型驱动力，切实发挥市场配置资源的决定性作用并更好地发挥政府作用。

（二）基本原则。

——加强规划。坚持立足当前和着眼长远相结合，综合考虑人口布局、交通和用地条件、流通设施基础，统筹规划农产品集散地、销地、产地批发市场建设，完善各具特色的区域农产品市场网络，优化农产品市场结构和布局。

——推动创新。立足实际，借鉴发达国家经验，不断创新发展理念，集聚技术、项目和要素，推进农产品流通方式创新、管理创新和组织制度创新。

——体现公益。在市场化运作基础上，加大政府投入力度，建立公益性保障机制，增强农产品市场公益性功能，发挥市场服务宏观调控的积极作用。

——协调发展。坚持以批发市场为中心，促进各类农产品市场协调有序发展。健全产销衔接机制，促进农产品市场与农业生产、城镇化建设的统筹协调发展。

（三）发展目标。 利用 5～10 年时间，健全统一大市场基础机制，优化农产品市场体系架构，提升农产品市场功能，规范农产品市场秩序，初步建立起以功能集聚的农产品批发市场为中心，以绿色便捷的农产品零售市场为基础，以高效规范的电子商务等新型市场为重要补充，有形和无形市场相结合、产地和销地市场相匹配的，统一开放、竞争有序、制度完备、业态多元、互动高效的中国特色农产品市场体系。

二、加强农产品市场规制

（四）加强立法工作。出台《农产品市场管理条例》，明确农产品批发市场基础性公共设施地位，规范农产品市场投资主体资格和市场交易行为，为农产品市场运营管理和公益化发展提供法律保障。鼓励地方加快出台地方性农产品市场法规，将农产品零售市场作为新建小区的公益配套建设纳入城市控制性详规，将农产品产地集配中心和田头市场纳入村镇规划。

（五）加强规划指导。加快制订全国农产品市场发展规划，建立商务、发改、农业、国土、住建等多部门联动的规划协调落实机制。地方要加快制订与国家规划相衔接的本地区农产品市场规划。坚持优化整合存量、适度控制增量的原则，结合本地区人口规模和布局、既有农产品市场基础、服务半径、资源禀赋、产业结构、产销区分布和交通条件等因素，合理布局流通设施。在我国优势农产品产业带和集中生产基地，规划建设一批全国性、区域性和农村田头等产地市场。鼓励按照特大城市双核或一主一副，大中型城市确保一个的标准，培育一批全国性批发市场，根据市场规模和发展需求辅以适量区域性批发市场。

三、优化农产品市场体系架构

（六）完善农产品市场骨干网络。在全国重要流通节点和优势农产品区域，推动农产品批发市场或物流中心升级改造，提升市场功能，加快打造一批具有国内外影响力的农产品集散中心、价格形成中心、物流加工配送中心和国际农产品展销中心。重点加强综合集配中心、冷藏储运、废弃物处理和信息化等流通基础设施建设。建设销地综合性加工配送中心、产地集配中心和田头市场，提升农产品流通"最后一公里"和上市"最初一公里"组织化水平。

（七）推动零售市场多元化发展。硬化细化"菜篮子"市长负责制，将农产品市场规划建设落实情况纳入考核机制。鼓励城市建立与市场发展相适应的菜市场管理机构。改进产销区域联动制度，以区域保障为主，搞活品种调剂流通，优化"菜篮子"供应保障模式。积极发展菜市场、便民菜店、平价商店、社区电商直通车等多种零售业态，推动连锁经营。鼓励将新建小区的菜市场作为公益性配套设施纳入建设规划。

（八）积极稳妥推进公益性农产品市场建设。建设改造一批长期稳定提供成本价或微利公共服务，具有稳定市场价格、保障市场供应和食品安全等功能的公益性农产品市场。推进农产品市场公益性功能建设，对享受政策扶持的农产品市场，逐步建立农产品市场发挥公益性功能的刚性约束机制。完善国有企业业绩考核机制，支持国有企业参与公益性农产品市场建设。以竞争性择优方式支持有条件的城市开展公益性农产品市场试点，在体制机制、法规政策、规划建设、市场监管等方面先行先试，总结成功经验，逐步向全国推广。

四、培育农产品现代流通主体

（九）增强市场培育现代流通企业能力。创新农产品批发市场服务模式，搭建多层次的生产性及生活性服务平台，增强市场服务及培育现代批发商及相关企业的能力，促进各类流通主体协同发展。加快培育农产品综合加工配送企业和第三方冷链物流企业。鼓励市场与批发商合作共建农产品流通产业链，建立市场培育和稳定现代批发商的长效机制。鼓励有条件的农产品批发市场积极培育农产品批发商联合体，提高流通组织化程度。

（十）促进新型流通主体发展。鼓励有条件的主产区省份探索推行农产品委托交易，通过地方立法或政策引导，建立发展委托交易的体制和机制，促进农民合理分享流通增值收益。加快培育专业大户、家庭农场、农民合作社、农民经纪人队伍、经销商、农产品批发市场经营管理者、农产品流通企业及市场流通服务企业在内的流通主体队伍，支持新型流通主体充分利用农产品批发市场平台，拓宽委托交易的渠道，提高主体在市场中的竞争地位与竞争能力。鼓励主销区省份建立产销合作基金，支持批发商与农民合作社加强合作，发展订单农业。

五、推动农产品流通创新

（十一）大力发展农产品电子商务。把农产品电子商务作为重要战略制高点，积极开展农产品电子商务示范培育工作。积极发展县域服务驱动型、特色品牌营销型等多元化的农产品电子商务模式。支持农产品批发市场依托场内加工配送中心或依托产地集配中心和田头市场，开展线上线下相结合的产销一体化经营。加强农产品电子商务服务平台建设，深入推进农村商务信息服务，力争在重点地区、重点品种和重点环节率先突破。

（十二）建设互联互通的信息化体系。开展农产品批发市场信息化提升工程，完善信息化管理系统，推广电子结算系统。依托农产品批发市场及多种类型农产品流通主体，整合各类涉农信息服务资源，构建覆盖生产、流通、消费的全国公共信息服务平台和多层次的区域性信息服务平台，促进农产品流通节点交易数据的互联互通和信息共享。建立、编制、发布农产品交易指数、价格指数和统计数据。支持引导农产品市场积极参与农产品流通追溯体系建设，实现来源可追、去向可查、责任可究。

（十三）提高农产品冷链流通率。支持农产品产地预冷、初加工、储存设施建设，将具有公益性质的农产品冷链设施列入流通基础设施指导目录。培育重点品种农产品冷链物流集散中心，形成一批具有集中采购和跨区域配送能力的农产品低温配送和处理中心。开展农产品冷链示范工程，支持流通企业整合上游生产和下游营销资源，促进农产品冷链与供应链、物联网、互联网的协同发展。

（十四）**提升流通标准化水平。**强化农产品流通标准体系建设，重点推进等级及包装标识标准化。支持龙头企业结合品牌建设推进产品标准化。鼓励农产品批发市场设立标准化销售专区。支持农产品仓储、转运设施和运输工具标准化改造。鼓励应用射频、卫星定位系统等现代信息技术，提高市场装备水平。推动绿色循环技术标准化应用，提升农产品市场节能减排水平。支持农产品批发市场开展环境及质量体系认证。

六、加强农产品市场监督管理

（十五）**建立农产品市场信用体系。**加强农产品批发市场信用体系建设，提供农产品市场信用认证和信用信息查询服务，实现全国性农产品批发市场信用信息共享。依法征集市场主体开展交易、经营产品质量、违法违规处理情况及其他信用信息，形成"黑名单"和"红名单"制度，引导经销商诚信守法经营。

（十六）**完善农产品市场监管体系。**将农产品市场体系建设作为发展现代农业、促农增收的重要领域，综合运用自律、经济、行政、法律等手段建立多部门联动的市场监管工作机制，着力清除农产品市场壁垒，重点打击通过不正当竞争抢占市场和垄断、控制市场交易等行为。对在农产品市场体系建设方面有显著成绩的单位和个人，按照国家有关规定给予奖励。建立农产品批发市场信息披露制度，加大安全审查和跟踪力度。建立完善投诉举报机制，充分发挥媒体、群众等社会力量的监督作用，打造"社会防火墙"。

（十七）**发挥行业协会作用。**将行业协会作为加强和改善农产品市场行业管理的重要支撑，指导行业协会健全各项自律性管理制度。加大政府向行业协会购买公共服务力度，支持行业协会参与行业调查统计、公共信息服务、产销衔接促进和标准化推进等工作。发挥行业协会优势，推进农产品市场国际交流与合作。

七、完善政策支持体系

（十八）**创新财政投入方式。**有条件的地方要整合财政涉农资金，探索采取政府回购、政府股权投资、建立基金等方式，支持公益性农产品市场建设，引导带动银行、保险等社会资本加大对公益性农产品市场建设的投入力度。鼓励将公建配套等多种国家投入作价入股。

（十九）**落实完善税收政策。**落实完善有利于农产品市场和批发商发展的税收政策。对于专门经营农产品的批发市场、农贸市场使用的房产、土地，按规定享受税收支持政策。对于使用电子结算的农产品批发市场及批发商，符合税法规定小型微利企业条件的，享受相关企业所得税优惠政策。

（二十）**加大金融支持力度。**加强宏观信贷政策指导，鼓励银行业金融机构创新开展农产品仓储设施抵押、订单、仓单质押贷款等多种信贷产品和"农产品流通企业＋农产品批发市场＋专业大户"等供应链融资模式，拓宽农产品市场抵押担保范围。支持大型银行业金融机构通过银团融资等方式促进农产品市场建设和农产品流通企业发展。积极支持融资担保公司对农产品批发市场及商户提供担保增信服务，培育优质农产品流通主体。联通农产品批发市场电子结算系统与银行结算系统，并鼓励对农产品批发市场商户银行卡刷卡手续费采取优惠措施。

（二十一）**加大用地保障力度。**在土地利用总体规划和城乡规划中统筹安排农产品批发市场用地规模、布局，优先保障符合农产品市场发展规划的市场用地供应。支持利用工业企业旧厂房、仓库和存量土地资源兴办农产品市场。在符合规划和用途管制前提下，鼓励农村集体经济组织依法以集体经营性建设用地使用权入股、联营等形式与其他单位、个人共同兴办农产品市场。

（二十二）**加大运输保障力度。**保障农产品运输的便利性，继续执行对整车合法装载运输鲜活农产品车辆免收车辆通行费的政策。利用科技手段提高鲜活农产品运输车辆检测效率，严厉打击假冒等违法行为，确保绿色通道的高效便捷通行。保障鲜活农产品配送车辆在城区便利通行和停靠。鼓励使用专用运输车辆进行鲜活农产品运输。

商务部　发展改革委　财政部　国土资源部　住房城乡建设部　交通运输部　农业部　人民银行　国资委　税务总局　银监会　保监会　国家标准委

2014 年 2 月 27 日

关于开展全国农产品加工合作社
示范社创建活动的通知

农办加〔2014〕2号

为深入贯彻落实 2014 年中央 1 号文件关于"支持农民合作社发展农产品加工流通"的规定精神，根据全国农产品加工业工作会议部署要求，农业部决定开展全国农产品加工合作社示范社创建活动。现通知如下。

一、建设目标

计划从 2014 年至 2016 年，在全国择优创建 1 000 个农产品加工合作社示范社，引导农产品加工合作社科学化、制度化、规范化发展，促进产加销、贸工农一体化经营，扶持新型农业经营主体，创新利益联结机制，推动农产品加工业持续健康发展。

二、创建条件

（一）科学管理水平高

依法登记注册，组织机构健全，制度机制完善，成员职责明确，诚信经营，规范管理，正常运转 3 年以上。

（二）生产加工规模大

从事农产品产地初加工，包括产后净化、分等分级、烘干、预冷、储藏、保鲜、包装、物流运输等；从事农产品精深加工及副产物综合利用等生产经营。登记成员数量较多，原料生产基地规模大，配备相应的加工技术设备和设施。

（三）产品市场销售好

产品符合质量标准，合格率、检验率高于当地平均水平，有注册商标和自主品牌，以及稳定的营销渠道。近 3 年合作社的农产品生产加工总量、销售收入、利润总额不断增长。

（四）社会服务功能全

生产资料统一购买率、主要产品统一销售率超过当地平均水平。与科研院校建立合作关系，具有一定的新产品、新技术、新设备开发推广能力。能为成员提供品种、技术、市场、信息等服务，社会反响好。

（五）致富带头作用强

合作社与农民利益紧密，成员收入高于本县（市、区）同行业非成员、非加工农户收入均在 20％以上。合作社负责人是当地致富带头人，思想品质好，综合素质高，开拓能力强。

三、运行机制

创建农产品加工合作社示范社实行部省共建、地方主抓、协同推进的工作机制。农业部农产品加工局负责总体规划及指导服务，认定并公布示范社名单，颁发"全国农产品加工合作社示范社"牌匾。省（区、市）农产品加工业主管部门负责组织和指导，县（市、区）农产品加工业主管部门负责具体实施。坚持政府引导、市场决定、项目带动、规范管理的原则，将示范社建设与农产品加工业各项工作结合起来，在政策扶持体系、科技创新体系、人才支撑体系、公共服务体系、组织管理体系建设方面，充分发挥示范社的积极作用。

四、有关要求

（一）高度重视支持。开展全国农产品加工合作社示范社创建活动，是贯彻落实中央 1 号文件精神和全国农产品加工业工作会议要求的具体行动，是扶持农产品加工合作社做大做强的重要举措。各级农产品加工业主管部门要进一步提高认识，加强沟通协调，争取各方面支持，制定具体创建方案，抓好工作部署落实。

（二）组织申报推荐。根据各地合作社和农产品加工业发展情况，综合区域平衡和工作基础等因素，我部研究确定了农产品加工合作社示范社名额分配表（附件 1）。请各省、自治区、直辖市和计划单列市农产品加工业主管部门按照名额分配表组织 2014 年示范社申报，并填写汇总表及每个示范社的申报表（附件 2、3），于 10 月 31 日前将纸质和电子版材料报送我部农产品加工局产业发展处。

（三）加强扶持引导。各级农产品加工业主管部门要将产地初加工设施补助、技术研发与推广、技能培训等项目、资金向示范社倾斜，整合资源、集中力量推进示范社建设。要努力争取发展改革、财政、金融等部门支持，合力促进示范社创建活动顺利开展。要积极搭建农产品加工业投资贸易、科企合作、产销对接平台，为示范社发展创造条件。要鼓励引导企业、行业组织、合作社成员和广大农民积极参与示范社建设。

（四）总结推广经验。各地要加强创建活动的指导和服务，深入示范社调研，发现典型，总结经验，探索路子。要采取实地考察、专家指导、理论研讨等多种方式，加强交流学习，取长补短，引导示范社共同发展。要加强对示范社创建活动做法及成效的宣传推广，营造良好氛围。

中国保监会关于印发《保险业服务
新型城镇化发展的指导意见》的通知

保监发〔2014〕25 号

保监会机关各部门，各保监局，中国保险行业协会，中国保险学会，中国保险保障基金有限责任公司，中国保险信息技术管理有限责任公司，各保险公司、保险资产管理公司，各保险中介机构：

现将《保险业服务新型城镇化发展的指导意见》（以下简称《指导意见》）印发给你们，并将有关事项通知如下，请遵照执行。

一、积极稳妥扎实有序推进城镇化，对全面建成小康社会、加快社会主义现代化建设进程、实现中华民族伟大复兴的中国梦，具有重大现实意义和深远历史意义。服务新型城镇化是保险业的历史使命和重要的战略机遇。各单位要高度重视，认真学习，深刻领会精神内涵，切实抓好《指导意见》的贯彻落实。

二、各保监局要与当地新型城镇化工作进行衔接，加强沟通协调，结合地区实际，突出特色，制定实施服务新型城镇化发展的政策措施，并自 2015 年至 2020 年，每年 1 月上报贯彻落实情况。

三、各保险机构要根据《指导意见》要求，不断深化改革创新，进一步提高服务能力和水平，在新型城镇化建设中贡献保险业应有之力。

中国保监会

2014 年 3 月 25 日

保险业服务新型城镇化发展的指导意见

为深入贯彻落实中央城镇化工作会议精神和《中共中央　国务院关于印发〈国家新型城镇化规划（2014—2020 年)〉的通知》（中发〔2014〕4 号）要求，推动保险业更好地服务新型城镇化发展，现提出如下指导意见。

一、统筹发展商业养老保险和医疗健康保险，完善多层次社会保障体系

（一）积极开展基本社会保障经办服务。 健全商业保险与社会保险的衔接合作机制，不断拓宽商业保险机构受托管理新型农村合作医疗、新型农村社会养老保险以及城镇职工和城镇居民基本社会保障服务的渠道。积极参与基本养老保险基金和个人账户投资管理服务。

（二）努力提高补充养老医疗保险保障水平。 积极发展与城乡居民基本社会养老、医疗保险相衔接的保险产品和服务，推动完善我国补充养老医疗保障体系。以企业年金税收优惠政策为契机，大力拓展企业年金业务。整合企业年金服务资源，为企业提供高质量的企业年金咨询与管理服务。积极参与职业年金管理。积极发展补充工伤保险，减轻企业负担，保障劳动者权益。研究探索以团体万能险和投连险等新型方式为中小企业提供补充养老保障。

（三）大力发展商业养老保险和健康保险。 继续推进个人税收递延型养老保险试点工作，充分利用税收优惠政策杠杆，推动个人养老保险发展，提高社会公众养老保障水平。开展住房反向抵押养老保险试点。鼓励保险公司参与养老服务业建设，推动养老社区发展。积极发展商业健康保险，分担社会医疗成本。开发长期护理保险及与健康管理等相关的商业健康保险产品。建立基本寿险保障计划，大力发展定期寿险、意外险等保障类人身保险，推广"家有保险"活动。

（四）加快大病保险整体推进步伐。 加大政策协调力度，扩大大病保险试点范围。发挥保险机构的专业优势，协助政府制定科学合理的大病保障方案，完善大病保险运行机制，加大产品和服务创新力度，改进和完善服务流程，简化报销手续，提供"保障水平更高、风险管控更强、营运成本更低、服务质量更优"的大病保险服务。

（五）努力为农业转移人口提供保险保障。 积极开发针对进城务工人员的一揽子保险，促进进城务工人员更好地融入城市。研究探索运用保险机制为被征地农民设立个人养老账户，为被征地农民提供长期保障。大力发展小额人身保险，推动建立小额保险与扶贫机制相结合的保险保障模式。发挥商业保险的机构网络优势，实现保险保障的跨区域覆盖。

二、创新保险资金运用形式，支持新型城镇化建设

（六）**加大保险资金投资基础设施建设和运营力度。**发挥保险资金优势，积极支持铁路、地下管网、污水和生活垃圾处理、公共交通系统、城市配电网等基础设施建设，提高城市综合承载能力。在风险可控的前提下，完善对基础设施项目主体资质和增信措施的政策要求。加大基础设施债权投资计划发展力度，探索项目资产支持计划、公用事业收益权证券化、优先股以及股债结合、夹层基金等新型投资工具和方式，满足基础设施建设多元化的融资需求。

（七）**鼓励保险资金支持民生项目建设。**参与养老养生、医疗健康等产业的投资运营，积极争取投资税收优惠政策。引导保险机构完善投资保障性住房项目、棚户区改造的有效商业模式。

（八）**深化资金运用市场化改革。**进一步完善保险资金投资比例、范围等方面的政策，探索保险资金投资市政债券等新型融资工具，支持建立多元可持续的新型城镇化建设资金保障机制。

三、发挥保险机制作用，促进城市经济持续健康发展

（九）**促进国内外贸易发展。**大力发展出口信用保险和航运保险，支持国内企业扩大出口和开拓国际市场，服务开放型经济发展。加快发展国内贸易信用保险，帮助企业提高交易效率。

（十）**支持小微企业发展。**支持保险机构以发起设立小微企业投资基金、投资小微企业私募债等多种方式，为小微企业发展提供资金支持。发展贷款保证保险、履约保证保险，改善小微企业发展环境。

（十一）**推动城市产业结构优化升级。**大力发展企业财产保险、建筑工程保险等传统保险业务，服务国家产业振兴战略，支持重要产业项目发展。积极发展科技保险、绿色保险、文化产业保险等新兴保险业务，服务低碳经济和战略性新兴产业发展，推动城市产业结构优化升级。

（十二）加强保险与养老、医疗、家政、教育、健身、旅游等相关领域的互动发展，发挥保险对养老、护理等多领域就业的带动作用，提高新型城镇化就业承载能力。

四、加强社会风险管理，创新城市社会治理

（十三）**协助提升政府公共服务效能。**以政府创新公共服务供给方式为契机，积极推动政府采购保险产品和服务，充分发挥保险公司的专业技术、机构网络、人才队伍、信息系统等方面的优势，通过受托、承包等多种方式，努力提供收付费、投资、账户管理、精算等多种服务。

（十四）**辅助政府创新城市治理方式。**大力发展环境污染、公众安全、医疗执业、

安全生产等与公众利益密切相关的责任保险，充分利用保险费率杠杆的激励约束机制，构建市场化的公众权益保障和矛盾调处新模式。进一步完善机动车交通事故责任强制保险制度，充分利用差别费率和价格杠杆，提高城市交通管理水平。积极发展社会治安保险，促进社会治安综合治理创新。

（十五）**推动建立国家政策支持的巨灾保险制度。**建立和完善农业巨灾风险分散机制，探索建立城乡居民住房地震保险、洪水保险等制度，加强新型城镇化进程中的自然灾害风险管理，健全国家防灾减灾救灾体系。推动有条件的地区开展自然灾害公众责任保险试点，转移城乡居民因自然灾害导致的人身伤亡风险。

五、健全农业保险服务体系，促进新型城镇化与农业现代化协调发展

（十六）**努力扩大农业保险保障范围和覆盖区域。**以主要粮油作物和畜产品为重点，进一步提高保障程度，促进农业生产的长期可持续发展，保障粮食安全和食品安全。

（十七）**加大农业保险产品创新力度。**开发推广地方特色农产品保险、菜篮子工程保险、产品价格指数保险、农产品质量保证保险、农业基础设施保险等新型险种。研究开发针对家庭农场、农业生产大户、龙头企业、合作组织的保险产品，促进农业规模化生产。积极发展农村小额信贷保险，改善农村信用环境，完善农村金融服务体系。

（十八）**创新农业保险经营组织形式。**推进农村基层保险服务网点建设，延伸服务内容，优化服务流程，为农户、农企提供优质的保险服务。推动农村相互合作保险试点。

六、深化改革创新，提升保险服务质量和水平

（十九）**加快主体创新。**发展区域保险公司，发挥其贴近当地市场的优势，更好地为当地新型城镇化服务。根据新型城镇化需要，鼓励发展养老、健康、责任、汽车和农业等专业保险公司，探索发展信用保险机构，丰富市场主体组织形式。结合新型城镇化空间分布和规模结构，合理布局保险市场主体分支机构。

（二十）**加快管理创新。**加强新型城镇化保险需求研究，有针对性地探索保险新产品、新渠道、新服务和新商业模式。探索保险产品、保险资金运用与区域经济发展的联动创新机制。发挥市场配置资源的决定性作用，提高市场活力和服务效率，促进市场主体差异化竞争，满足新型城镇化多样化的保险需求。加快推进市场化改革，加强保险监管创新，建立保险业服务新型城镇化的监管激励机制。

（二十一）**加快基础建设。**深化保险公司改革，增强保险公司综合竞争能力，打造资本充足、内控严密、运营高效、声誉良好的现代保险企业。加强保险业诚信建设，重点解决销售误导、理赔难问题，推进条款通俗化和服务标准化，切实保护保险消费者利益。加大网络信息等新技术应用力度，提高服务效率和质量，为城乡居民提供便捷、专业、低成本的保险服务。

农业部关于开展国家农民合作社示范社申报工作的通知

（2014 年 3 月）

各省、自治区、直辖市、计划单列市及新疆生产建设兵团农业（农牧、农村经济）厅（委、办、局）：

为深入推进农民合作社示范社建设，全面提升农民合作社发展质量和水平，根据《国家农民专业合作社示范社评定及监测暂行办法》（农经发〔2013〕10 号，以下简称《评定办法》）要求，经全国农民合作社发展部际联席会议（以下简称"全国联席会议"）同意，决定启动国家农民合作社示范社（以下简称"国家示范社"）评定工作，采取名额分配、等额推荐、媒体公示、发文认定的方式进行。现将国家示范社申报工作有关事项通知如下。

一、申报条件和名额分配

申报国家示范社的农民合作社原则上应是省级示范社，符合《评定办法》规定的标准。对于从事农资、农机、植保、灌排等服务和林业生产经营的农民合作社，申报标准可以适当放宽。

申报全国农民用水合作组织示范组织应符合以下条件：

1. 具备法人资格。有具体的章程，在民政或工商部门登记注册，取得社团或农民专业合作社法人资格；

2. 规模较大。农民用水户达到 200 户以上，管理有效灌溉面积 1 000 亩以上；

3. 管理制度比较健全。有明确的财务管理、灌溉管理、工程管理、水费征收和使用管理等制度；

4. 组织运转基本正常。管理目标任务明确，管理人员责任心强，措施得到有效落实，资金、经营管理规范，用水、经费使用公开透明；

5. 管理成效比较明显。在工程维护、分水配水、水费计收等方面成效明显，农业用水秩序良好，得到用水户、当地政府和水利部门的充分肯定。

本次评定国家示范社 4 100 家、全国农民用水合作组织示范组织 300 家，具体名额分配见附件 1。各省份申报示范社要兼顾产业分布，对《评定办法》明确规定的生产经营粮棉油、菜篮子产品等重要农产品和提供有关服务的农民合作社予以适当倾斜。

二、申报程序

国家示范社的申报程序严格按照《评定办法》执行。

（一）符合申报条件的农民合作社向所在地的县级农业行政主管部门提出书面申请（见附件5）；

（二）县级农业行政主管部门会同农业（农机、渔业、畜牧、农垦）、水利、林业、供销等部门和单位，负责对申报材料进行真实性审查，征求发改、财政、税务、工商、银行业监管等部门意见，经地（市）级农业行政主管部门会同其他业务主管部门和单位复核，报省级农业行政主管部门；

（三）省级农业行政主管部门分别征求农业（农机、渔业、畜牧、农垦）、发改、财政、税务、工商、水利、林业、银行业监管、供销社等部门和单位意见，认真组织专家评审后，在省级有关主要媒体公示无异议的基础上，以省级农业行政主管部门文件向全国联席会议办公室等额推荐，严禁超报。

各省级农业行政主管部门将本通知及时送发改、财政、税务、工商、水利、林业、银行业监管、供销社等部门和单位，切实做好组织申报工作。

三、申报时间及材料

请于2014年5月20日前将以下材料纸质版（1份）及电子版，报送至全国联席会议办公室（农业部经管司）。

（一）省级农业行政主管部门的正式推荐文件，《国家农民合作社示范社申报名单汇总表》（见附件2），《全国农民用水合作组织示范组织申报名单汇总表》（见附件3），《××省（区、市）申报国家农民合作社示范社总体情况说明》（见附件4）。

（二）证明已征求当地有关部门意见的相关材料（会议纪要、会签文件等）。

（三）国家农民合作社示范社申报书（见附件5）。

（四）省级示范社证明文件。

四、有关要求

（一）申报单位要如实提供有关材料，不得弄虚作假。如存在舞弊行为，一经查实，取消其申报资格。

（二）省级农业行政主管部门要切实负起责任，加强沟通协调，建立会商机制，必须征求农业（农机、渔业、畜牧、农垦）、发改、财政、水利、税务、工商、林业、银行业监管、供销社等部门和单位意见，认真做好申报材料真实性审查、复核、推荐等工作。

（三）要严格工作程序，坚持公开公平公正，遵守有关法律法规和党的纪律，认真执行评定工作纪律。在申报和评审期间，全国联席会议办公室不受理有关合作社评定工作的来人来访。

（联系方式及相关附件请登陆中国农民专业合作社网 www.cfc.agri.gov.cn 查找下载）

国务院办公厅关于金融服务"三农"发展的若干意见

国办发〔2014〕17号

各省、自治区、直辖市人民政府，国务院各部委、各直属机构：

农村金融是我国金融体系的重要组成部分，是支持服务"三农"发展的重要力量。近年来，我国农村金融取得长足发展，初步形成了多层次、较完善的农村金融体系，服务覆盖面不断扩大，服务水平不断提高。但总体上看，农村金融仍是整个金融体系中最为薄弱的环节。为贯彻落实党的十八大、十八届三中全会精神和国务院的决策部署，积极顺应农业适度规模经营、城乡一体化发展等新情况新趋势新要求，进一步提升农村金融服务的能力和水平，实现农村金融与"三农"的共赢发展，经国务院同意，现提出以下意见。

一、深化农村金融体制机制改革

（一）分类推进金融机构改革。在稳定县域法人地位、维护体系完整、坚持服务"三农"的前提下，进一步深化农村信用社改革，积极稳妥组建农村商业银行，培育合格的市场主体，更好地发挥支农主力军作用。完善农村信用社管理体制，省联社要加快淡出行政管理，强化服务功能，优化协调指导，整合放大服务"三农"的能力。研究制定农业发展银行改革实施总体方案，强化政策性职能定位，明确政策性业务的范围和监管标准，补充资本金，建立健全治理结构，加大对农业开发和农村基础设施建设的中长期信贷支持。鼓励大中型银行根据农村市场需求变化，优化发展战略，加强对"三农"发展的金融支持。深化农业银行"三农金融事业部"改革试点，探索商业金融服务"三农"的可持续模式。鼓励邮政储蓄银行拓展农村金融业务，逐步扩大涉农业务范围。稳步培育发展村镇银行，提高民营资本持股比例，开展面向"三农"的差异化、特色化服务。各涉农金融机构要进一步下沉服务重心，切实做到不脱农、多惠农。（银监会、人民银行、发展改革委、财政部、农业部等按职责分工分别负责）

（二）丰富农村金融服务主体。鼓励建立农业产业投资基金、农业私募股权投资基金和农业科技创业投资基金。支持组建主要服务"三农"的金融租赁公司。鼓励组建政府出资为主、重点开展涉农担保业务的县域融资性担保机构或担保基金，支持其他融资性担保机构为农业生产经营主体提供融资担保服务。规范发展小额贷款公司，建立正向激励机制，拓宽融资渠道，加快接入征信系统，完善管理政策。（财政部、发展改革委、银监会、人民银行、证监会、农业部等按职责分工分别负责）

（三）**规范发展农村合作金融。**坚持社员制、封闭性、民主管理原则，在不对外吸储放贷、不支付固定回报的前提下，发展农村合作金融。支持农民合作社开展信用合作，积极稳妥组织试点，抓紧制定相关管理办法。在符合条件的农民合作社和供销合作社基础上培育发展农村合作金融组织。有条件的地方，可探索建立合作性的村级融资担保基金。（银监会、人民银行、财政部、农业部、供销合作总社等按职责分工分别负责）

二、大力发展农村普惠金融

（四）**优化县域金融机构网点布局。**稳定大中型商业银行县域网点，增强网点服务功能。按照强化支农、总量控制原则，对农业发展银行分支机构布局进行调整，重点向中西部及经济落后地区倾斜。加快在农业大县、小微企业集中地区设立村镇银行，支持其在乡镇布设网点。（银监会、人民银行、财政部等按职责分工分别负责）

（五）**推动农村基础金融服务全覆盖。**在完善财政补贴政策、合理补偿成本风险的基础上，继续推动偏远乡镇基础金融服务全覆盖工作。在具备条件的行政村，开展金融服务"村村通"工程，采取定时定点服务、自助服务终端，以及深化助农取款、汇款、转账服务和手机支付等多种形式，提供简易便民金融服务。（银监会、人民银行、财政部等按职责分工分别负责）

（六）**加大金融扶贫力度。**进一步发挥政策性金融、商业性金融和合作性金融的互补优势，切实改进对农民工、农村妇女、少数民族等弱势群体的金融服务。完善扶贫贴息贷款政策，引导金融机构全面做好支持农村贫困地区扶贫攻坚的金融服务工作。（人民银行、财政部、银监会等按职责分工分别负责）

三、引导加大涉农资金投放

（七）**拓展资金来源。**优化支农再贷款投放机制，向农村商业银行、农村合作银行、村镇银行发放支小再贷款，主要用于支持"三农"和农村地区小微企业发展。支持银行业金融机构发行专项用于"三农"的金融债。开展涉农资产证券化试点。对符合"三农"金融服务要求的县域农村商业银行和农村合作银行，适当降低存款准备金率。（人民银行、银监会、证监会等按职责分工分别负责）

（八）**强化政策引导。**切实落实县域银行业法人机构一定比例存款投放当地的政策。探索建立商业银行新设县域分支机构信贷投放承诺制度。支持符合监管要求的县域银行业金融机构扩大信贷投放，持续提高存贷比。（人民银行、银监会、财政部等按职责分工分别负责）

（九）**完善信贷机制。**在强化涉农业务全面风险管理的基础上，鼓励商业银行单列涉农信贷计划，下放贷款审批权限，优化绩效考核机制，推行尽职免责制度，调动"三农"信贷投放的内在积极性。（银监会、人民银行等按职责分工分别负责）

四、创新农村金融产品和服务方式

（十）**创新农村金融产品。**推行"一次核定、随用随贷、余额控制、周转使用、动态调整"的农户信贷模式，合理确定贷款额度、放款进度和回收期限。加快在农村地区推广应用微贷技术。推广产业链金融模式。大力发展农村电话银行、网上银行业务。创新和推广专营机构、信贷工厂等服务模式。鼓励开展农业机械等方面的金融租赁业务。（银监会、人民银行、农业部、工业和信息化部、发展改革委等按职责分工分别负责）

（十一）**创新农村抵（质）押担保方式。**制定农村土地承包经营权抵押贷款试点管理办法，在经批准的地区开展试点。慎重稳妥地开展农民住房财产权抵押试点。健全完善林权抵押登记系统，扩大林权抵押贷款规模。推广以农业机械设备、运输工具、水域滩涂养殖权、承包土地收益权等为标的的新型抵押担保方式。加强涉农信贷与涉农保险合作，将涉农保险投保情况作为授信要素，探索拓宽涉农保险保单质押范围。（人民银行、银监会、保监会、国土资源部、农业部、林业局等按职责分工分别负责）

（十二）**改进服务方式。**进一步简化金融服务手续，推行通俗易懂的合同文本，优化审批流程，规范服务收费，严禁在提供金融服务时附加不合理条件和额外费用，切实维护农民利益。（银监会、证监会、保监会、发展改革委、人民银行等按职责分工分别负责）

五、加大对重点领域的金融支持

（十三）**支持农业经营方式创新。**在部分地区开展金融支持农业规模化生产和集约化经营试点。积极推动金融产品、利率、期限、额度、流程、风险控制等方面创新，进一步满足家庭农场、专业大户、农民合作社和农业产业化龙头企业等新型农业经营主体的金融需求。继续加大对农民扩大再生产、消费升级和自主创业的金融支持力度。（银监会、人民银行、农业部、证监会、保监会、发展改革委等按职责分工分别负责）

（十四）**支持提升农业综合生产能力。**加大对耕地整理、农田水利、粮棉油糖高产创建、畜禽水产品标准化养殖、种养业良种生产等经营项目的信贷支持力度。重点支持农业科技进步、现代种业、农机装备制造、设施农业、农产品精深加工等现代农业项目和高科技农业项目。（银监会、人民银行、发展改革委、农业部等按职责分工分别负责）

（十五）**支持农业社会化服务产业发展。**支持农产品产地批发市场、零售市场、仓储物流设施、连锁零售等服务设施建设。（银监会、人民银行、发展改革委、财政部、农业部、商务部、供销合作总社等按职责分工分别负责）

（十六）**支持农业发展方式转变。**大力发展绿色金融，促进节水农业、循环农业和生态友好型农业发展。（人民银行、银监会、农业部、林业局、发展改革委等按职责分工分别负责）

（十七）探索支持新型城镇化发展的有效方式。创新适应新型城镇化发展的金融服务机制，重点发挥政策性金融作用，稳步拓宽城镇建设融资渠道，着力做好农业转移人口的综合性金融服务。（人民银行、发展改革委、财政部、银监会等按职责分工分别负责）

六、拓展农业保险的广度和深度

（十八）**扩大农业保险覆盖面。**重点发展关系国计民生和国家粮食安全的农作物保险、主要畜产品保险、重要"菜篮子"品种保险和森林保险。推广农房、农机具、设施农业、渔业、制种保险等业务。（保监会、财政部、农业部、林业局等按职责分工分别负责）

（十九）**创新农业保险产品。**稳步开展主要粮食作物、生猪和蔬菜价格保险试点，鼓励各地区因地制宜开展特色优势农产品保险试点。创新研发天气指数、农村小额信贷保证保险等新型险种。（保监会、财政部、农业部、林业局、银监会、发展改革委等按职责分工分别负责）

（二十）**完善保费补贴政策。**提高中央、省级财政对主要粮食作物保险的保费补贴比例，逐步减少或取消产粮大县的县级保费补贴。（财政部、保监会、农业部等按职责分工分别负责）

（二十一）**加快建立财政支持的农业保险大灾风险分散机制，增强对重大自然灾害风险的抵御能力。**（财政部、保监会、农业部等按职责分工分别负责）

（二十二）**加强农业保险基层服务体系建设，不断提高农业保险服务水平。**（保监会、财政部、农业部、林业局等按职责分工分别负责）

七、稳步培育发展农村资本市场

（二十三）**大力发展农村直接融资。**支持符合条件的涉农企业在多层次资本市场上进行融资，鼓励发行企业债、公司债和中小企业私募债。逐步扩大涉农企业发行中小企业集合票据、短期融资券等非金融企业债务融资工具的规模。支持符合条件的农村金融机构发行优先股和二级资本工具。（证监会、人民银行、发展改革委、银监会等按职责分工分别负责）

（二十四）**发挥农产品期货市场的价格发现和风险规避功能。**积极推动农产品期货新品种开发，拓展农产品期货业务。完善商品期货交易机制，加强信息服务，推动农民合作社等农村经济组织参与期货交易，鼓励农产品生产经营企业进入期货市场开展套期保值业务。（证监会负责）

（二十五）**谨慎稳妥地发展农村地区证券期货服务。**根据农村地区特点，有针对性地提升证券期货机构的专业能力，探索建立农村地区证券期货服务模式，支持农户、农

业企业和农村经济组织进行风险管理，加强对投资者的风险意识教育和风险管理培训，切实保护投资者合法权益。（证监会负责）

八、完善农村金融基础设施

（二十六）推进农村信用体系建设。继续组织开展信用户、信用村、信用乡（镇）创建活动，加强征信宣传教育，坚决打击骗贷、骗保和恶意逃债行为。（人民银行、银监会、保监会、公安部、发展改革委等按职责分工分别负责）

（二十七）发展农村交易市场和中介组织。在严格遵守《国务院关于清理整顿各类交易场所切实防范金融风险的决定》（国发〔2011〕38号）的前提下，探索推进农村产权交易市场建设，积极培育土地评估、资产评估等中介组织，建设具有国内外影响力的农产品交易中心。（证监会、发展改革委、国土资源部、农业部、财政部等按职责分工分别负责）

（二十八）改善农村支付服务环境。推广非现金支付工具和支付清算系统，稳步推广农村移动便捷支付，不断提高农村地区支付服务水平。（人民银行、工业和信息化部、银监会等按职责分工分别负责）

（二十九）保护农村金融消费者权益。畅通农村金融消费者诉求渠道，妥善处理金融消费纠纷。继续开展送金融知识下乡、入社区、进校园活动，提高金融知识普及教育的有效性和针对性，增强广大农民风险识别、自我保护的意识和能力。（银监会、证监会、保监会、人民银行、公安部等按职责分工分别负责）

九、加大对"三农"金融服务的政策支持

（三十）健全政策扶持体系。完善政策协调机制，加快建立导向明确、激励有效、约束严格、协调配套的长期化、制度化农村金融政策扶持体系，为金融机构开展"三农"业务提供稳定的政策预期。（财政部、人民银行、银监会、税务总局、证监会、保监会等按职责分工分别负责）

（三十一）加大政策支持力度。按照"政府引导、市场运作"原则，综合运用奖励、补贴、税收优惠等政策工具，重点支持金融机构开展农户小额贷款、新型农业经营主体贷款、农业种植业养殖业贷款、大宗农产品保险，以及银行卡助农取款、汇款、转账等支农惠农政策性支付业务。按照"鼓励增量，兼顾存量"原则，完善涉农贷款财政奖励制度。优化农村金融税收政策，完善农户小额贷款税收优惠政策。落实对新型农村金融机构和基础金融服务薄弱地区的银行业金融机构（网点）的定向费用补贴政策。完善农村信贷损失补偿机制，探索建立地方财政出资的涉农信贷风险补偿基金。对涉农贷款占比高的县域银行业法人机构实行弹性存贷比，优先支持开展"三农"金融产品创新。（财政部、人民银行、税务总局、银监会、保监会等按职责分工分别负责）

（三十二）**完善涉农贷款统计制度。**全面、及时、准确反映农林牧渔业贷款、农户贷款、农村小微企业贷款以及农民合作社贷款情况，依据涉农贷款统计的多维口径制定金融政策和差别化监管措施，提高政策支持的针对性和有效性。（人民银行、银监会等按职责分工分别负责）

（三十三）**开展政策效果评估，不断完善相关政策措施，更好地引导带动金融机构支持"三农"发展。**（财政部、人民银行、银监会、农业部、税务总局、证监会、保监会等按职责分工分别负责）

（三十四）**防范金融风险。**金融管理部门要按照职责分工，加强金融监管，着力做好风险识别、监测、评估、预警和控制工作，进一步发挥金融监管协调部际联席会议制度的作用，不断健全新形势下的风险处置机制，切实维护金融稳定。各金融机构要进一步健全制度，完善风险管理。地方人民政府要按照监管规则和要求，切实担负起对小额贷款公司、担保公司、典当行、农村资金互助合作组织的监管责任，层层落实突发金融风险事件处置的组织职责，制定完善风险应对预案，守住底线。（银监会、证监会、保监会、人民银行等按职责分工分别负责）

（三十五）**加强督促检查。**各地区、各有关部门和各金融机构要按照国务院统一部署，增强做好"三农"金融服务工作的责任感和使命感，各司其职，协调配合，扎实推动各项工作。地方各级人民政府要结合本地区实际，抓紧研究制定扶持政策，加大对农村金融改革发展的政策支持力度。各省、自治区、直辖市人民政府要按年度对本地区金融支持"三农"发展工作进行全面总结，提出政策意见和建议，于次年1月底前报国务院。各有关部门要按照职责分工精心组织，切实抓好贯彻落实工作，银监会要牵头做好督促检查和各地区工作情况的汇总工作，确保各项政策措施落实到位。

国务院办公厅

2014年4月20日

中国银监会　农业部关于金融支持农业规模化生产和集约化经营的指导意见

银监发〔2014〕38号

各银监局，各省、自治区、直辖市、计划单列市、新疆生产建设兵团农业（农牧、农村经济）厅（委、办、局），各政策性银行、国有商业银行、股份制商业银行，邮储银行，各省级农村信用联社，北京、天津、上海、重庆、宁夏黄河、深圳农村商业银行：

当前，我国农业已经进入从传统农户分散经营向集约化、专业化、组织化、社会化相结合的新型经营体系加快转变的新阶段。为适应农业生产方式的新变化，引导农村金融机构优化资源配置，健全支持机制，完善服务功能，提升服务质效，持续加大对农业规模化生产和集约化经营的金融支持，切实保障国家粮食安全和主要农产品供给，促进农业增效和农民增收，现提出如下指导意见：

一、指导原则

（一）因地制宜。结合农业规模化生产和集约化经营的实际需求，突出地方农业发展特色，灵活开展多种形式的探索实践，重在实效。

（二）市场运作。坚持市场导向，发挥市场配置资源的决定性作用，引导金融资源向农业规模化生产和集约化经营倾斜，更好支持现代农业发展。

（三）政府引导。发挥政策激励作用，合理整合涉农奖补资金，创新财政支农方式，有效撬动信贷投入，激发金融机构支农服务的内在动力。

（四）风险可控。坚持改善服务与风险防控相结合，完善农村金融的风险分散、转移和共担机制，确保收益有效覆盖风险，实现可持续发展。

二、发挥各类农村金融机构的支持合力

发挥金融机构各自比较优势，促进形成功能互补、错位竞争、差异安排、分工协作的支持合力。鼓励金融机构依法合规开展业务合作，通过银团贷款、批零结合、业务代理、银保合作、银担合作、银租合作、投贷联动等形式，为农业规模化生产和集约化经营提供多元化、全方位的金融服务。

农业发展银行要强化政策性金融服务职能，加大对农业开发和农村基础设施建设的中长期信贷支持。大型国有商业银行、股份制商业银行和城商行要发挥资金、网络、技

术、产品和人才优势，单列涉农信贷计划，加大县域信贷资源配置力度，重点满足农业产业化龙头企业和农业社会化服务组织等涉农大客户的服务需求，促进农村经济结构调整。

农村信用社（农村商业银行、农村合作银行）要进一步加强支农服务能力建设，在继续做好农户服务基础上，把符合规模化、专业化、标准化要求的联户经营、专业大户、家庭农场、农民合作社等农业规模经营主体作为支持重点，更好发挥支农服务主力军作用。村镇银行要坚持经营的专业化和服务的差异化，强化对农村社区和小微企业的金融服务。

大力发展涉农租赁业务，鼓励金融租赁公司将支持农业机械设备推广、促进农业现代化作为涉农业务重点发展领域，积极创新涉农租赁新产品。加强涉农信贷与涉农保险合作，将涉农保险投保情况作为授信要素，提高农业规模化生产和集约化经营的保险保障水平。加强与面向"三农"的融资担保机构合作，探索村级融资担保基金方式提高农户资信水平，强化涉农贷款风险保障。积极探索银行信贷和股权投资联动融资模式，着力提高对大型农业产业化龙头企业的金融服务能力。

三、加大对农业规模化生产和集约化经营的信贷投入

银行业金融机构要适应农业规模化生产和集约化经营服务需要，优化组织架构，调整信贷结构，创新产品服务，强化激励考核，确保涉农信贷投放持续增长。

银行业金融机构要将各类农业规模经营主体纳入信用评定范围，建立信用档案，做实信息基础。要结合自身特点优化组织架构，下沉服务重心，下放审批权限，提高授信额度，探索建立专业化的涉农金融服务部门、专业支行或事业部，实现对各类农业规模经营主体的标准化、批量化营销服务。要坚持以客户为中心理念，不断优化业务流程，简化审批环节，提高服务效率。

银行业金融机构要顺应农业规模经营主体服务需要积极开发贷款业务新品种。要针对不同类型和经营规模的农业规模经营主体需要，提供差别化的融资方案。依法开展并购贷款业务，支持农业产业化龙头企业通过兼并、重组、收购、控股等方式组建大型农业企业集团。结合各自在资金、风险管理、网络和客户关系上的优势，合理运用银团贷款方式，满足农业规模经营主体大额资金需求。围绕地方特色农业，以核心企业为中心，捆绑上下游企业、农民合作社和农户，开发推广订单融资、动产质押、应收账款保理和产商银等多种供应链融资产品。鼓励与农用机械设备生产企业、供销商开展合作，探索以厂商、供销商担保或回购等方式，推进农用机械设备抵押贷款业务。根据中央统一部署，稳妥推动开展农村土地承包经营权抵押贷款试点，主动探索土地经营权抵押融资业务新产品，支持农业规模经营主体通过流转土地发展适度规模经营。

银行业金融机构要加大对农村金融服务的考核力度，对涉农业务进行专项激励考

核，适当提高涉农业务的风险容忍度。

四、强化对农业规模化生产和集约化经营重点领域的支持

银行业金融机构要主动适应现代农业发展要求，积极支持农业生产方式转变和农业经营方式创新，持续加大对农业规模化生产和集约化经营重点领域的支持力度，有效促进农业综合生产能力提升。

在产业项目方面，重点支持农业科技、现代种业、农机装备制造、设施农业、农业产业化、农产品精深加工等现代农业项目。包括粮棉油糖高产创建示范片、园艺作物标准园、饲草标准化种植基地、畜禽水产品标准化养殖示范场、水产品工厂化循环水养殖和深水网箱养殖、种养业良种工程、农作物制种基地、农产品加工专用原料基地、新品种引进示范场、粮棉油糖等生产与加工装备、高效安全肥料、农药研发、农业产业化示范基地、农业企业"走出去"、农业信息化与应用示范以及各类经营性农业服务项目等。

在农业基础设施方面，重点支持耕地整理、农田水利、商品粮棉生产基地和农村民生工程建设。包括产粮大县标准农田及配套辅助设施建设，国家农业科技园区和高新技术产业示范区建设，生猪牛羊调出大县基础设施建设，优势产区棉花、油料、糖料、饲草、天然橡胶生产基地建设，大中型灌区配套改造、灌排泵站更新改造、中小河流治理、高效节水灌溉、雨水集蓄利用、堰塘整治等工程项目，小型水库和除险加固建设等。

在农产品流通领域，重点支持批发市场、零售市场和仓储物流设施建设。包括重要农产品集散地、优势农产品产地市场，城市标准化菜市场、生鲜超市、城乡集贸市场等农产品零售市场，农产品电子商务，农产品仓储物流设施和覆盖农产品收集、加工、运输、销售各环节的冷链物流项目等。

五、加强农业规模经营主体培育和农村信用体系建设

以构建新型农业经营体系为主线，坚持发展与规范并举，数量与质量并重，积极培育家庭农场等规模经营农户，切实加强农民合作社规范化建设，实行示范家庭农场、农民合作社名录制度，引导农业规模经营主体规范运行。通过健全规章制度，完善运行机制，加强民主管理，强化指导服务，加大政策扶持，夯实发展基础，使家庭农场、农民合作社等农业规模经营主体真正成为运作规范、治理完善、能独立承担民事行为责任的农业规模经营主体和合格承贷主体。

鼓励和引导工商企业重点从事农产品加工流通业和农业社会化服务，带动农户和农民合作社开展农业规模化生产和集约化经营。按照主体多元、形式多样、竞争充分的原则，大力培育农业社会化服务组织。

推进农村信用体系建设。规范开展对各类农业规模经营主体的信用评定工作，将信用评定结果与对农业规模经营主体的贷款授信结合起来。对信用等级较高的农业规模经

营主体在同等条件下实行贷款优先、利率优惠的正向激励机制，推动农业规模经营主体加快发展。

加强农村信用文化培育。引导各类农业规模经营主体守法经营，重合同、守信用，大力培育守信光荣、失信可耻的信用观念和诚信氛围，持续提高信用意识，不断改善信用环境。协调配合地方政府和司法部门打击骗贷和恶意逃债行为，切实保护好金融机构作为债权人的合法权益。

六、全面落实和用足用好农村金融扶持政策

全面落实和用足用好现有涉农贷款增量奖励、税收优惠、费用补贴、差别存款准备金率、支农再贷款和"三农"金融债等各项农村金融扶持政策。鼓励地方政府结合自身财力出台专项扶持政策，发挥"小补贴撬动大资金"效应，合理弥补农村金融风险成本，有效调动金融机构支持农业规模化生产和集约化经营的积极性。

统筹发挥好涉农补贴资金的作用，科学整合归并国家及地方补贴，综合运用税收减免、费用补贴、以奖代补、奖补结合、绩效考核等激励办法，以及探索建立信贷风险补偿或担保基金等形式，撬动加大农业规模化生产和集约化经营资金投入，拓宽农村金融风险分散途径，增强农业吸引商业性资金的能力。

积极引导和鼓励金融机构创新涉农金融产品和抵押担保方式，探索土地经营权抵押融资业务，提高对农业规模经营主体金融支持的针对性；对金融机构优化农村服务网络、在服务薄弱地区设立机构网点积极开辟准入绿色通道；对涉农贷款占比高的县域法人机构实施弹性存贷比考核，支持银行业金融机构通过发行"三农"专项金融债有效补充涉农信贷资金来源，加大农业规模化生产和集约化经营的信贷投入。

稳步推进农村土地承包经营权确权登记颁证工作，妥善解决承包地块面积不准、四至不清等问题，为发展农业规模化生产和集约化经营奠定坚实基础。建立农村土地承包经营权流转服务平台，完善服务网络和抵押配套措施，鼓励承包农户依法采取转包、出租、互换、转让及入股等方式流转承包地，为开展土地经营权抵押融资试点创造条件。

各级银行业监管部门和农业主管部门要认真履职，密切沟通，加强协作，建立常态化的协调沟通与信息共享机制，共同研究解决金融支持农业规模化生产和集约化经营过程中存在的实际困难，争取多方支持，形成工作合力。按照循序渐进原则，研究制定工作推进计划，选择重点农业地区、粮食生产大县、现代农业示范区、农村改革试验区和其他积极性高、农村金融发展基础好、创新意愿强的县（市）先行实施，将取得的经验逐步推广到全辖其他地区。

2014 年 7 月 31 日

（此件发至银监分局和地方法人银行业金融机构）

关于鼓励和支持农民用水合作组织创新发展的指导意见

各省、自治区、直辖市水利（水务）厅（局）、发展改革委、民政厅（局）、农业厅（局）、工商局、市场监督管理部门，各计划单列市水利（水务）局、发展改革委、民政局、农业局、工商局、市场监督管理部门，新疆生产建设兵团水利局、发展改革委、民政局、农业局：

为深入贯彻党的十八大和十八届三中全会精神，适应农业农村发展新形势，深化水利改革，健全基层水利服务体系，创新农民用水合作组织发展，促进农田水利工程良性运行，提出以下指导意见。

一、创新农民用水合作组织发展的重要意义

1. 创新农民用水合作组织发展是适应农业生产经营方式转变的必然选择。近10多年来，以农民用水户协会为主要形式的农民用水合作组织，在解决农村实行家庭联产承包责任制以后农田水利设施管理缺位问题等方面发挥了重要作用。随着农村改革的不断深化、土地流转和现代农业发展不断加快，新型农业经营主体对提高农田水利设施保障程度要求越来越高，对农田水利建设与管理的组织化和专业化要求也越来越迫切。各地在积极培育发展农民用水户协会的同时，积极探索依托农民专业合作社开展农民用水服务等新型农民用水合作组织运作模式，将服务拓展到农业生产全过程，调动了成员参与和投入的积极性，增强了合作组织造血功能，取得良好效果。但由于缺乏有力引导推动，发展多种形态农民用水合作组织的方向不够明朗，特别是采用农民专业合作社形式开展农田水利工程建设、管护及用水服务的效能尚未充分发挥，必须加强政策引导，创新发展方式，大力推进农民用水合作组织多元化发展。

2. 创新农民用水合作组织发展是建立农田水利建设与管理新机制的重要基础。当前，加快农田水利建设已成为我国发展现代农业和保障国家粮食安全的重要基础和重点任务，投入农田水利建设的主体和资金越来越多，工程建管体制机制需要不断创新。实践表明，农民用水合作组织在参与农田水利工程建设和承担工程管护、保障有序和高效用水等方面发挥着重要作用。但由于相关配套扶持政策落实不够、运行机制不健全，不少农民用水合作组织运行困难、服务能力不强，难以适应大规模农田水利工程建设形势和专业化管护的要求，亟待创新发展方式，加强能力建设，提升管理水平，更加有效有力地发挥作用。

二、创新农民用水合作组织发展

3. 完善功能定位。农民用水合作组织由农户、新型农业经营主体等各类农村水利服务的提供者、利用者按照自愿参加、民主管理、合作互助的原则组建，以参与农田水利工程建设、承担农田水利工程管护和用水管理及为农业种植、养殖业提供灌溉排水、抗旱排涝等涉农用水服务为主要职责，主要包括农民用水户协会（社团法人）和业务范围包含灌溉排水、抗旱排涝等农田水利建设、管护及涉农用水服务的农民专业合作社（农民专业合作社法人）。

4. 创新发展方式。农民用水合作组织发展要因地制宜，根据管理工程的范围和功能，结合服务对象的要求，宜"会"则"会"，宜"社"则"社"。进一步巩固和发展农民用水户协会，鼓励采用农民专业合作社形式开展涉农用水合作。通过多元化发展，逐步实现农田水利工程建设主体多元、管理主体明确、管护经费落实、工程良性运行、用水有序高效的目标。

5. 拓展服务范围。鼓励农民用水合作组织通过为成员提供多方位、全过程、专业化服务，运用制度约束、利益驱动和市场化机制，增强农民用水合作组织的凝聚力。鼓励有条件的农民用水合作组织积极承担农田水利工程建设，引导农民用水合作组织通过开展专业化灌溉排水、供水、养殖、农业生产经营、水利技术和信息服务等涉农用水业务，改善自身经济条件，增强服务和发展能力。

6. 引导大户带头。引导家庭农场、专业大户等新型农业经营主体加入或创办农民用水合作组织，发挥带头作用，通过实现农业规模效益，逐步提高农民用水合作组织专业化程度，提升工程管护水平，并带动社会资本投入农田水利工程建设和管理。

三、规范农民用水合作组织建设

7. 依法登记注册。农民用水合作组织应结合自身特点和发展需求，选择发展类型，依照《社会团体登记管理条例》在民政部门登记注册成立农民用水户协会，或依照《农民专业合作社法》《农民专业合作社登记管理条例》在工商行政管理部门登记注册成立农民专业合作社。以经营为目的的农民用水合作组织也可以依法在工商部门登记为企业。

8. 明确组建方式。农民用水户协会原则上以水利工程受益区域为边界组建，有条件的地区，可按行政区域或受益区域设立联合体。业务范围包含涉农用水服务的农民专业合作社，应当申请变更业务范围；以涉农用水服务为主要业务范围的农民专业合作社，可以在名称中使用"用水服务专业合作社""灌溉服务专业合作社"等字样；成员可以依法以实行承包经营的水利设施资产作价出资入社。具有公共事务管理职能的单位不得成为农民专业合作社成员。

9. 完善管理机制。农民用水合作组织应按照组织类型依法设定相应的组织机构，完善内部治理结构，建立参与工程决策与建设、工程管护、用水管理、水费计收管理、财务管理、奖惩制度等管理制度，实行民主决策、自主运营、规范管理。农民用水合作组织应健全工程管护机制，积极筹集管护经费，落实管护人和管护责任。

四、扶持农民用水合作组织发展

10. 安排建设投入。按照"先建机制、后建工程"的原则，各类农田水利及其他涉水支农建设资金优先安排建立农民用水合作组织的地区，加大资金投入倾斜力度。积极探索"以奖代补、先建后补"等机制，允许财政项目资金直接投向农民用水合作组织，为农民用水合作组织发展创造良好的运行和工程条件。

11. 促进全程参与。鼓励农民用水合作组织作为各类农田水利及其他涉水支农建设项目申报和实施主体，以直接投资、"民办公助"等方式承担工程建设。积极推动农民用水合作组织参与项目前期论证、工程建设质量监督和项目验收，充分发挥农民的监督作用。通过政府购买服务等方式，引导和扶持农民用水合作组织承担水利工程专业管护、抗旱排涝等公益性服务。

12. 推进产权改革。各地可结合小型水利工程产权制度改革，将政府补助建设形成的小型农田水利设施资产交由农民用水合作组织持有和管护。鼓励将具有经营功能的小型水利工程移交或委托农民用水合作组织运营。按照"谁投入、谁所有，谁使用、谁管护"的原则，落实小型农田水利工程占有、使用、受益权利及管护责任。

13. 落实管护经费。小型农田水利工程管护经费原则上由工程产权所有者或受益者承担，财政给予适当补助。积极推进农业水价综合改革，鼓励供需双方自愿平等协商确定水利工程水价，在具备条件的地区，小型农田水利工程水价可由农民用水合作组织通过民主协商确定，并负责水费计收和管理使用。

14. 加强能力建设。落实中央财政农民专业合作组织发展资金，支持农民用水合作组织创新发展和能力建设。结合落实新型农业经营主体配套设施建设用地政策，解决农民用水合作组织管理设施建设用地问题。地方在安排农田水利建设资金时，可安排一定比例用于农民用水合作组织能力建设。加大对农民用水合作组织的业务指导和培训力度。

五、保障措施

15. 加强组织领导。各级水行政主管部门、民政部门、工商行政管理部门要落实工作责任，加强部门协调，积极引导农民用水合作组织多元化发展。农业行政主管部门将开展涉农用水服务的农民专业合作社纳入国家对农民专业合作社的支持范围。

16. 开展示范创建。各地要结合示范社创建活动，创建一批涉农用水农民专业合作社示范社，发挥示范社在农民用水合作组织创新发展中的引领带动作用。各级水行政主管部门要及时总结经验，提炼创新模式，加大推广力度。

17. 加大宣传力度。各级水行政主管部门要加大宣传力度，营造良好舆论氛围，使国家有关政策深入人心，使成功经验得以推广，最大限度地调动农民自主管理的积极性，科学引导农民用水合作组织创新发展。

水利部　国家发展和改革委员会　民政部　农业部　国家工商行政管理总局

2014 年 8 月 1 日

中国银监会办公厅关于推进基础金融服务
"村村通"的指导意见

银监办发〔2014〕222 号

各银监局，各政策性银行、国有商业银行、股份制商业银行，邮储银行，各省级农村信用联社：

为深入推进农村地区普惠金融发展，着力推动基础金融服务向行政村延伸，打通农村基础金融服务"最后一公里"，结合"金融服务进村入社区工程"，现就做好基础金融服务"村村通"工作提出如下指导意见：

一、总体目标和基本原则

（一）总体目标

引导和鼓励银行业金融机构向行政村延伸基础金融服务，力争用三至五年时间，总体实现行政村基础金融服务"村村通"。

（二）基本原则

1. 市场导向。坚持市场化原则，合理引导金融机构按照商业自愿原则积极参与。

2. 多策并举。从各地实际出发，紧密结合地域差异和服务需求特点，因地制宜采取多样化服务措施。

3. 协同联动。发挥银行业金融机构各自比较优势，分工协作，发挥整体合力。

4. 商业可持续。坚持收益覆盖成本和风险原则，有效管理成本，坚持风险可控，保证行政村基础金融服务持续长久发展。

二、灵活采取多样化手段延伸村级基础金融服务

（一）拓展服务渠道。采取乡镇网点延伸服务，在符合条件的行政村建设简易便民网点和布设电子机具等方式，夯实基础金融服务"村村通"的渠道基础，提高服务普惠度。

扩大服务半径。利用现有的乡镇网点，采取定时定点派工作人员到周边行政村开展巡回流动服务方式，使乡镇网点服务有效覆盖周边行政村。

设立简易网点。按照"业务简易、组织简化、成本可控"原则，在行政村内设立简易便民服务网点，灵活安排和设定营业时间。

布设多种电子机具。依托行政村"村两委"所在地、特约商户、农村社区超市、供销社系统经营网点以及农民合作社等具有安全条件的场所，广泛布设 ATM、POS、EPOS 和其他金融自助服务终端等电子机具。

（二）**丰富服务功能。**大力推进服务精细化，创新服务产品，持续提高村级基础金融服务的多样性和满足度。

对于目前仍没有任何形式金融服务的行政村，优先解决好存取款和转账等基础金融服务问题；对于已经解决基础金融服务问题的，要积极创造条件，不断丰富服务功能，逐步充实查询、银行卡、小额贷款申请受理和基础信用信息收集等方面的服务；具有潜在服务需求和业务基础的，进一步增加代理缴费、保险、理财和证券业务。

（三）**强化技术运用。**充分利用互联网金融技术，在具备通信条件的行政村，与网络通信运营商合作，利用固定电话、互联网、移动通讯网等，打通人力、网点无法到达的"最后一公里"制约，使申贷、查询、转账、汇款、消费、缴费等金融业务，通过网络技术运用，直接服务到户到人。积极引导村民推广使用银行卡。

（四）**加强社区融合。**根据行政村金融服务需求，银行业金融机构要主动送服务、送资金、送产品、送知识进村屯入社区，定期走访，提供政策咨询，从减少客户排队、周到热情服务、主动登门办理等细微处着手，为村民提供更好的服务体验，构建紧密互动、互惠共荣的新型金融服务和消费关系，积极参加社区活动，打造社区生活共同体。畅通信息沟通渠道，采取有效的服务信息公开公示措施，最大程度地将服务功能、内容、价格等送达村民，同时建立服务质量信息反馈机制，及时跟踪了解村民意见建议。

三、加强村级基础金融服务环境建设

（一）**持续推进村级信用文化建设。**开展农户信用等级评定，发挥"村两委"人缘、地缘优势，吸收农户参加，增强信用评定的透明度和公平性。培育农户信用意识，夯实行政村金融服务信用基础和服务环境。广泛开展"送金融知识下乡"活动，培育农户金融消费意识，提高金融知识水平。

（二）**促进形成合作联动外部环境。**密切与各级地方政府及有关部门的工作联系，共同构建多方参与、互惠共赢的协调推进机制。积极协调地方政府，在营业用房、费用补贴、税收减免、风险补偿、担保机制、安全保卫、打击逃废债等方面予以扶持，充分发挥政策激励引导作用。积极协商地方政府探索改进各种补助款项的发放方式，争取由具备村级服务能力的机构代理，提高现有机构网点利用率，方便当地群众。

（三）**优化整合金融服务资源。**指导银行业金融机构加强业务合作，整合服务资源，最大程度发挥好各自在机构、网络、人员等方面的服务优势。灵活调配乡镇网点人力，适当调整服务频率，对人口少、业务量小的网点可适当拉长服务间隔，采取电话预约方式提供服务；将有限人力资源集中使用于人口多、业务量大的网点，适当增加服务频

率，延长服务时间。

（四）开辟市场准入绿色通道。对于金融机构在行政村设立网点的，要予以优先审核，对符合市场准入条件的，要快审快批，限时办结。对在行政村延伸金融服务成效显著的银行业金融机构，优先审核在异地设立分支机构和在城区增设网点申请。科学调整在行政村设立持牌网点的市场准入要求，适度放宽在行政村开展定时定点或流动金融服务的营业场所、人员数量等方面的准入标准。

四、加大工作推进力度

（一）加强组织领导。各级监管部门和银行业金融机构要把推进基础金融服务"村村通"作为一项持续性工作，落实分管负责人、职能部门加以推动。要加强工作调研，摸清行政村金融服务的基本情况，研究制定本地区、本机构推进基础金融服务"村村通"的具体方案，明确任务，落实责任，分步实施，扎实推进。各银监局要在 2014 年 10 月底前将行政村金融服务的基本情况、具体方案报送银监会，之后每半年报告一次工作推进及效果情况。

（二）强化合规监管。落实法人监管要求，强化法人机构对村级基础金融服务的管理责任，督促落实各项内控要求和安保措施，争取地方公安部门的指导和支持，确保新设网点人员和营业安全。指导做好定时定点服务及流动服务的公示公告，防止操作风险和道德风险，排除金融诈骗隐患。

（三）注重总结推广。各银监局和银行业金融机构要加强信息沟通和舆论宣传，总结成功经验，发挥示范带动效应，展示银行业践行普惠金融取得的新成效，形成舆论监督、社会宣传和优化服务的多方良性互动。

2014 年 8 月 11 日

国家工商行政管理总局令第 70 号
农民专业合作社年度报告公示暂行办法

(2014 年 8 月 19 日)

第一条 为规范农民专业合作社年度报告公示，依据《农民专业合作社登记管理条例》、《企业信息公示暂行条例》、《注册资本登记制度改革方案》等行政法规和国务院有关规定，制定本办法。

第二条 农民专业合作社年度报告的报送、公示适用本办法。

第三条 国家工商行政管理总局和省、自治区、直辖市工商行政管理局分别负责全国和各省、自治区、直辖市农民专业合作社年度报告公示的管理工作，并对下级工商行政管理部门开展年度报告公示工作进行指导和监督。

各级工商行政管理部门负责其登记的农民专业合作社的年度报告公示相关工作。

第四条 农民专业合作社应当于每年 1 月 1 日至 6 月 30 日，通过企业信用信息公示系统向工商行政管理部门报送上一年度年度报告，并向社会公示。

当年设立登记的农民专业合作社，自下一年起报送并公示年度报告。

第五条 农民专业合作社年度报告内容包括：

（一）行政许可取得和变动信息；

（二）生产经营信息；

（三）资产状况信息；

（四）开设的网站或者从事网络经营的网店的名称、网址等信息；

（五）联系方式信息；

（六）国家工商行政管理总局要求公示的其他信息。

第六条 农民专业合作社应当对其年度报告内容的真实性、及时性负责。

第七条 农民专业合作社发现其公示的年度报告内容不准确的，应当及时更正，更正应当在每年 6 月 30 日之前完成。更正前后内容同时公示。

第八条 省、自治区、直辖市工商行政管理局应当组织对农民专业合作社年度报告公示信息进行随机抽查。

抽查的农民专业合作社名单和抽查结果应当通过企业信用信息公示系统公示。

农民专业合作社年度报告公示信息的抽查比例、抽查方式、抽查程序参照《企业公示信息抽查暂行办法》有关规定执行。

第九条 公民、法人或者其他组织发现农民专业合作社公示的信息虚假的，可以向工商行政管理部门举报。工商行政管理部门应当自收到举报材料之日起 20 个工作日内进行核查，予以处理，并将处理结果书面告知举报人。

第十条　农民专业合作社未按照本办法规定的期限报送年度报告并公示的，工商行政管理部门应当自当年年度报告公示结束之日起 10 个工作日内作出将其列入经营异常名录的决定，并通过企业信用信息公示系统向社会公示。

第十一条　农民专业合作社年度报告公示信息隐瞒真实情况、弄虚作假的，工商行政管理部门应当自查实之日起 10 个工作日内作出将其列入经营异常名录的决定，并通过企业信用信息公示系统向社会公示。

第十二条　工商行政管理部门在依法履职过程中通过登记的住所无法与农民专业合作社取得联系的，应当自查实之日起 10 个工作日内作出将其列入经营异常名录的决定，并通过企业信用信息公示系统向社会公示。

第十三条　依照本办法第十条规定被列入经营异常名录的农民专业合作社，可以在补报未报年份的年度报告并公示后，申请移出经营异常名录，工商行政管理部门应当自收到申请之日起 5 个工作日内作出移出决定。

第十四条　依照本办法第十一条规定被列入经营异常名录的农民专业合作社，更正其公示的年度报告信息后，可以向工商行政管理部门申请移出经营异常名录，工商行政管理部门应当自查实之日起 5 个工作日内作出移出决定。

第十五条　依照本办法第十二条规定被列入经营异常名录的农民专业合作社，依法办理住所变更登记，或者提出通过登记的住所可以重新取得联系，申请移出经营异常名录的，工商行政管理部门应当自查实之日起 5 个工作日内作出移出决定。

第十六条　农民专业合作社对其被列入经营异常名录有异议的，可以自公示之日起 30 日内向作出决定的工商行政管理部门提出书面申请并提交相关证明材料，工商行政管理部门应当在 5 个工作日内决定是否受理。予以受理的，应当在 20 个工作日内核实，并将核实结果书面告知申请人；不予受理的，将不予受理的理由书面告知申请人。

工商行政管理部门通过核实发现将农民专业合作社列入经营异常名录存在错误的，应当自查实之日起 5 个工作日内予以更正。

第十七条　对农民专业合作社被列入、移出经营异常名录的决定，可以依法申请行政复议或者提起行政诉讼。

第十八条　工商行政管理部门未依照本办法的有关规定履行职责的，由上一级工商行政管理部门责令改正；情节严重的，对负有责任的主管人员和其他直接责任人员依照有关规定予以处理。

第十九条　农民专业合作社年度报告及公示内容格式，由国家工商行政管理总局统一制定。

第二十条　本办法由国家工商行政管理总局负责解释。

第二十一条　本办法自 2014 年 10 月 1 日起施行。

关于引导和促进农民合作社规范发展的意见

农经发〔2014〕7 号

近年来，农民合作社快速发展，在建设现代农业、促进农民增收、建设社会主义新农村中发挥了重要作用。但在发展中，一些地方重数量、轻质量，一些合作社有名无实、流于形式，制约了农民合作社功能作用的充分发挥。因此，当前和今后一个时期，应把加强农民合作社规范化建设摆在更加突出的位置，采取切实有效措施，提高农民合作社发展质量。为贯彻落实《中共中央国务院关于全面深化农村改革加快推进农业现代化的若干意见》（中发〔2014〕1 号）精神，现就引导和促进农民合作社规范发展提出以下意见。

一、引导和促进农民合作社规范发展意义重大

1. 引导和促进农民合作社规范发展是加快构建新型农业经营体系、推进农业现代化的重要举措。要构建以农户家庭经营为基础、合作与联合为纽带、社会化服务为支撑的立体式复合型现代农业经营体系，就必须筑牢农民合作与联合的组织载体。引导农民合作社加强制度建设，强基固本，提高发展质量，为农户提供低成本便利化服务，紧密联结农业生产经营各环节各主体，为建设现代农业提供坚实的组织支撑。

2. 引导和促进农民合作社规范发展是维护成员合法权益、增强农民合作社发展内生动力的客观要求。农民合作社作为农民群众自愿联合的互助性经济组织，其生命力关键取决于能否让农民持续受益。只有引导农民合作社健全规章制度，严格依法办社依章办事，才能维护好成员权益，切实增强农民合作社的吸引力、凝聚力和向心力，实现农民合作社持续健康发展。

3. 引导和促进农民合作社规范发展是承接国家涉农项目、创新财政支农方式的重要基础。将农民合作社作为国家涉农项目的重要承担主体，既是国际的成功经验，也是我国创新财政支农方式、提高财政支农效率的改革方向。引导农民合作社建立完善的运行机制，真正实现民办民管民受益，吸引更多的农民加入农民合作社，为实施国家涉农项目、创新财政支农方式做实组织载体，确保农民群众从中受益。

二、引导和促进农民合作社规范发展的总体思路、基本原则和主要目标

4. 总体思路。全面贯彻落实党的十八大和十八届三中全会精神，按照"服务农民、

进退自由、权利平等、管理民主"的要求，以构建新型农业经营体系为主线，以促进农业稳定发展和农民持续增收为目标，坚持发展与规范并举、数量与质量并重，健全规章制度，完善运行机制，加强民主管理，强化指导扶持服务，注重示范带动，不断增强农民合作社经济实力、发展活力和带动能力，使之成为引领农民参与国内外市场竞争的现代农业经营组织。

5. 基本原则。

——坚持农民主体地位。尊重农民的主体地位和首创精神，以服务成员为宗旨，坚持成员地位平等，实行民主管理、民主监督，使全体成员共同受益。

——坚持分类指导。因地制宜、因社施策、循序渐进，根据不同产业、不同类型采取差别化的政策措施，增强指导的针对性和有效性。

——坚持典型示范。树立一批规范运行的先进典型，充分发挥其示范带动作用，提升农民合作社发展质量。

——坚持市场引导与政府监督相结合。在充分发挥市场配置资源决定性作用的基础上，强化政府对法律法规政策落实的督促检查，促进农民合作社规范治理、信用自治、有效运行。

6. 主要目标。经过 5 年的努力，农民合作社规模扩大、成员数量增加，运行管理制度比较健全，组织机构运转有效，民主管理水平不断提高，产权归属清晰，财务社务管理公开透明，服务能力和带动效应明显增强，成员权益得到切实保障，发展质量显著提升。力争有 70％ 以上的农民合作社建立完备的成员账户、实行社务公开、依法进行盈余分配，县级以上示范社超过 20 万家。

三、引导和促进农民合作社规范发展的主要任务

7. 发挥章程的规范作用。章程是决定农民合作社发展方向的根本制度，是农民合作社运行管理的基本遵循。指导农民合作社参照示范章程，制定符合自身特点的章程。农民合作社要根据生产经营活动和自身发展变化及时修改完善章程。章程一经法定程序通过，必须严格执行。

8. 依法登记注册。依法登记注册是农民专业合作社取得法人资格的前提。申请设立农民专业合作社，应当按照农民专业合作社法律法规规定，如实向工商部门提交章程、全体成员名册、成员出资清单等文件。工商部门应依法对农民专业合作社所有成员予以备案，并在企业信用信息公示系统公示相关登记信息及备案信息。农民专业合作社因法定事由发生变化，须及时向工商部门申请变更或备案。农民专业合作社联合社的登记，应按照《工商总局农业部关于进一步做好农民专业合作社登记与相关管理工作的意见》办理。

9. 实行年度报告制度。农民专业合作社要通过企业信用信息公示系统定期向工商

部门报送年度报告。有关部门根据年报公示信息，加强对农民专业合作社的监督管理和配套服务，对没有按时报送信息或在年报中弄虚作假的农民专业合作社，列入经营异常名录，并不得纳入示范社评定和政策扶持范围。

10. 明晰产权关系。农民合作社应明确各类资产的权属关系。村集体经济组织、企事业单位、种养大户等领办农民合作社的，应严格区分其与农民合作社之间的产权。农民合作社公积金、财政补助资金形成的财产、捐赠财产应依法量化到每个成员。成员以其账户内记载的出资额和公积金份额为限对农民合作社承担责任。财政补助形成的资产转交农民合作社持有和管护的，应明确资产权属，建立健全管护机制。农民合作社接受国家财政直接补助形成的财产，在解散、破产清算时，不得作为可分配剩余资产分配给成员。

11. 完善协调运转的组织机构。农民合作社要依法建立成员（代表）大会、理事会、监事会等组织机构。各组织机构要切实履行职责，密切协调配合。成员（代表）大会是农民合作社的最高权力机构，每年至少召开一次，决策部署本社重大事项，选举和表决实行一人一票制加附加表决权。理事会是执行机构，负责落实成员（代表）大会决定，管理日常事务。监事会是监督机构，代表全体成员监督理事会的工作。理事会和监事会会议的表决，实行一人一票。规范经理选聘程序和要求，明确经理工作职责。理事长、理事、经理和财务会计人员不得兼任监事。

12. 健全财务管理制度。指导农民合作社认真执行农民专业合作社财务会计制度，配备会计人员或将农民合作社财务进行委托代理，设置会计账簿，规范会计核算，并及时向登记机关和农村经营管理部门报送会计报表，并抄报有关行业主管部门。从事会计工作的人员，必须取得会计从业资格证书，会计与出纳互不兼任。理事长、监事会成员及其直系亲属、执行与农民合作社业务有关公务的人员，不得担任农民合作社的财务会计人员。

13. 建立成员账户和管理档案。农民合作社应为每个成员建立成员账户，准确记载成员出资额、公积金量化份额、与农民合作社交易量（额）等内容。加强档案管理，建立符合自身产业特点、行业要求的基础台账，包括成立登记、年度计划、规章制度、会议记录（纪要）以及产品加工、收购、购销合同等文书档案，会计凭证、账簿、成员盈余分配等会计档案以及其他档案。

14. 收益分配公平合理。收益分配事关农民合作社成员的切身利益。农民合作社应按照法律和章程制定盈余分配方案，经成员（代表）大会批准实施。可分配盈余中，按成员与农民合作社的交易量（额）比例返还的总额不得低于可分配盈余的60%；剩余部分依据成员账户中出资额、公积金份额、财政补助和社会捐赠形成的财产平均量化的份额，按比例进行分配。农民合作社可以由章程或成员（代表）大会决定，对成员为农民合作社提供管理、技术、信息、商标使用许可等服务或作出的其他突出贡献，给予一定报酬或奖励，在提取可分配盈余之前列支。农民合作社可以从当年盈余中提取公积金、公益金和风险金。农民合作社不得将成员作为牟利对象，其与成员和非成员的交易应当分别核算。

15. 定期公开社务。指导农民合作社建立社务公开制度，法律章程要求公开的必须向成员如实公开，逐步实现公开事项、方式、时间、地点的制度化。理事会须依法编制年度业务报告、盈余分配方案、亏损处理方案以及财务会计报告，于成员（代表）大会召开的十五日前，置备于办公地点，供成员查阅。执行监事或者监事会负责对农民合作社年度业务报告和财务会计报告进行内部审计，农民合作社也可委托审计机构进行财务审计，审计结果须向成员（代表）大会报告。

16. 坚持诚信经营。农民合作社要守法经营，重合同、守信用。强化产品质量安全，大力推行农业标准化、清洁化生产，积极推广使用节地、节水、节肥、节药等技术措施，控肥、控药、控添加剂，指导成员建立生产记录制度。实行农产品质量标识制度，积极开展"三品一标"认证、森林产品认证，建立健全农产品质量可追溯体系。开展种养殖废弃物利用和无害化处理，防止环境污染。加强合作文化建设，弘扬互助协作、扶贫济困、团结友爱传统美德，营造良好的乡风民风社风。

17. 稳妥开展信用合作。农民合作社开展信用合作，必须经有关部门批准，坚持社员制封闭性、促进产业发展、对内不对外、吸股不吸储、分红不分息的原则，严禁对外吸储放贷，严禁高息揽储。农民合作社要对信用合作业务进行单独核算，建立健全内部管理制度。各地要落实对农民合作社开展信用合作的监管责任，加强风险防控；对违反信用合作基本要求涉嫌非法集资的，依法进行处理和集中清理，对涉嫌严重违法的，移交司法机关追究法律责任；未落实监管责任、明确监管部门、建立监管制度的，停止审批。

18. 推进信息化建设。农民合作社应加强信息设备条件建设，利用物联网等现代信息技术开展生产经营、技术培训、财务社务管理，积极发展电子商务，努力实现财务会计电算化、社务管理数字化、产品营销网络化。鼓励农民合作社建立网站、短信平台，发布生产技术、市场信息，公布重大事项和日常运行情况，探索运用短信、网络等方式进行民主决策。

四、充分发挥政策导向作用，促进农民合作社规范发展

19. 加强政策引导。进一步完善财政、税收、金融等支持政策，加大扶持力度，拓宽扶持渠道，改进扶持方式，提高扶持效益，真正把运行规范的农民合作社作为政策扶持重点。要高度重视发挥政策的激励和导向作用，通过政策扶持，引导农民合作社加强制度建设，完善民主管理，增强服务意识，提升发展质量，让广大农民成员真正受益。

20. 加大财政税收扶持。各级财政要增加农民合作社发展资金,支持农民合作社开展信息、技术、培训、市场营销、基础设施建设等服务。新增农(林)业补贴要向农民合作社倾斜,允许财政项目资金直接投向符合条件的农民合作社,允许财政补助形成的资产转交农民合作社持有和管护,抓紧建立规范透明的管理制度。扩大农村土地整理、农业综合开发、农田水利建设、农技推广等涉农(林)项目由农民合作社承担的规模。落实和完善农民合作社税收优惠政策,支持农民合作社发展农产品生产加工流通。

21. 创新金融保险服务。把农民合作社纳入银行业金融机构信用评定范围,对信用等级较高的农民合作社在同等条件下实行贷款优先等正向激励措施,对于符合条件的农民合作社及其成员进行综合授信;鼓励地方政府和民间出资设立融资性担保公司,为农民合作社提供贷款担保服务;有条件的地方,对农民合作社贷款给予贴息。创新适合农民合作社生产经营特点的保险产品和服务。

22. 给予用地用水用电支持。农民合作社生产设施用地和附属设施用地按农用地管理,在国家年度建设用地指标中单列一定比例专门用于农民合作社等新型农业经营主体建设配套辅助设施。农民合作社从事种植、养殖的用水用电及本社成员农产品初加工用电执行农业生产相关价格。

五、强化指导服务,健全推进农民合作社持续健康发展的工作机制

23. 加强组织领导。全国农民合作社发展部际联席会议成员单位要充分发挥职能作用,密切协调配合,合力推进农民合作社规范化建设,全面提升农民合作社发展质量和水平。各地要建立相应的工作机制,明确和落实农业、发改、财政、水利、税务、工商、林业、银监、供销等部门和单位的职责,采取有效措施,强化指导服务,抓好督促检查,深入调查研究,加强形势研判。推进农民合作社辅导员队伍建设,建立多层次的指导服务体系。

24. 突出示范引领。深入推进示范社建设行动,积极开展示范社评定,建立示范社名录,实行示范社动态监测,引导带动农民合作社规范发展。认真总结推广各地依法办社的先进典型和经验做法,树立一批可学可比的标杆和样板,营造规范办社、比学赶超、争创先进的良好氛围。

25. 注重人才培养。坚持内部培养与外部引进相结合,加强农民合作社人才队伍建设。要分级建立农民合作社带头人人才库,把农民合作社人才纳入现代农业人才支撑计划、新型职业农民培育工程等项目,依托农民合作社人才培养实训基地,大规模开展理事长、经营管理人员、财会人员培训。建立人才引进机制,制定优惠政策,鼓励农技人员、农村能人等领头创办农民合作社,支持高校毕业生到农民合作社工作,引导农民合作社聘请职业经理人,不断提升农民合作社经营管理水平。

各级农业、发改、财政、水利、税务、工商、林业、银监、供销等部门和单位要认真贯彻落实本意见精神，及时向全国农民合作社发展部际联席会议办公室反馈有关情况。

农业部　国家发展和改革委员会　财政部　水利部　国家税务总局　国家工商行政管理总局　国家林业局　中国银行业监督管理委员会　中华全国供销合作总社

关于公布国家农民合作社示范社名单的通知

农经发〔2014〕10 号

各省、自治区、直辖市、计划单列市、新疆生产建设兵团农业（农牧、农村经济）厅
（委、办、局），发展改革委，财政厅（局），水利厅（局），国家税务局、地方税务局，
工商行政管理局，市场监督管理部门，林业厅（局），银监局，供销合作社：

　　评定示范社是贯彻落实中央关于实行部门联合评定示范社机制、引导农民合作社规
范运行要求的具体措施，是全国农民合作社发展部际联席会议的重要职责。按照《国家
农民专业合作社示范社评定及监测暂行办法》（农经发〔2013〕10 号）的规定，在各地
组织推荐的基础上，经审查复核和媒体公示，全国农民合作社发展部际联席会议认定北
京利民恒华农产品种植专业合作社等 3 759 家合作社为国家农民合作社示范社，北京密
云县蔡家甸东沟农民用水合作社等 254 家用水组织为全国农民用水合作示范组织。

　　全面深化农村改革，加快推进农业现代化，必须加快构建新型农业经营体系。发展农民
合作社，是构建新型农业经营体系和推进农村改革发展的重要举措。国家示范社和全国用水
示范组织作为农民合作社的先进典型，要珍惜荣誉、再接再厉，尽快做大做强；要强化服务
成员宗旨，积极提供专业化社会化系列化服务，不断满足成员发展农业生产经营的需求；要
健全规章制度，加强民主管理，保障成员各项权利；要大力推行标准化生产，注重农产品品
牌建设，提高产品质量安全水平；要坚持守法经营，积极弘扬团结互助、诚信友爱的合作文
化，充分发挥表率带头作用，示范引领广大农民合作社提高发展质量和水平。

　　各有关部门要按照中央要求，落实和完善扶持政策，强化指导服务，积极支持国家示范
社和全国用水示范组织发展。要加强监督管理，实行动态监测，建立淘汰机制，不断提升国
家示范社和全国用水示范组织队伍的先进性纯洁性。要引导广大农民合作社向国家示范社和
全国用水示范组织学习，建立健全各项规章制度，完善利益分配机制，不断提高市场竞争能
力和带动农户能力，为发展现代农业、促进农民增收、建设社会主义新农村做出新贡献。

　　（名单略）

农业部　国家发展和改革委员会　　财政部水利部　　国家税务总局
国家工商行政管理总局　国家林业局　中国银行业监督管理委员会
中华全国供销合作总社

2014 年 11 月 22 日

2014年国家深化农村改革、支持粮食生产、
促进农民增收政策措施

全文共分50条，其中第45条就"扶持农民合作社发展政策"予以单列，全文如下：

45. 扶持农民合作社发展政策

党的十八届三中全会提出，"鼓励农村发展合作经济，扶持发展规模化、专业化、现代化经营，允许财政项目资金直接投向符合条件的合作社，允许财政补助形成的资产转交合作社持有和管护，允许合作社开展信用合作。"2014年中央1号文件进一步强调，"鼓励发展专业合作、股份合作等多种形式的农民合作社，引导规范运行，着力加强能力建设。"对于各种形式的合作社，只要符合合作社基本原则和服务成员的宗旨，符合有关条件和要求，能让农民切实受益，都将给予鼓励和支持。2013年，中央财政扶持农民合作组织发展资金规模达18.5亿元。目前农村土地整理、农业综合开发、农田水利建设、农技推广等涉农项目，都把合作社作为承担主体。已有部分涉农项目形成的资产由合作社管护。2014年，除继续实行已有的扶持政策外，农业部将按照中央的统一部署和要求，配合有关部门选择产业基础牢、经营规模大、带动能力强、信用记录好的合作社，按照限于成员内部、用于产业发展、吸股不吸储、分红不分息、风险可掌控的原则，稳妥开展信用合作试点。

除此之外，其余多条政策措施都不同程度地向合作社倾斜，择要摘编如下：

4. 农机购置补贴政策

2014年，农机购置补贴范围继续覆盖全国所有农牧业县（场），补贴对象为纳入实施范围并符合补贴条件的农牧渔民、农场（林场）职工、农民合作社和从事农机作业的农业生产经营组织。

6. 新增补贴向粮食等重要农产品、新型农业经营主体、主产区倾斜政策国家将加大对专业大户、家庭农场和农民合作社等新型农业经营主体的支持力度，实行新增补贴向专业大户、家庭农场和农民合作社倾斜政策。鼓励和支持承包土地向专业大户、家庭农场、农民合作社流转，发展多种形式的适度规模经营。

15. 土壤有机质提升补助政策

2014年，中央财政安排专项资金8亿元，通过物化和资金补助等方式，调动种植大户、家庭农场、农民合作社等新型经营主体和农民的积极性，鼓励和支持其应用土壤改良、地力培肥技术，促进秸秆等有机肥资源转化利用，提升耕地质量。

18. 农业标准化生产支持政策

补助资金主要用于示范品种生产技术规程等标准的集成转化和印发、标准的宣传和培训、核心示范区的建设、龙头企业和农民专业合作社生产档案记录的建立以及品牌培育等工作。

30. 农产品产地初加工支持政策

2013 年，中央财政安排 5 亿元转移支付资金，采取"先建后补"方式，按照不超过单个设施平均建设造价 30％的标准实行全国统一定额补助，扶持农户和农民专业合作社建设马铃薯贮藏窖、果蔬贮藏库和烘干房等三大类 19 种规格的农产品产地初加工设施。

33. 农村沼气建设政策

支持为农户供气的大中型沼气工程建设，鼓励农民合作社、村委会和企业承担建设沼气工程，把开展沼渣、沼液利用作为项目立项审核的重要内容。

36. 培育新型职业农民政策

2014 年，农业部将进一步扩大新型职业农民培育试点工作，使试点县规模达到 300 个，新增 200 个试点县，每个县选择 2～3 个主导产业，重点面向专业大户、家庭农场、农民合作社、农业企业等新型经营主体中的带头人、骨干农民等，围绕主导产业开展从种到收、从生产决策到产品营销的全过程培训，重点探索建立教育培训、认定管理和扶持政策三位一体的制度体系，吸引和培养造就大批高素质农业生产经营者，支撑现代农业发展，确保农业发展后继有人。

39. 培养农村实用人才政策

2014 年继续开展农村实用人才带头人和大学生村官示范培训，增选一批农村实用人才培训基地，依托培训基地举办 117 期示范培训班，通过专家讲课、参观考察、经验交流等方式，培训 8 700 名农村基层组织负责人、农民专业合作社负责人和 3 000 名大学生村官，同时带动各省区市大规模开展培训工作，培养致富带头人和现代农业经营者。

41. 发展新型农村合作金融组织政策

2014 年，国家将在管理民主、运行规范、带动力强的农民合作社和供销合作社基础上，培育发展农村合作金融，选择部分地区进行农民合作社开展信用合作试点，丰富农村地区金融机构类型。

46. 发展多种形式适度规模经营政策

党的十八届三中全会提出：鼓励承包经营权在公开市场向专业大户、家庭农场、农民合作社、农业企业流转，发展多种形式的适度规模经营。

图书在版编目（CIP）数据

中国农民专业合作社发展报告.2014/农业部农村
经济体制与经营管理司等编著.—北京：中国农业出版
社，2015.12
ISBN 978-7-109-21401-9

Ⅰ.①中…　Ⅱ.①农…　Ⅲ.①农业合作社—专业合作
社—调查研究—中国—2014　Ⅳ.①F321.42

中国版本图书馆 CIP 数据核字（2015）第 321201 号

中国农业出版社出版
（北京市朝阳区麦子店街 18 号楼）
（邮政编码 100125）
责任编辑　张丽四

中国农业出版社印刷厂印刷　　新华书店北京发行所发行
2016 年 3 月第 1 版　　2016 年 3 月北京第 1 次印刷

开本：889mm×1194mm 1/16　印张：12.75
字数：252 千字
定价：35.00 元
（凡本版图书出现印刷、装订错误，请向出版社发行部调换）